那村，那人

王志国 主编

ZHEJIANG UNIVERSITY PRESS
浙江大学出版社

图书在版编目(CIP)数据

那村,那人 / 王志国主编. —杭州：浙江大学出版社，2017.1

ISBN 978-7-308-16571-6

Ⅰ.①那… Ⅱ.①王… Ⅲ.①村史—慈溪
Ⅳ.①K295.55

中国版本图书馆 CIP 数据核字（2016）第 322574 号

那村,那人

王志国　主编

责任编辑　蔡圆圆
责任校对　胡　新
封面设计　续设计
出版发行　浙江大学出版社
（杭州市天目山路 148 号　邮政编码 310007）
（网址：http://www.zjupress.com）
排　　版　杭州林智广告有限公司
印　　刷　绍兴市越生彩印有限公司
开　　本　710mm×1000mm　1/16
印　　张　22
字　　数　308 千
版 印 次　2017 年 1 月第 1 版　2017 年 1 月第 1 次印刷
书　　号　ISBN 978-7-308-16571-6
定　　价　56.00 元

村史编纂委员会

主　　任　冯先焕
副 主 任　沈宝惠　岑恩乔
委　　员　（以姓氏笔画为序）
王先尧　冯夫波　冯跃跃　余小冬
沈仁富　沈奇峰　应仕锦　张利员
罗志棠　罗德万　胡尧芳　龚建焕

办公室主任　岑恩乔
办公室成员　王先尧　岑恩乔　应仕锦　胡尧芳
主　　编　王志国

村史编委会成员

序　言
岁月无痕，沧桑有迹

一本反映下洋浦村人文历史、风土人情的书籍与大家见面了，这是全体村民政治文化生活中的一件要事。

村史从下洋浦村开始有人居住的那天写起，一直写到今天，即 1891 年至 2015 年，涵盖 124 年的历史，分 11 个篇章，叙述了村庄演变的过程。具体可分为五块内容。

一是第一至第三篇，说的是村庄形成的初始阶段，讲述当时人们艰难困苦的生活，分“落地生根”“艰难跋涉”“靠海吃海”三个部分。读后使人感慨万千，尤其是与今天的现实生活相比真有天壤之别。

二是第四至第六篇，反映的是文化生活与非物质文化遗产方面的内容，也分“轶闻遗事”“口头文学”“非物质文化遗产”三个章节。尽管当时的村民们全是文盲，但通过口耳相传，以口头文学为主要表现形式，留下了许多文化成就。

三是第七至第九篇，反映了村民们在共产党领导下，发扬主人翁精神，团结协力，向着同一个目标——建设社会主义新农村而奋斗。在这个过程中，自然不是一帆风顺的；但村民们碰到挫折不灰心，遇到困难不退缩，遭受失败不动摇。经过几十年的拼搏，下洋浦村终于获得回报，于2013年被宁波市评为“全面小康村”，是新浦镇第一个迈入宁波市全面小康行列的村庄。

四是由第十篇独自组成的一个章节，主题是认真构建和谐社会。村民们在创建物质文明的同时，不忘精神文明建设，努力构建和谐社会。

通过探索，村委会认识到构建和谐社会必须着重处理好几个关系：一是干群关系，二是党群关系，三是新老村民之间的关系，四是家庭成员之间的关系。通过建章立制，村委会组织新老村民普法学习，理清了上述几个关系，并落实到行动中，从而取得了丰硕的成果，村里出现了社会安定，家庭和睦，干群、党群关系融洽，新老村民如一家人的可喜景象。

最后一篇是儿女争晖。全篇又分成“奉献集”“闪光集”“雨露集”“传统集”四个方面进行论述。

奉献集讲的是众人为办村公益事业捐款的事，参与人员有200多人次，其中有本村村民，也有慈溪各界人士，还有外来打工者。

雨露集记述的是各级政府及各级领导对村庄建设的支持和对村民的关怀。如果没有各级政府、各级领导的大力支持，下洋浦村不可能发生如此翻天覆地的变化。

闪光集叙述的是新中国成立以来，村里的干部群众在建设新农村的过程中，从各个领域涌现出来的先进人物，其中有村干部，也有普通村民；有奋斗几十年的耄耋老者，也有胸怀大志、永不自满的后起之秀，彰显出长江后浪推前浪的可喜局面。

传统集说的是下洋浦的儿女是好样的，胸怀报国大志，每当风云突变、需要青年人担当重任的时候，他们不惜舍小家为大家，义无反顾地走上从军路，把青春献给国防事业。有的人因公负伤，有的人积劳成疾，有的人甚至为此献出了自己宝贵的生命。

此外，村史还有四个特色。

一是村史的写作方法具有创新精神。写史书与写小说不同，需用事实说话，不能随意进行艺术加工。然而缺少风花雪月、儿女情长的描述，往往使文章缺少趣味性，读来乏味。但编者在遵循史实的基础上，大胆创新，以散文形式写村史，使村史增添了可读性。如，赏纪田投奔三五支队与母亲告别一段写道："临别时向母亲告别，一步一回头，走了十多米后见母亲一脸茫然若失的样子，忽然又跑了回来，双膝跪在娘的面前，磕了个头，随后起身向海晏庙方向走去……"这样的文字给人留下了深刻印象。这比"赏纪田告别母亲参加了三五支队"这样简单地平铺直叙要生动得多，且又没离开史实情理。这是一个有益的尝试。

二是村史选材粗细结合，从细微处入手，又注重与当时的社会大背景相结合。如讲到移民形成村落一节时，先交代移民的缘由：清政府被甲午战火烧得摇摇欲坠，造成社会持续动荡，游民如云。这样一衬托，告诉人们如果国家不强大、社会不稳定，普通百姓就会遭殃。讲到村里的青年人纷纷报名参军、保卫祖国时，前面交代了当时的大环境：1950 年抗美援朝战争打响时；1958 年两门（金门、厦门）军队对峙，用隆隆炮火"交谈"时；1962 年蒋介石企图反攻大陆，我百万雄师云集东南沿海时；1969 年珍宝岛上空硝烟弥漫时……这样一衬托，不仅写明了青年人应征入伍这件事，也写出了应征青年临危受命、勇于担当的思想境界。

三是组成村史的材料较充实，编者在编辑前重视相关资料的收集，走访包括已迁居外乡镇的八九十岁的老人有 20 多人次；查阅了众多市、镇、村保存的不同时期的档案资料，说不清共有多少万字，就资料重量来说就有 26 斤之多，从中筛选出了有代表性的事件。且有些资料是弥足珍贵的，如村庄形成初始阶段的 9 户原始村民，不但有名有姓，还有来此落脚时的具体时间及来自何处。资料能交代得如此清楚，实在不易。

四是村史是由下洋浦人自己书写的。主编是土生土长的下洋浦村人、一位已退休十多年的古稀老人。他曾说，如果我们这一代人不把村史抓紧写成，再过几年，以前发生过的许多事就要被彻底遗忘了。凭着这种历史责任感，他不分日夜，奋笔疾书，忙碌了两年多。

历史是一面镜子，只有了解昨天，才能懂得和珍惜今天，懂得今天更是为了创造更加美好的明天。愿下洋浦的村民们进一步发扬爱国爱乡、爱村爱民的传统，齐心合力，为建设美好的家园发挥各自的聪明才智，争取早日把村庄真正建设成社会和谐、经济繁荣、环境优美、乡风文明、人民安康的社会主义新农村。

每个人的能力有大有小，只要尽了力，我们就会无愧于先人、无愧于子孙，也无愧于生我养我的这片土地。

下洋浦村党支部书记　冯先焕

村民委员会主任　沈宝惠

2015 年 12 月

目录
CONTENTS

概　　况

下洋浦村位于慈溪市新浦镇东北角，距离慈溪市政府 24 千米，北临杭州湾，东与附海镇接壤，西与新闸村为邻，南与洋龙村相连。至 2014 年年底，全村常住人口总户数为 353 户，共 961 人。常住居民中有少数民族 25 人，分为 4 个民族。其中，壮族 17 人，布依族 3 人，苗族 3 人，瑶族 2 人。另外，近几年外地来我村的务工人员及家眷通常保持在 300 人左右。

下洋浦村坐落在洋浦的下游，村民紧紧依偎洋浦建宅居住，七塘公路在村北侧通过。最早到这里落脚的先民是从围筑七塘前夕开始出现的，现已获知第一户村民于 1891 年在此定居，至今已有 124 年历史。村庄开始时被称作下盐舍，约 1920 年后开始叫下洋浦村。

1954 年以前，下洋浦村属余姚县（现余姚市），村庄北面的保底塘与洋浦西塘路交汇处的塘边上，置有一块余姚县界石，由著名书法家郭仲选先生题写，可惜后来被人砸坏，现不知去向。1949 年 5 月至 1953 年，称余姚县洋浦乡下洋浦村。1954 年，称慈溪县（现慈溪市）洋浦乡下一村。1956 年，洋浦乡并入新浦乡，就改称新浦乡下一村。1955 年，组织互助合作时，建立两个合作社，称九社、十社，村名一时停止使用。1957 年，村的名字一度改称为农庄，下一村改称为十二庄，下设 9 个生产队。1958 年 10 月成立人民公社时，称逍林东风公社新浦管理区洋闸大队。

1961 年 11 月建立新浦公社后称新浦公社洋闸大队。1965 年“四清”运动时改为朝阳大队，下设 4 个生产队。1969 年 4 月 24 日“文革”建立大队革命领导小组，分 8 个生产队至今。1983 年政社分设时改称新浦乡下洋浦村。1992 年 4 月撤区并乡时，称新浦镇下洋浦村至今。

这里的村民初始时以割芦苇、茅草等野柴出卖为生；后以烧制煨盐为主业，割野柴成为副业。因晒板盐产量高，不久停止烧煨盐，改成用盐板晒盐。由于海涂逐年上涨，潮水淹没滩涂的时日不断减少，涂泥的含盐量也不断降低，造成晒盐成本升高，1920 年前后村民便停止晒盐。

之后，人们不得不选择其他行业，可大致分成以下四类不同职业：

一部分人用平时少量的积蓄和转行补助款买了些土地，便以耕种自己的土地为主，同时兼搒散海等副业，这一部分家庭不足 20%。

另一部分人因买不起这么多土地，则需租种别人的土地耕作，也以务农为主，同样以搒散海为副业，这一群体约占 35%。

第三部分人也会有少量的租地和自己买的地，但以搒散海、割野柴出卖为主要谋生手段，种地反而是一种副业，这类家庭约占 40%。

还有些人一分土地也没有，靠为他人种地、出卖劳力为生，当时叫“搓长年”，就是给土地多的家庭做工种地，即雇农，约占 5%。

从中可以看出，绝大多数人与“搒海”两字已紧密相连，到海里捕鱼捉蟹已成了全村人几乎天天在进行的谋生手段，故村民们称自己是“搒海里人”。也正是这个缘由，人们把下洋浦村看作海边渔村。

“土改”时农村中的人群分得很细，有地主、富农、中农、下中农、贫农、雇农。下洋浦村很特殊，地主和富农一户也没有，只有后四种群体。20 世纪 50 年代“土改”后，村民基本都以种地为主，搒海成为一种副业。60 年代后，人们投入搒海的比例更少。由于当时强调集体经营，大队组织了渔业队，故个人搒海的就更少了，以妇女、儿童为主。

现全村有土地588亩。历史上主要是种植棉花、蚕豆、大小麦、油菜籽等作物，也有少量的高粱、玉米、瓜类、蔬菜等作物；现以种植蔬菜、丝瓜络、花卉等为主。这儿的土地母质为浅海沉积物，质地为粉沙壤土，土质肥沃，通透性好，pH值7.4，称为夜潮地；土性柔软，久晴不燥不硬，适合种植棉花、西瓜等作物。多年来棉花保持稳产、高产，西瓜也特别爽口甜蜜，20世纪50年代时通过洋浦出海口，外销到舟山、宁波等地。

进入20世纪50年代后，村民们以农业为主，经济来源单一，没有企业、商业，除拷散海外，几乎没有其他补助收入。实行人民公社体制后，大队先后办起了养猪场、渔业队等，但收效甚微。60年代末到70年代初，村里开始出现企业的身影，大队办了废花厂、塑料厂，取得了较好的经济效益，群众的温饱问题才基本得到解决。

村里的文化事业底子很薄，仅在1941、1947年办过两次私塾，时间都很短，只有几个月而已。因而在1949年以前，村民们都是文盲、半文盲，写封信都要到别的村去找人代写。

根据第二次全国人口普查结果，至1964年6月30日止，下洋浦村共有村民613人，含男318人、女295人。其中，独居单身汉10人，寡居老妇8人。1939年前出生并健在的人员有247人，其中文盲224人，占90.7%。其他23人是小学文化程度，而这些人中，只有1人是通过读私塾识了些字，2人是从外乡村迁入的，其余20人是新中国成立后进学校或通过读夜校才扫除了文盲的。

1950年村里建立第一所小学，有10多名学生，其中女生2名，这是下洋浦村的女孩子第一次走进校门。从1954年开始，村里办起了夜校，许多年轻人通过夜校扫除了文盲。

随着经济的发展和物质生活的改善，人们对学习文化知识越来越重视，千方百计送子女进学校学习，并取得了可喜成绩，现在村民子女中有学士、硕士、博士等知识分子多人。村里第一位大学生叫王春晖，是下洋浦小学的学生，1992年毕业于浙江师范大学，现是慈溪中学的高级教师。村里第一位留美学子叫王前，也是下洋浦小学的学生，1992 年考入复旦大学，在大连陆军学院接受军训，1992 年 3 月 13 日，中共中央政治局委员、中国社会科学院院长李铁映同志视察学院时为他们的相册题词“为中华之崛起而奋斗”，1998 年他清华大学硕士毕业后去美国留学，现为华为公司的资深工程师。

村里第一个登上最高学阶的是金菊婉，亦是下洋浦小学的学生，现在是南京林业大学的博士生导师。

目前村里有多位在校大学生，他们有的正在攻读研究生，立志通过刻苦学习，把自己的聪明才智献给国家、献给社会。

20 世纪 50 年代前，下洋浦村像个原始村落，一点现代文明的气息也找不到。从 50 年代末开始，现代传媒开始陆续传入村庄。1958 年村里接通有线广播①，1964 年通电话，1972 年通电，1974 年第一台 14 英寸黑白电视机进入村民家庭。

改革开放后，经济及社会各项事业发展步伐加快，村民的生活得到不断提高，向小康目标迈进，特别是通过近十多年来全体村民的努力，村庄发生了巨大变化。

现在村庄道路全部硬化，夜间有路灯覆盖全村，村庄内的洋浦和七塘江共 1200 米长的河水十多年来一直保持洁净，储水量人均达 30 立方米。如今家家有电话，户户用上自来水，做饭再不用柴草作燃料了。

村内有中国移动、中国联通两座电信接收塔，宽带上网很便捷。

村里社会保障全面，根据不同的人群，采用低保、土保、社保等几种不同的形式，使全体村民生活有了保障。村里通过助学、医保、大病救助、帮扶弱势群体等多种措施，解除和缓解了村民的后顾之忧。

村集体经济和村民人均收入都有大幅提高，以 2012 年为例，这一年农村经济

① 由手摇发电机临时发电。

总收入 14234.6 万元。其中工业收入 11703.6 万元，农业总收入 628 万元，农民年人均收入 19134 元。村集体经济总收入 146.98 万元，村可用资金 35.77 万元（见表 A－1）。按当时人民币与美元的汇率计算，农民年人均所得达到 3037 美元。按原先规划，到 2020 年建成小康社会的经济指标，提前八年就实现了！其他许多生活指数显示，村民的生活水准确实发生了质的变化，20 世纪 50 年代时村民见到一辆自行车会感到很稀奇，而今全村共有轿车 172 辆。全村除 11 户村民仍住在平房里，其余 342 户都住上了楼房，住楼房户数占总户数的 96.9%。而且还有不少村民在市区、省城、海南等地购置了多套商品房。2011 年，村里建造了 7 间三层综合楼，建筑面积 1000 多平方米。除党支部、村委会用作办公外，楼内还设置有卫生保健室、会议室、图书室、文化礼堂等。

表 A－1　1998—2014 年下洋浦村村级农村经济基本情况

年份	总户数（户）	总人口（人）	农村经济总收入（万元）	工业总收入（万元）	农业总收入（万元）	农民人均所得（元）	村集体经济收入（万元）	村可用资金（万元）	人均可用资金（元）
1998	314	975	437.6	221	628	4280	10.2	5	51.28
1999	313	1010	468			4454		2	19.80
2000	359	998	380.4	243.5	97.9	4744	23.16	2.2	22.04
2011	358	960	9833.93	8118.43	595.5	16934	137.46	46.32	482.50
2012	358	957	14234.6	11703.6	628	19134	146.98	35.77	373.27
2013	356	958	14433.4	11746.4	701	22003	155.6	38.97	406.78
2014	353	958	13453.64	10229.24	841.2	24217	125.35	44.31	462.53

新中国成立初期，干部们向群众描绘的共产主义愿景是“点灯不用油，耕地不用牛，进出坐包车”“楼上楼下，电灯电话”“饭前水果，饭后水果”，当时的人们听后认为这是在讲神话故事。如今这些目标不但成了现实，而且村民拥有了彩电、冰箱、空调、微波炉等家用电器，大大地超越了当时的愿景。

2011 年 2 月，下洋浦村正式被宁波市评为“全面小康村”。昔日贫穷落后的海边渔村已华丽转身，蝶化为全面小康村。

党的十八大以后，全村干部群众的信心更足了，他们修订了 2012—2020 年的发展规划，各项事业的发展又进入一个新的时期。人们有理由相信，一个社会更加和谐、环境更加优美、人民更加富庶的新农村必将展现在人们面前。下洋浦村的明天一定会更加美好！

第一篇　落地生根

一、移民形成村庄

124年前，下洋浦村这个地方是一片浅海滩涂，平展展的滩涂很宽广，南北有近20里路长，东西两侧更是一眼望不到边。滩涂上泛着白茫茫的盐花，人迹罕至。后来，有个叫陈明学的马家路人，带着妻子及儿子陈金标夫妇来到这里，并在这里住了下来。第二年，在这片盐碱地上诞生了一个新生命，他是陈氏的长孙。新生儿属马，出生于1894年。由此推断，陈明学是1893年来到这片盐碱地的。陈氏家庭并非在这里落脚的第一户，他们到这里后遇到一户姓赏的人家也住在这里，赏家告诉他们，已在这住了两年。由此说明，这里有人居住的时间可确定在1891年，距今(2015年)已有124年的历史。

下洋浦的村民说自己是“赶拢百姓”，意思是从四面八方迁移到这儿来的。这话很贴切，只因都是从外地迁移到这里来的，其中多数是从四灶浦、相公殿等西部地区来的，也有些是从卫山等东部地区来的，因而人数不多姓氏却不少，是真正的“百家姓”。这里没有显赫大户，没有名门望族。20世纪50年代初，人民政府根据各家各户占有土地和拥有农用船、耕牛等大型生产资料的多少，本人参加生产劳动情况及雇人帮工的人数，并参考家庭住房等固定财产等种种要素，把农村中的居民划分为地主、富农、中农、贫农四个不同类型。然而下洋浦村竟然一户地主、富农也没有，连中农也屈指可数，绝大部分是贫农。尽管大家都称自己是“务农木头”，但不少务农的家庭连一亩土地也没有。导致这种情况出现的原因主要是这里的人们家底实在太薄弱。说他们是移民来到这里的，并没有错，但还可以具体地说，大部分人是逃难、逃荒，甚至是要饭来到这里落脚的。

19世纪末，在甲午风云的驱迫下，神州大地处处游民如云。其中有些移民陆陆续续到这里落了脚，他们一个个几乎都属于赤贫阶层。初到这里来的人们没一个家庭是富有的，许多家庭来的时候家里的全部财产都由男人用一根扁担、两只箩筐在肩上挑着。扁担的一头是些破棉被、旧衣衫，另一头是些锅碗盆勺等旧家什，男人的背后通常跟着一个拖儿带女的女人。

甲午战火烧得清政府摇摇欲坠，社会持续动荡，难民有增无减，至1919年前后，这片盐碱地上已聚集了近20户人家，形成了一个小小的村落。

二、村庄初始的名字

现在的村庄叫下洋浦村，缘于村庄紧紧依偎着洋浦，又处于洋浦的下游，故有此名。然而，她的乳名却叫下盐舍。

下盐舍这个名字取得很精练。仅仅三个字却把村庄的地理位置、人们从事的行业、村民的住宅状况都涵盖在里面了。

“下”字，是说村庄处在洋浦的下游，在出海口。同时用这个下字作村名，还与人们的生活水平极其低下紧密关联。这附近的人们习惯上把大塘（329国道）南北两侧村庄里居住的人们叫作“上顶头人”，而靠近海边村落的人们被称作“下底头人”。这上等与下等之别，并非仅仅是地域区分，还有另一层意思是，住不同地域的人家，经济状况是有区别的。因为这里还有句话叫作“上一塘，贵一塘”，意思是离海越远的村庄，人们的生活越殷实。下洋浦已到了七塘，当时七塘北面就是浪涛滚滚的杭州湾，因而住在七塘边的家庭是经济状况最拮据的一群人。所以，这个下字也含有经济地位低微的意思。

“盐”字，是指人们在此立足后，刚开始时从事的一种行业——烧盐、晒盐。为了养家糊口，他们把制盐业作为一种谋生的手段，开始用柴草烧制煨盐，后改成利用日光晒盐。这个行业从19世纪末至20世纪20年代，经营时间近30年。

“舍”字，是指这里的人们住的房子。人们来到这里后总得安个家，由于经济条件限制，是没有造瓦房那个经济能力的，便利用本地丰富的芦苇、茅草、黏土资源，再买些廉价的稻草、竹子作为主要建筑材料，建成简易的住宅，房子的四壁由芦苇和茅草围成，房顶由稻草和茅草盖成。人们把这类房子形象地叫作草舍，或者简化为一个字——舍。就这样，下盐舍这个村名就自然而然地形成了。

只是这草舍虽建造成本低，但低矮、潮湿，光线又不好，还易引发火灾等不测事件。平时人们最怕的是遇到大风大雨，雨大的时候会漏水，风大的时候更不安全，房顶的稻草、茅草常常被风卷走，遇到台风时，甚至整个草舍都会被推倒。

建瓦房既亮堂又美观，抗风雨的性能强，只因成本大，人们没这个经济实力，不得不长期住在草舍里，而且一住居然住了60多年，这足以说明当时的人们生活有多艰困。

草舍是村民们居住的房子，是人们遮风避雨的港湾。自下洋浦村这个地方有人定居开始，人们就一直住在草舍里。然而草舍并不是没区别的，根据用料的不同，草舍也有多种不同类型，有穿榀舍、乌鳖舍、竹木草舍、地舍、歇舍、瓜舍、和洞舍等。

从质量和用途看，草舍还可以分为四种不同的档次。一是穿榀舍和乌鳖舍。穿榀舍的骨架比较坚实，梁和柱的用料都是由杉树木料组成的，而且梁与柱的交叉结合处是先用凿和锯加工成凹凸形构件后套上去的，相互衔接紧密，稳定性较好，抗风能力较强。下洋浦地处海边，泥土中盐分大，为防止盐分侵蚀房子的柱子，进而导致木柱子腐朽，人们把柱子接地的一端，放置在一个南瓜似的石墩上，使之与泥土隔开。石墩中间凿有一个凹穴，立柱末端加工成凸形后插入石墩内，使木柱子避免了直接接触到泥土地面，有效防止了盐分浸入木柱。穿榀舍主架坚固，为盖瓦房打下了基础，一旦经济条件许可时就掀去茅草，增添一些椽子后盖上瓦片，便成了当时人们年复一年梦寐以求的瓦房。只是这瓦房的步伐姗姗来迟，直到 20 世纪 40 年代后期才首露真容。

乌鳖舍也有叫乌舍鳖的，有的农家住了一段日子穿榀舍后，生活条件有所改观，但经济实力仅够买瓦片的钱，于是在穿榀舍的上面铺上一层瓦片，上层瓦片下层稻草，这类住房还不能称瓦房，村民们叫它乌鳖舍。只因瓦片的颜色青灰，远远望去，似一只鳖趴在那里，故有此名。与瓦房不同的是它节省了许多椽子和砖片，省了不少成本。这乌鳖舍其实是从草舍到瓦房演变过程中的一个过渡性建筑物。当然没有瓦房干净利落、美观漂亮。但它也有自己的优点，冬暖夏凉，因此可以说它是舍中之王了。只是这样的乌鳖舍在 1949 年前也只有几户。

二是地舍和歇舍。地舍和歇舍其实是同一种性质的草舍，只是不同地域的人们称呼不同。地舍不是农民长住的房子，而是离农田较远的农友，为了干农活时有个吃饭、歇脚、避雨挡风的地方，便在农田的一角建的简易草舍。地舍比一般农舍要低矮一些，质量也不太好，来干农活时才打开用一会，农忙时也会过个夜，有时还会住上几天。平时大门是关着的，里面也有些少量的生活设施留下，那时的人们厚道，无人去拿。

三是瓜舍与和洞舍。瓜舍的含义很清楚，就是当瓜类进入成熟期后，在瓜地的一边搭个简易草房，用于看瓜人休息。这种舍结构简单：用几根竹竿捆绑成一高一矮两个人字架，再用一根长 3 米左右的竹竿或木头架在人字架上，三面围上些芦苇秆或稻草、茅草即成。没有窗户，没有后门。

和洞舍的结构形状与瓜舍基本相似。这个和字含义多，本身有五种解读，可惜都不能用在这里，和字在这里是土话，意思是整个草舍内部结构是没分间隔的，一通到底。因为是长期住人的，比瓜舍会稍高大一点。瓜舍建在田野里，和洞舍则建在村庄里，往往选在旁边有挡风避雨的依托物一侧。和洞舍是穷困潦倒的人们栖身的地方，住户一般以单身汉居多。

四是竹木草舍。这竹木两种建材混合建成的草舍，是大部分下洋浦农民住的草舍，骨架结构用料主要是用毛竹和木头混合构建而成的。上下左右交叉结合处用钉子和竹篾捆绑而成。尤其是在村落形成初始阶段的二三十年里，主要建筑材料是毛竹、茅草、芦苇、黏土等。因为毛竹比木头便宜，塘脚下、小河边又到处生长着茅草和芦苇，可以就地取材，建造起来较方便，很适合当时村民薄弱的经济条件。这类草舍比地舍、和洞舍等住宅较大一些，有正间、内室、厨房之分。

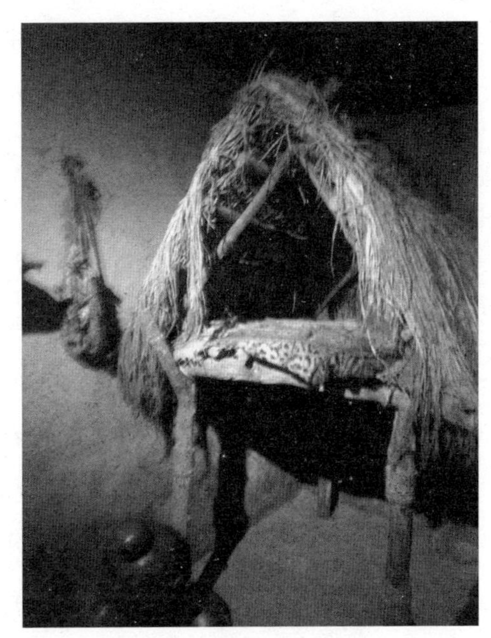

和洞舍

竹子有个弱点，容易弯曲，时间久了又易变霉发脆，需经常更换。所以人们一旦条件许可，便用木料代之。到了20世纪50年代，草舍的骨架已由竹子为主改成以木料为主，也算是前进了一步。这种草舍也可叫普通草舍，因为多数家庭住的是这种舍。

早先住普通草舍的家庭不泥墙，仅仅用芦苇秆作墙隔开完事。这样两个相邻的房间之间不严密，往往透气透光又不隔音。

这透气透光倒也没什么大碍，只是这不隔音会带来诸多不便。因为不少家庭大哥、二哥夫妇的内房只隔着一道芦苇墙，这么一来，人们的言行举动要受到约束。隔墙有耳，若有一方说话音量大点会立刻传到另一方。夫妻间想说的悄悄话自然免了，要交代细软物资或钞票放在何处，也须把喉咙的“音量开关”扭到末端。

这些方面的不方便还好说，自己的行为举止得注意点吧。可是生活中有些方面是避免不了的，诸如拉屎撒尿这件事谁都没法控制的，但凡大小便都会发出声响，这就很尴尬。尤其是女人们使用的马桶，大小便的声音会向远处传。往往一不小心就会成“桥头老三”“地头老三”们谈笑的资料。

住草舍还有个恼人的地方是下雨时会漏水，哪怕新盖的草房，若有一处盖得不严实便会漏水。到第二年漏得更多了，第三年再不添新草更不行了，常常外面下大雨、里面下小雨，室外雨止了，室内继续下。从房上滴下来的水是酱红色的，有人形象地称之为“酱油汤”。若滴到被絮或浅色衣服上还不易洗净，会留痕迹。为避免这一点，一到下雨时，人们便把脚桶、脸盆、水桶等能积水的器具全数找来，放到床、桌子、箱子、柜子上面，用来积漏水，个中滋味没住过草房的人是想象不到的。

草舍还有个致命弱点是抗风能力差，经不起大风的袭击。这一点对村民的威胁更大，尤其村庄紧挨海岸，无遮无拦，常常台风一来，盖在房顶的稻草就会像风卷残云般向远方飞去。台风多发生在七八月份，真所谓“八月秋高风怒号，卷我屋上

草舍

三重茅”。这一点下洋浦人比杜甫的感受要深得多，说不清曾有多少次、多少家，整个草舍被推倒，比卷走三重茅还严重得多。每当风潮降临时，人们的心总是在半空悬着。更糟的是台风往往与暴雨结伴而来，推倒草房的同时雨水还把所有的家具器材衣服被子都浸了个透，室内外满目疮痍，一片狼藉。

19 世纪末至 20 世纪 60 年代，下洋浦人就住在这些被称作草舍的房子里。这些不同类型的草舍，像一个患难与共的伙伴，陪伴村民们度过了漫长岁月。2005 年，随着村民王忠泗家最后一间草舍被拆除，这位忠实的“朋友”终于安详地闭上了双眼。现在除了瓜舍人们还能碰上，别的各种草舍都已不再存在。

到 1949 年 5 月时，全村 104 户人家只有 1 户人家住了三间瓦房，其余家庭都住在这样的草舍里。人们还诙谐地说，金窝银窝不及自己的草窝。

1920 年前后，当时的余姚县有关部门决定，这里停止晒盐，要群众去开荒种地，并发给转行补助金 720 元。当时全村有十几户人家，补助金平均分配给村民。于是人们开始毁掉盐板，终止了制盐行业，另寻谋生之道。村民改行后，下盐舍这个村名的中间一个字所含的意义也就不存在了。

1919 年一场风潮袭来，潮水冲进村庄和棉田，村民遭受重大损失。为保农田和群众的生命财产安全，1920 年有关部门对保底塘（七塘）做了修复加高。塘筑好以后，人们开始把下盐舍改叫下洋浦。这个村名一直沿用到 1949 年年底。1950 年春，村名改成了洋浦乡下一村。现在的洋龙村叫上一村，与下洋浦村只有一字之差。

三、下洋浦村的第一批村民

人们在下洋浦村这方土地上已生活了 120 多年。第一批村民几乎均来自当时的姚北西部地区，从1891年（清光绪十七年）第一户家庭在此落脚起，到1919年前后，这里已有近20户人家。而这近20户人家中，现查到有名有姓的家庭有9户，下面按照他们到达这里的时间先后为序，逐户简介如下。

一是赏才标家庭，于1891年来到这里，确切地说，应该是赏才标的父亲带儿子才标来的，但我们已没法查实赏才标父亲的名字。赏家后人有夏钿、纪田、夏纪、纪惠等。赏家是一个很有代表性的家庭，从它的家史中可以反映出，初始在此落脚的下洋浦人的日子该有多么艰辛。

赏家共有四个儿子、两个女儿，约在1943年，赏才标不幸贫病缠身，中年便西去归天了。家中的顶梁柱一倒下，可苦了赏家妈妈，在当时的社会背景下，一个弱女子带着六个子女无论如何也没办法撑下去。万不得已，她只好一把鼻涕一把眼泪地将一个儿子、两个女儿卖掉。其中儿子夏纪卖了一百多斤皮棉，在男尊女卑意识浓重的氛围中，女儿的价钱自然还没有这么多。

其实，在当时的社会，卖儿卖女的现象很是普遍，赏家只是一个代表罢了。

二是陈明学家庭，于1893年带儿子陈金标由马家路迁移到这里，陈家以后子孙众多，现已有100多人，是下洋浦村的第一大家族。

三是王才加家庭，也是来自马家路，是陈金标的妻子陈王氏于1895年带到这里来的。王家一开始在这里烧煨盐、晒板盐，1920年制盐业终止后不久，王才加因慈溪的田央王有亲戚，便举家迁移到那里去了。

四是鲁正义家庭，于1898年来到这里。鲁家的后人有水云、水钊、水能等。鲁水云后来离开下洋浦到观海卫它山嶺一带去了。

五是钟顺池家庭，于1898年从四灶浦迁移到这里。钟家后人有永和、永水、永林、永高四兄弟。不久，钟顺池的堂弟钟顺金也迁移至此，后人有永够、小永等。现钟姓也是村里人数较多的姓氏之一。

六是杨万昌、杨万丰兄弟，于1899年从绍兴方向迁移到此。杨家两兄弟以后子侄众多，有仁新、仁金、仁耀、仁茂、仁元；仁尧、仁荣、仁友、仁孝及女儿爱梅、仁梅

(92 岁,今健在)等。

七是马其荣家庭,1918 年由马家路迁移到这里。其子有马芳坤、马芳连两兄弟,来此不久因制盐业终止,便迁移到海晏庙去了。

八是冯仁来家庭,于 1919 年从四灶浦迁移到这里。开始是割野柴到了这里,因这里野柴特别多便留了下来。冯家后人有月胜、月兴、渭田、渭林、渭明、渭张等人。现也是本村较大的家族之一。

九是丁永昌家庭,1919 年前从余家水路(黎阳)来这里,子女有丁张芳、丁杏珠(91 岁,今健在)等。丁张芳 20 世纪 50 年代迁到沿海太平闸去了。

以上 9 户家庭是下洋浦村的第一批村民。应该说,到 1919 年时,实际住户已有近 20 户,由于时日久远等种种原因,已没法一一查实。

早期迁移到这里的几个家庭,他们住的宅基地有个特点,就是大多数住在高涂(地)基里。在 20 世纪 80 年代前,以上 9 户人家中,除 3 户已迁到外地外,其余 6 户均有后人住在高涂基里。这不是巧合,而是由内在因素决定的。只因当时这里地势太低,大潮汛到来时,潮水要来光顾民宅,为此需把地基筑高一点。村民住宅分布在塘南、塘后两部分,因塘南地势比塘后略高些,故高涂基住宅全分布在塘后。

根据高涂基产生的客观原因发现,除第一批移民外,住高涂基的家庭另外还有 8 家,他们是胡文孝、金岳香、张贵和、楼长法、胡香木兄弟、郑杏堂、徐银标、岑康荣(按住宅由北至南排列)。

这些户来本地的具体年月难以一一理清,只有张贵和家庭迁来的时间较明确,是在 1924 年前,由马潭路迁入。因为他的女儿张早琴是来这里后才出生的,2015 年 91 周岁,即生于 1924 年。这又从一个侧面说明,居住在高涂基的家庭是较早来这里落脚的。由此推断,这 8 户家庭,应该说也是较早的移民,不是第一批,至少也可看作是第二批移民。

以后陆续有外来家庭到本地落户,同时,先前移民的家庭经发展后分割成多户。至 1949 年 5 月 23 日,全村共有 104 户人家。现按照各住户的住址从北到南、由东至西为序排列，为阅读方便，每十户为一组，一一加以叙述。

（一）杨万昌、杨仁新、杨仁金、杨仁校、杨仁茂、杨仁元、杨仁尧、杨仁荣、杨仁友、杨仁孝母子。

（二）许银花母女、许小尧、许张田、胡尧田、胡尧根、陈登纪、张金浩、姜张新、张桂和、楼长法。

（三）胡文孝、范永来、范永回母子、金岳相、沈长庆、施六二、胡金炎、胡香木、胡相炎、胡香宝。

（四）周顺林、陈志尧（妻：姚顺花）、王文良、陈坤水、孙夏梅母女、孙红新、陈坤仁、陈张田、陈岳灿、陈岳云。

（五）胡新夏、应炎木、龚乾增、钟永高、许敖裕、冯长木、冯长海、冯长苗、何高法、何高林。

（六）陈钜丰、胡长庆、胡文舰、胡文千、丁张方、施月庆、施月仁、施永仁、胡宝兴、钟永林。

（七）姚永林、沈炳胃、冯尧根、冯长根、杜祥法、黄阿长、钟永和、陈志尧（妻：冯小珠）[①]、鲁水钊、鲁水能。

（八）应金张、郑树德、何永钊、何志标母子、何元宏、何志海、苗永尧、钟永新、苗世和、何金生。

（九）徐银标、郑杏堂、陈仁龙、钟永够、钟小永、岑康荣、余尧成、赏夏田兄弟、王忠水、孙孝友。

（十）冯惠张、沈文永、冯琴聪母、冯永林、冯永宝、冯仁金、龚生良、龚生潮、龚生月、龚生大母子。

（十一）王长忠、陈坤林、章金灿（原在离村500多米的下管，独自一户居住，20世纪50年代初迁到村内）、河老头（姓陈老人，不清楚全名，因住在河边以扪鱼为业，故都叫他河老头。1932年从桥头陈家迁入）。

---

① 因村里有两个陈志尧，故标注其妻以示区别。

四、村里的特色印记——高涂基和汪潭

下洋浦村没有醒目的标志性古建筑，没有可津津乐道的历史典故，却也有不被人注目、易被人们忽略的原始建筑遗迹，那就是高涂基和汪潭，它们至今有120多年了。或许有人见了会不以为然，不就是一堆凸起的宅基地、一个凹下的储水池吗？这也能算什么建筑遗迹吗？既不美观又没什么技术含量！

确实，从外形看它们只不过是一个土得不能再土，或许连山顶洞人都能完成的建筑体，说不上有多少技术含量。但它是下洋浦村的先民们与大自然做斗争的一个证物，反映了当时人们的生存环境的恶劣和生活状况的艰苦，也映射出先人们与大自然做斗争的智慧和毅力。

高涂基和汪潭可以说是一对双胞胎，因为它们是同年同月同日诞生的。住高涂基的家庭，旁边必有一个汪潭，一凸一凹又象征着一阳一阴，故更像是一对龙凤胎！

人们不妨思索一下，为什么这里会有这样的人工建筑物体，为什么大塘附近没有这类物体？让我们把时间拨回来，看一下它的诞生过程。

19世纪末20世纪初，当赏才标的父亲和陈明学等家庭陆陆续续来到这片海滩地落脚后，要做的第一件大事就是先建一个能遮风避雨的家。只因海滩的海拔太低，大潮汛一来常常会发生海水入侵住宅的窘况，同时人们的生活用水也成问题，周边虽有一条条蜿蜒曲折的小水沟，水也很清澈，但都是咸涩的海水，不能饮用。人们喝水需到三里外的六塘前的塘河里去挑，长年累月的很不方便。于是人们想到了解决这两大问题的办法：在宅基地附近挖一个水池，把挖起的泥土移到宅基地上夯实，再在上面建住宅。这样，宅基地填高了，水池也挖好了。高涂基避免了海潮的威胁，水池蓄水后可以饮用，两个难题同时得到解决。所以，这两个不起眼的建筑遗迹，是下洋浦村先人们的智慧结晶体。在当时的经济、环境条件下，人们也只能做这么多了。

高涂基比一般地面要高出 2 米多，已能有效抵御除特大台风外一般风潮的侵袭。村里面积最大的一块高涂基约有 2 亩地，是因为钟家和鲁家两户人家的宅地连在一起了，与此相应挖成的汪潭也是村里最大的用水池。以后，随着海涂不断升高，一条条新的围塘向北推进，建房时再不需要填高地基了。

高涂基为战胜海潮的一次次侵袭立下了汗马功劳，这里仅举一个至今尚有不少老人记忆犹新的例子：

1949 年 7 月 24 日，一场大台风在杭州湾沿岸登陆，又正遇上大潮汛，当时洋浦里的潮水越涨越高，很快就要与洋浦塘持平了，一旦决口全村人的生命财产将受到严重威胁。于是村里的人们自发地找来木头、麻袋、芦苇席，脱下门板，挖土阻拦，试图挡住潮水，想“御敌于国门之外”。但是随着风浪的不断增强，挡住了这边、被冲破了那边，最后只好眼睁睁地看着潮水冲进村庄淹灭庄稼。人们赶快逃命，好在当时全村有十多户人家的宅基地比较高，那里就成了避难所，周围邻居都进去躲雨避风。

第二天洋浦里的潮水终于退下去了，但村庄里仍有没膝深的积水。因为村庄的河流与洋浦虽有一个阴洞相通，不过排水能力太弱，阴洞只有约 1 立方米，这么多水一时没法排尽，半个村庄成了汪洋。房子里的水不见减退，木桶、木盆、盘子、扫帚等家什浮在水面上，小猫蹬在桶盘里，母鸡跳到扫帚上，人走动时，不时地有小长鱼跳出水面逃窜……

房子进水的家庭没了栖身之地，便住到高涂基的家中去避灾，有些高涂基家庭里会住上好几户。在大灾面前，人们伸出援手互相帮助，才得以渡过难关，使损失减到最低程度。很显然，要是没有高涂基，灾民们的困难会更多，损失会更大，后果就不可预料了。

1949 年前，村庄的一段洋浦的水是不能饮用的，因为它直通出海口，浦里的水是咸的，因而村民的饮用水依赖汪潭。许多人称汪潭作淡水汪，或简单只一个字：汪。汪的形状大致呈圆形，轻风吹拂，水面荡起条条波纹，在阳光下一闪一闪的泛着光芒，就像母亲的笑脸一样温馨亲和。人们依赖她，也很爱护她。谁也不会向汪里扔脏物，人们约定俗成，不能在汪里直接洗衣服，尤其是小孩的尿布等易污物，需打水到离汪较远的地方去洗。汪潭开有一条小水沟通向别的河沟，便于排水和倾倒一般废水，以保持汪潭水的洁净。

汪潭埠头旁常伴有垂柳一枝，桃花三簇，沿边四周生长着一圈芦苇，常有鱼虾在芦苇丛中游弋，尤其是清明节前后，更是蛙声阵阵、蝌蚪群群，构成了一道美丽的

淡水汪

风景线。有些爱美的村民特意在汪潭边种上几棵美人蕉，当初夏时节，一朵朵美人蕉花儿盛开时，更把汪潭装扮得妩媚动人。

进入20世纪90年代后，随着自来水管道入村，家家户户用上了自来水，汪潭便完成了历史使命，现在已很难找到她的踪影。只有原钟、鲁两户的并合汪潭至今尚有一潭水源遗存，只是面目全非，原有约一亩多地的水面，而今只不过一二十平方米。

在20世纪七八十年代，这样的高涂基和汪潭还各有十几个，在它们的陪伴下洋浦人度过了近百年的峥嵘岁月。如今高涂基也踪影难觅，同样还是钟、鲁两家的高涂基尚有点印记可寻，虽然今非昔比，当时的草舍变成了如今的高楼，但楼房仍建在原高涂基上，因而它们的地基比别处明显高出许多。

五、洋浦和关于洋浦的传说

现在慈溪境内的河流基本分为两类：一类是自然形成的，一类是人工挖掘的。人们把与杭州湾构成基本垂直的河流叫作浦，如四灶浦、郑家浦、方家浦等；而另一类河流的走向大致上与杭州湾呈平行的称为河或江，如大塘河、七塘河和二灶江、四塘横江等。

江河与浦的功能相同，又为何称呼两样，这里自有区别。在下洋浦人看来，浦是由自然水流形成，形状蜿蜒曲折，似乎多了几分野性；江与河则是用人工挖掘疏通而成，比较顺直平稳，有了几分涵养。

由此可见，洋浦是一条由自然水流形成的河道，她蜿蜒曲折、放荡不羁。不过如今的洋浦上、下游两段已经过人工的多次裁剪疏理，显得较为平直，而中间一段基本保持原有的自然状态。

洋浦发源于东栲栳山，是慈溪市的重要河流之一，除灌溉、排涝、航行外，还一度起到"楚河—汉界"的作用。1954 年前为慈溪、余姚两县的分界河，浦东属于慈溪县，浦西属于余姚县。据 1992 年版的《慈溪县志》记载："洋浦原为慈溪县与余姚县之分界河。唐景龙元年(707)已置闸蓄泄河水。宋代以后，屡加修浚。新中国成立后经 1950 年、1954 年、1978 年 3 次浚治。源于白洋湖，至八塘闸入海。流经鸣鹤、桥头、五里、三管、东海、附海乡(镇)境，至新浦镇洋浦八塘闸止。全长 17 公里，宽 13 米。"

洋浦的上游从发源地到观海卫的天妃宫村一带，经历代人工疏浚已比较顺畅，便于船只航行。洋浦的下游从洋龙村到下洋浦村这段河道同样经过多次改造后也比较通顺平稳，适合农用船往返。洋浦的中间一段显得非常曲折，从天妃宫往北直至三百村与洋龙村附近，基本保持了原始风貌。一路下来，有几个 90 度的大转弯不说，还有几个 180 度的大迂回，故使洋浦显现出九曲十八弯的多彩风姿。

现慈溪境内的河流，极大部分都疏浚裁直，而洋浦中段基本保持原状，只因她原是慈溪、余姚两县的县界河，若要改造需经两个县协商，因程序太复杂而未能改造。1954 年后，原余姚的道林等地区划归为慈溪县，然而洋浦又成为观城和道林两个区的区界河，要改变现状也需经两个区协商，因手续麻烦而不便随意变更。所以尽管已过去 1300 多年，却仍保持了原有的自然风貌，成了自然河流的活化石。这其实也是很难得的，因而她成为地理、水脉方面的考古学家感兴趣的一条河流。

一般人喜欢走捷径，希望哪一天能把洋浦也改造得像运河一样平直顺畅。这个愿望的出发点不能说不好，但还是有些片面性。其实，弯弯曲曲的河道对航行虽然不利，但也有它有利的一面。弯曲的河道增加了储水的能力，可滋润更多的农田。有关生态学家还认为，弯弯曲曲的水系生态更有利于发挥水体的自净功能，对防治污染，改善生态环境是有益的。因此洋浦又是受到环境生态学家赞美的一条河流。

下洋浦村就坐落在洋浦的下游紧靠出海口。村里有座节制闸，一般的人们称它为洋闸。其实洋浦上的节制闸不止一座，上洋浦村也有座节制闸，这座闸叫船闸。同样是洋浦上的节制闸，为什么一个叫船闸，另一个却叫洋闸呢？这与闸的建筑材料有关。20世纪50年代前，这一带乡间造桥建闸用的材料都是山上的石头，上洋浦村的船闸就是这样。而1954年建造这座闸时，用的材料是水泥，是以水泥加沙石混合浇制成的。当时村里的许多人还是第一次见到用水泥作建材造桥，之前还从没见过什么水泥，称它为洋灰。由洋灰筑成的节制闸叫洋闸似乎也名正言顺。不过需要说明的是，这闸的正名并不叫洋闸，而叫“团结丰产闸”，造闸时把这五个大字刻在闸门前，寄托着当时的人们造闸的愿望。

只是令后来的人们难以理解的是，人们并没用团结丰产闸这个桥名，也许它叫起来有点拗口，人们不大愿意这么叫，只简单地叫洋闸，久而久之，不但真名鲜有人知，还给闸加了个下字，叫下洋闸。时间一长，连外面的人们也知道，下洋闸就是下洋浦。还有一点要说明，这次造闸用的水泥，其实并非从国外进口的洋灰，是新中国成立后由中国人自己生产的建筑材料。

节制闸的作用是多方面的。一是挡住海水入侵，使节制闸以南的河道水质不再咸涩，可放心用来浇灌农作物。二是调节洋浦里的储水量，雨量少的季节可关上闸仓板，不让江水东流入海；而梅雨期等雨量多的季节，则抽去闸仓板让水及时排到海里去，使农田免遭水淹。三是使河道的水常年保持一定的量，也有利于农船通行。

节制闸造好的同时，政府又发动民众对闸门至出海口400余米的河道进行清淤疏浚，使其通畅了许多。这样一来，在整个20世纪50年代，洋浦成了一条重要的商贸通道。每当西瓜、蚕豆、蔬菜等农副产品成熟后，舟山、宁波等地的商人驾着雕船(木帆船)来到洋浦出海口，在洋闸北面等着。附近的农友把农副产品运到洋闸南停下。此时闸门开启，农副产品再驳运到海船。通过这里销往舟山、宁波、温州、上海等地。当时整个道林区范围内的农副产品多数是从这里销往外地的。

从20世纪60年代初开始，由于海涂淤泥不断升高、洋浦尾端不断被堵塞，外面的海船不好靠近，洋浦渐渐丧失了商贸通道的作用。

现在洋浦离海已有十余里路，成了一条内河。不过，下洋浦村的人们对她的感情并未改变，还是一往情深地爱着她，称洋浦是自己的母亲河，并且百般地呵护她。在全体村民的共同关爱下，现在下洋浦村庄范围内的一段洋浦里的水可以淘米洗菜，放养鱼虾。这足以说明，他们对母亲河的爱是永恒不变的。

根据洋浦蜿蜒曲折、跌宕起伏的特点，住在洋浦边上的人们编织了一个美丽的传说：

说不准何年何月，有一条蛟龙要离开白洋湖，游向东海大洋。龙妈妈不放心初次出门的儿子独自远行，有些要紧话要嘱咐，便喊儿子回来。龙儿子以为娘不让自己去大海，只回头看了一下娘却没有停下来。龙妈妈不断地喊，龙儿子不断地回头，只是始终没有停下来。龙每次回头就形成一个弯道，有几次龙儿子有所动摇，便折了回来，但怕娘会留住自己，故几次又转了回去，于是留下了几个180度的大转弯。

当蛟龙游到如今叫洋龙村的地方，已听不见娘的呼唤声，它也有点累了，便在这儿歇息了片刻，于是留下了一个水潭，后来人们称这里为洋龙潭。龙在这里经过休息，恢复了体能，便又野性十足地向东北方向奔去，到了离沙蟹庙300余米的地方，忽然闻到隆隆的声音，似有千军万马奔腾而来。蛟龙昂首瞭望，原来正是涨潮时分。蛟龙发现大海已近在咫尺，便头朝北一个急转身，尾巴掀起泥土一堆。土堆状如一只雄鹰，于是人们称这里叫老鹰墩。蛟龙知道目的地到了，再不必着急，于是放慢节奏缓缓向前。因而老鹰墩往北直至出海口，洋浦就显得平稳顺直。

人们在津津乐道蛟龙一次次回头造成河道弯弯曲曲因果的同时，也带有一点遗憾，因为洋浦从发源地至出海口只有80个弯，还差一个呢（还有版本说，应是100

个弯，只有 99 个弯）。据说若有了九九八十一个弯，这洋浦流域就会出一个真命天子。只因当时龙妈妈见儿子去意已决，不好强劝，便无可奈何地摇摇头，只喊了八十声便停止了呼喊。

世上的事有时真的那么玄妙，仅仅少了一个弯，便失去了一个真命天子？听后也许会感到有点惋惜。但细细想来也合情理，只因实际生活中许多事情是一点也不能差的：学生差一分便进不了名牌学校；运动员差 0.1 秒就登不上领奖台；航天器在茫茫宇宙中进行对接，哪怕是只有一根发丝的差错，就会导致对接不成功。看来许多事确实是一点也马虎不得的。

第二篇　艰难跋涉

一、制盐谋生

为了生存，人们需要找个谋生的手段。初来乍到的人们发现下洋浦的地貌很特别，向南看是一片水草地，上面长满了茅草、芦苇；转脸向北看是一片白花花的盐碱地，盐碱地再往北是望不到边的大海。于是他们决定，利用盐碱地、海水为原料，以芦苇、茅草等为燃料，烧制煨盐。这就是他们选择的第一份职业——制盐。

刚开始制盐并不是板晒，更不是滩晒，而是用火烧，叫作烧煨盐。就是把卤汁放进锅里慢慢地煎熬成盐，这就得有专门烧盐的灶。现慈溪市境内有很多以灶命名的地名，如一灶、二灶、三灶江、四灶浦，等等。这些名字都源于烧煨盐这一行业。为防止烧制私盐，烧制煨盐并非各家各户自行在家操作，而是几户人家聚合在一起烧制的，称聚团公煎。每个场有若干个团，每个团分若干个灶，每个灶一般 5～7 个人。现慈溪境内(三北地区)有三个场，即龙头场、鸣鹤场、石堰场。下洋浦属于石堰场管辖，1911 年后石堰场改称余姚场，1916 年管理机关迁至庵东。

烧制煨盐并不是简单地把海水挑来倒入锅里，点火把水烧干，剩下的结晶体就是盐这么简单。

其实烧煨盐有很多工序，至少要分这样几个环节。

一是刨盐花，把滩涂上表层白花花的盐泥刨起来，这层薄土含盐量很大，是制盐的宝贵资源，需把它收集起来堆成圆形的泥墩。

二是制卤，先把刨起的盐泥堆积成圆形的泥墩，人们称为漏碗，漏碗大小没有统一要求，根据刨起的盐泥多少决定。堆泥墩时里面放些稻草或麦秆，再在泥墩下端安装一个竹管。泥墩外侧的一边挖个卤池或放一只水缸，用于储存卤汁，竹管的一端接入卤池。漏碗里倒入适量海水后，海水在渗透过程中把盐泥里的盐分溶解后经竹管再流入卤池内。漏碗内的稻草或者麦秆能使泥墩不致过实而影响过滤，使海水顺利渗透流向卤池内，因而使卤汁不仅仅增加了含盐量，还清除了泥沙等杂质，使卤池里的卤汁看上去洁净碧透。

三是烧制煨盐，每一个灶要备有一深一浅两只镬，先把卤汁倒入深镬里，接着点火烧。在烧制过程中，边烧边用锅铲搅动，待水分慢慢蒸发后成为粗盐。

四是深加工，粗盐需加工成细盐后才能出售。加工成细盐的方法不复杂，就是先把粗盐放入捣臼里捣碎，再放入浅锅里煨烧，烧好后还要用筛子筛过，只要小的，大的可以再次加工碾细。

烧制煨盐费时费精力，若不算刨盐花、漏碗制卤所费的精力，光是烧制煨盐，一个灶一天内紧赶慢赶，能烧两至三锅，差不多上午、下午、晚上各一锅，当然还需要起五更落半夜。刚开始那些年，因滩涂中的盐花层厚，盐分含量高，取海水又方便，经济效益还算不错。以陈明学家庭为例，当时他家人口多、劳力强，有两个灶，早上、下午各烧两锅，晚上还要烧两锅，一天能烧出六锅煨盐。每锅煨盐能买两元多钱，虽然很辛苦，但一天可买几十斤米，还是很值得的。

以后逐渐改成板晒，盐的产量更提高了不少。板晒就是用盐板晒，盐板长约1.8米、宽约1.2米，四侧沿边高出底面约5厘米。板晒的产量比烧煨盐高，但是劳动强度也大，而且风险更大。

板晒不用柴草烧煮，是利用阳光晒盐，最佳时节是每年4月到8月，尤其是农历6月太阳光最强，卤水蒸发特别快，同一块盐板一天可晒两板，上午、下午各一板。这就是说，正午时分需把早上晒的盐赶紧收起来，再换上新的卤水。而完成这种收换交替任务的时间必定是太阳光最毒的时辰。息夏、息昼这两个字对别人来说是理所当然的，但对盐民来说实在是太奢侈了。

盐民的辛苦不仅于此，比如当暴风雨突然袭来时，一般人都从野外往室内跑，可是盐民却要从室内向晒场头飞奔，跑向晒场头后，赶紧把盐板收叠起来，动作慢了，被大雨一冲，盐板上的卤汁就变淡汤了。因而即使头顶雷电轰鸣，盐民也要冒着生命危险奔向晒场，把盐板叠起来，为防被风掀翻，还需用草绳把盐板捆起来。一遇到这样的雷暴天气，他们常常连裤带都是湿的，也分不清身上是汗水还是雨水。更可怕的是，有时人还会被雷电击中造成伤亡事件。因而每当遇到雷雨天气，全家人总是提心吊胆的。

长年累月地在阳光下干活，导致盐民的皮肤晒得黑乎乎的。他们既怕头顶的太阳光，但更怕头顶没有太阳光。

盐民中的男人劳动强度大，他们确实很辛苦。盐民中的女人与男人是同林鸟，要协助男人干各种各样的活。在阳光下翻扒盐板、挑盐卤、收盐担水。长期的盐业生产使盐区的女人们练就了一副铁肩膀，常挑着二三百斤的盐箩奔跑着，比其他行业的男子还强悍。她们的皮肤同男人一样，脸被晒得黝黑，像非洲人。三十几岁的女人，脑门早早地添上了一道道的皱纹，看上去有五十多岁。

盐民虽然很辛苦，但生活并没有保障，特别是从 9 月开始至次年的 3 月，是晒盐的淡季，阳光弱，阴雨天多，有时会连续两三个月没有收入。因此盐民填不饱肚子是常有的事，常常处于半饥半饱状态。就是在平常情况下，吃得最多的还是番薯干、南瓜粥、麦碎米饭，很少能见到大米饭。即使是大米饭，里面也添加了野菜杂粮，难得吃到一顿纯米饭。有句老话说“生了背后眼，好吃纯米饭”，把能吃上一顿纯米饭看作是一件很难得的事。一年 365 日往往到过年（春节）时才能吃上一次猪肉。下面是反映盐民生活的一则民谣。

《盐民苦》：

一担食盐百担泥，一担食盐汗一斤。

收盐换卤像打仗，头顶烈日晒脱皮。

刮泥淋卤鸡未啼，晚上回家星出齐。
一年三百六十日，汗水泪水拌饭吞。

盐民的生活如此艰难，这只是一个方面。他们还有一个难于启齿的苦楚是光棍多。由于盐民的劳动强度太大，生活又不大好，因而外村的姑娘不愿嫁过来，可本村的姑娘却想嫁出去。于是盐民中男子打光棍的比例明显高于稻区和棉区的男子。盐民受的这些苦是哑巴吃黄连，有苦说不出。有一首民谣反映了他们的苦楚。

《光棍谣》：

风扫地、月点灯，一条破被当宝器。
衣衫破了无人补，脚踏鞋子无后跟。
床顶挂满蜘蛛网，半张寐床上灰尘。
没有女人给我关房门，没有儿子给我倒尿盆。
别说室内无同伴，墙角老鼠做邻居。
一碗冷饭两行泪，光棍做人真伤心。

自七塘围成以后，由于原赖于晒盐的海涂不断升高，潮水淹没滩涂的概率逐年减少。晒盐时需特意开沟引潮水，不但成本增大，滩涂中泛出的盐花也没先前浓厚了，造成晒盐的效益越来越低，但税收还是依旧。有些人开始另谋职业，搞副业，割野柴。这里野柴很多，但是本村人不需买，所以要挑到新浦、胜山等地去卖。不说割柴的辛苦，就是把柴卖掉也不容易，这100多斤一担的柴，挑到胜山要走20多里路，到那里后还不一定有人要。有时需在路边野外过一个晚上，等到第二天才能卖掉。

这样的日子真没法过下去。下洋浦人原本都是很忠厚的，但在严酷的现实面前，有些家庭实在支撑不下去，就抱着“饿煞不及犯法”的心态，偷偷地卖起了私盐。

这直接损害了盐政局及盐商的利益，盐政局也多次派员到现场检查监督。只因这里地域偏僻，交通不便，正所谓天高皇帝远。盐场管理人员从庵东到下盐舍需步行45里泥路来察看，确实难度大，不好管理。再说这里的盐民原本不多，总产量又不高，晒盐效益越来越低。

根据这些实际情况，约在1920年，有关部门决定停止这里的盐业生产，改行开荒种地，并发给720元补助金平均分配给村民，也算作是开荒种地的启动资金。

二、下洋浦人摊上了第一场官司

晒盐业停止后，按当局意见，要求人们开荒种地。但人们选择了许多不同的行业，其中，陈明学之子陈金标选择了做生意。

在下洋浦的先民中，陈金标是一位头脑比较灵活、有经营能力的人。他27岁随父亲来到下洋浦后，开始协助父亲一起进行盐业生产。父亲西归后，自己接过家业继续晒盐，而且干得风生水起，盐板由30多块很快发展到70多块。盛夏时一块盐板能产50多斤盐，收益相当可观。

至此可见，在这片盐滩地上，一个富裕家族已初具雏形。但是现实残酷，命运之神不允许他向这个方向发展。

盐业生产终止后，陈金标改行做生意。只因在这海岸边、塘脚下到处长满芦苇、茅草，还有村庄附近的棉花秆、大粟秆、麦子秆等，大家把这些统称为柴。人们都说，开门有七件事：柴、米、油、盐、酱、醋、茶。柴是排在第一位的，因为没有它，人们就要回到五六千年前，重过茹毛饮血的日子。然而这里柴源丰厚，本地的人家是用不完的。他脑瓜灵活，决定把分到的钱暂不买田置地，先做生意。就收购柴草，贩卖到外地去。果然生意越做越大，一年能卖出去上百艘船的柴草。

芦苇荡

陈金标做柴草买卖的举动，不但使自己赚了不少钱，客观上也帮村民们开辟了财源，大家把柴草割来直接卖给他，再不用挑到新浦、胜山、逍林等地去了。野柴变成财富，生活得以改善。且有众多的柴船来来往往，也使小村庄多了几分生气。

后来随着生意的扩展，洋浦西岸的柴草已不够收，陈金标便在洋浦上搭了条吊桥，过桥到洋浦东面蒋家人的地方去收购。

当时浦东属慈溪地界，浦西属余姚县管辖。到浦东收柴这一举动损害了蒋家人的利益。因蒋家人与一个洋龙人有个合约，需把浦东的柴卖给洋龙人，故不让陈金标收，说余姚人不能到慈溪地界来收柴。陈金标反驳道："我是用钱买柴，又不是来抢柴。做生意本来就是哪里有货就去哪里买，哪里缺货就到哪里去卖。你凭什么王法不让我收柴？"但蒋家人和洋龙人并不与他论这些理，就是不让他收。双方争执不下,激烈争吵未果,便推推搡搡地动起了手脚。

蒋家人的家在观城卫前,离这里有 20 多里路,在这里只是地舍,干农活时临时休息一会,多数人是住在家里的。天时、地理、人和三者,陈金标至少占有地理、人和两条。正所谓强龙难压地头蛇,蒋家人没占到便宜。

他们吃亏后,把一张状子递到余姚县衙。县老爷指责陈金标惹是生非,不该到慈溪地界去收柴。

陈金标听后不服,问老爷系何方人士。老爷说是安徽人。陈金标说:"老爷既是安徽人士,就该在安徽本地做官,为什么跑到余姚来?既然你可以到余姚来做官,我为什么不可以到慈溪去收柴?"

有道是"衙门朝南开,有理无钱莫进来"。陈金标的争辩并非强词夺理,却顶撞了县太爷,惹得县太爷很生气。他认定陈金标是个巧舌如簧的乡野刁民,便不论是非,一阵水火棍打完屁股后,把陈金标推进监狱关了起来。

这事发生在 1920 年秋。

消息传来,陈金标老婆王氏急了,陈金标长子虽已 25 岁,但正在患重病,其他孩子还不谙世故,她只好出面去求人帮忙。那时候的女人都缠脚,她不得不迈着三寸金莲,一步一晃地四处求爷爷告奶奶,挽人挽马去衙门找关系。最后经人推荐找到了一个具体管监狱的狱警,这人见眼前的这个小脚妈妈一脸焦急忧愁的样子,不禁生了几分怜悯心,表示愿意帮忙试试。他对县老爷说:"我看陈金标不像是个坏人,理由是他一躺下便呼呼大睡,而且鼾声如雷,说明他心胸坦荡。再说做生意也没有规定只能在本乡本村做的道理呀,老爷您就开开恩放了他吧。"

县老爷问道:"陈金标是你的什么人?"狱警说:"一点亲戚关系也没有,昨天一个邻居对我说,有个犯人的家属要来求我帮帮忙,说这个犯人曾接济过自己,对自家有恩,叫我无论如何要帮这个忙。今天我在来监狱的路上,邻居带着一个女客妈妈过来,才知道她就是陈金标的老婆陈王氏,我看她脸色憔悴,好像几天几夜没合眼,一副可怜兮兮的样子。所以来求您,她正流着泪在门外等着呢。"

其实这时的县老爷原先那股气也早已烟消云散了，见狱警来说情，乐得顺水推舟做个人情，便点头放了陈金标。

陈金标终于离开监狱，这时他已在监狱里蹲了五个月。别看五个月时间并不算太长，却使整个家庭的经济情况发生了极大的变化。家庭的顶梁柱坐牢后，收柴的行业不得不中止，不仅仅是五个月没有分文收入，早先卖出去的柴草款很多成了糊涂账，而该付出去的柴草款还得付，并且为官司也花了不少冤枉钱，一下子抽空了家底，使整个家庭的经济运转体系伤了元气。

在未发生官司前，陈家的经济状况已比较富裕，陈金标本是个心胸较为开阔的人，常救济他人。每年的七月半和除夕前都要放一道焰口。

那时的人们普遍认为，放焰口是在为乡亲们做好事。因农历 7 月 15 日是地藏王菩萨生日，这一天小鬼们会放假。通过放焰口来慰藉鬼魂，以求得一方平安。

放焰口要搭一个台子，上面放一张八仙桌，台下放两张八仙桌。同时还供奉着饭菜、糕点等物品，这是给鬼魂们吃的。再请七个和尚，一个坐在台上的八仙桌上，六个坐在下面八仙桌两边。坐在台上面的和尚穿着讲究，举止严肃端庄，除身着光鲜僧衣外，还要头戴比丘帽，身披袈裟。下面每个和尚桌前都放着一本经，放焰口开始，他们就按经书念起来，内容是希望菩萨宽容罪鬼们的过错，祝愿打入地下的小鬼们早日获得超度，早日投胎做人。

经念完后就算超度仪式完毕，焰口活动也就结束。

从这个过程可以看出，放一道焰口是需要不少经费开支的。而陈家每年要放两道焰口。可见当时陈家已比较富裕。

但是自官司发生后，家里经济状况已大不如先前，家底抽空了，以致以后在操办子女们的婚嫁娶迎时，需采取打会[①]的办法筹集资金。

---

① 打会：一种民间筹资的方法，即约 10 个要好的人筹集一笔资金(数量从几千元到几万元不等)，以后每隔几个月筹集一次。第一笔钱由发起人自用，以后这 10 个人再拿出相同数额的钱给第二个人用，依次类推，直到最后一人收齐钱为止。第一个与第十个人支付的利息不同，第一个人付息最多。

还有个无法弥补的损失是陈家失去了一个长孙。陈家官司缠身之际，陈金标的长子正在生病，当地附近没医生，看病需到沈家(师桥)去，有30多里路。陈家陈王氏或许也没料到孩子的病情会这么严重，当时农村人常讲的一句话叫“有钱做钱勿值，无钱做命勿值”。她把主要的精力投入如何找人疏通关节上去了。她儿子的病在当时叫“脱力伤寒”，起因是一次在大潮冲进村庄后，把他家的一个柜子冲走了，这在当时可是件很值钱的家具，他扑上去抓住不放，奋力往回拉，一个人在大风浪里不知折腾了多长时间，柜子终于拉了回来，可人已筋疲力尽，怎么也恢复不了。大家原以为这种病多休息些日子自然会好，故病人没有看过医生，也没吃过药，又缺少应有的照顾，由他独自与病魔搏斗。人们发现他闭着双眼躺在床底下，可见在死亡前该是多么痛苦。他是陈明学的长孙陈坤修，也是下洋浦这方盐滩地上诞生的第一个婴儿。

白发人送黑发人，本是人生撕心裂肺的三大悲事之一[①]，而对陈王氏来说，更感到亏欠的是，在亲生儿子离开人世之前，做母亲的竟没能说句宽慰话，没能递上一口汤药，闭眼时也没能看上最后一眼。这是烙在陈王氏心头的一个伤疤，是终生的憾事，不管多少岁月也无法抹平。她所能做的唯一一件事是嘱咐家人：“阿修的长兄名号要保留，仍是四个兄弟中的大哥。等到有一天我不在了，每年清明节，每逢七月半，你们要给自己的大哥灵位前插上一炷香，烧上几个度牒。”

三、村民们造的第一条桥

下洋浦村落形成的初期，有两条河流阻碍着村民的出行。一条是村庄东面的

① 三大悲事在中国人的传统观念中通常是指幼年丧母、中年丧夫、老年丧子。

洋浦，阻碍人们去观海卫卖鱼、到沈师桥看病。另一条是村庄南面的七塘横江，挡住了去新浦、胜山购物的路。因七塘横江的河水较浅，河面较窄，人们用几根毛竹捆扎后架在河的两岸，就算一座桥，可以通行。但洋浦就不好用这个办法过河，因为它河水深，河面更宽，有十五六米，所以很难采用这个办法。但村民有许多事需要到洋浦东面去办，而且当时海水直通洋浦，故洋浦里的水全是咸的，为了阻止潮水侵蚀农田，于是在1907年，经商量，村民们决定造一座桥，地点选在村庄的最南端，因为这里浦面相对较窄一些。造什么样的桥？根据当时的经济条件，建石桥不行，他们决定造一条黄泥桥，发动大家撑船到三四十里外的山上去挖黄泥，用它做桥墩桥面。

为了增加黄泥的柔韧性，黄泥挖来后在捣臼里反复地舂，舂柔韧后做成长方形的块砖待用。接着在造桥处打堰抽水，再打入松桩，以保证桥脚的稳固。在此基础上垒黄泥制的砖块，先垒两端桥脚，再一步步立桥面，把桥的两端连接起来。并在桥的中间留出四五米宽的桥洞，配上闸仓板。平时将闸仓板闩住，挡住咸水；遇上雨季再把闸仓板抽起，用于排水。

桥造好后，村民们很高兴，因为这是村里的第一座桥，而且是全村的人合力建成的。

虽然这桥也像下洋浦的人一样朴实无华，却很实用。从此桥南面洋浦之水渐渐得到淡化，逐渐可灌溉农田，同时村民们到海晏庙跟、观海卫等地赶市卖海货也少走了许多冤枉路。还有一点是浦东的河塘边和田野里长着许多荠菜、马兰头、狗葱子、野油菜等，那儿没长住居民，任由大家去采集。这对当时过着“糠菜半年粮”生活的大多数村民来说，多了几样充饥的食物。再一点，那时候的人还很迷信，以为自己当今日子过得艰难，是自己的命不好，因为有“前世不修今世苦”的说法，所以命运好坏是自己造成的，一不用怨皇帝，二不用怨神明，只怪自己当年未修行。那就该吸取教训，用烧香拜佛来换下世的好运，于是老太太们需要到海晏庙去烧香，这回就方便了许多。

然而好景不长，1911 年，一场风潮袭来，把黄泥桥给冲垮了。桥门上面的黄泥砖块全坍塌了。人们便搭上几根竹竿，再铺上些芦苇席继续往来，这样又通行了几年。1919 年时，一场更大的风潮把黄泥桥彻底摧毁，水面以上已见不到黄泥桥的影子。水面以下的桥脚部分还算留了些残躯，其中浦东的桥脚直到 20 世纪六七十年代仍可看到。

黄泥桥已荡然无存，尽管它本来就很简陋，但这是全村人有钱出钱、有力出力、齐心协力建成的第一条桥，是人们用汗水凝结而成的，反映了村民们团结一致，依靠自己的力量改变生存环境的坚定决心，也衬托出当时的生产力发展水平低下的现实。还有一点需要说明的是，这种“有钱出钱，有力出力，齐心合力办公益事业”的精神，从此成了下洋浦人血液中隐藏的重要基因之一，被一代代传了下来。

自黄泥桥被彻底冲垮以后，人们到浦东去只能用船只摆渡，因为麻烦，所以没大事就很少去。人们盼望能在洋浦上再造一座桥，这个梦做了 16 年，直到民国十六年(1927)，余姚县有关部门出资造了一条横跨洋浦两岸的石桥。地点本来也定在黄泥桥原址，刚挖了几锹，忽然从黄泥桥脚下蹿出来一条两米多长的大蛇，叫不出是什么名，人们说这是一条仙蛇。为不打扰仙蛇的生活，便把桥址向北移了一百多米。桥没定什么名，村民们称大桥，实际是一座节制闸，雨水多时把闸仓板抽起放水，大潮汛来时把闸仓板放下，防潮水倒灌。节制闸自然比黄泥桥好多了，打通了洋浦两岸的交通，从此大家去海晏庙、观海卫等地办事就方便了许多。但受当时经济条件及技术的制约，桥的排涝能力还是不够强，雨水多时也常受阻。

到了 1954 年，为了增强抗旱排涝的能力，人民政府投资把大桥拆掉，在原桥址向南移了七八米，又造了新的节制闸，称团结丰产闸，又名下洋浦闸，双孔结构，净宽 8 米。闸用水泥钢筋作建筑材料，质量好。与老闸桥相比，排涝能力提高了近一倍，再没出现排涝不畅的状况，这是在下洋浦浦口造的第三座桥。

四、小直塘边的老大坟

在五棚路至七塘有条小直塘，小直塘的三分之一处有条斜路通向下洋浦村庄。在塘与路的交界处南侧东塘面有个不起眼的土堆，这是一座土坟。谁也不知道坟主人姓甚名谁，来自何方。当时见过他的人由他的衣着装束判断，像个撑海船的船老大，就是掌舵的人，于是人称该坟叫老大坟。

那么这里怎么会有这样一座无名坟？这事还得从捞潮头说起。

住在海边的人，常有个特殊的副业——捞潮头。当一场大潮汛过后，尤其是一场暴风雨夹大潮过后，就会有人起大早赶到海边去，看看有没有被涌浪推到海岸边的杂物，如木头、竹竿，有时还有木桶、竹篮、渔网，甚至还有衣被、木箱等。谁见到了，就可以把这些东西拾回来据为己有。这个做法就叫捞潮头。

已说不清何年何月，只知道事情发生在20世纪40年代。从头一天上午起，暴风雨就下个不停，一直到第二天午夜才渐渐停了下来。第三天天刚蒙蒙亮，一个村民就起了个大早。他赶到海边去捞潮头，想拾些杂物。走着走着，见一个弯曲处有堆黑乎乎的东西，他以为是海船上掉下来的什么东西，不禁心头一热，便快步奔了过去，生怕被别人抢先拿走。快接近那堆物体时却发现躺着的是个僵尸，被吓得半死。他噔噔噔地往回跑，跑到半路上，见前面有个穿黑衣服的人迎面走来，以为是刚才那个死鬼追过来了，便转身奔向塘河，打算跳河逃跑。穿黑衣的来人认出了他，问他这么慌张干什么？此时他听出了口音才停了下来。原来穿黑衣的人也是来捞潮头的同村人。

两人回村把这件事告诉了村民们，大家判断这尸体一定是昨天遇到风暴时翻了船的渔民。村民们本来就纯朴善良，再说很多人也经常出海打鱼，且也有人因同样原因遭到不幸的情况，于是他们约了几个村民带着木板、木杠和绳子把尸体从海边给抬了回来。当抬到直塘与村道交叉的地方休息时，大家商议就葬在那里。买棺材是没有这个经济能力的，人们说，只好委屈他一下，便挖了个坑，再买了张草席把尸体裹了一下后埋上土，也算是帮他入土为安了。人们路过这里，有时也难免有些伤感：无字无碑一土坟，无邻无伴独黄昏。

不过与那些葬身鱼腹的人相比，这个人还是幸运的，总算有了个安身的地方。

其实在下洋浦村，类似的无名坟并非只有这一座，在村西约三四百米的七塘南侧的塘边上，还有好几口无名棺材，除遇难渔民外，有的是讨饭的，有的是流浪者，还有的是路过这里得急病倒下后爬不起来的。虽都是外来客，但只要村民们知道后，不管自己多艰难，也会众人合力帮他们入土为安。有些心地善良的老婆婆还会特地给点上几支香，烧上几个度牒，权作送他们西行的“路彩”，也算是尽了点地主之谊。渐渐地，这个地方就成了义冢地。

20 世纪 50 年代前，三北平原各地有一块块的义冢地，那是有些有钱的开明人士特意购买的，专供一些死无葬身之地的穷苦人安放尸体用。一般一两个村就有一个共用的义冢地。

而下洋浦村与别的村庄相距较远，又没有经济很好的家庭，因而没有共用的义冢地。于是就在七塘路上选了一段塘边地，埋葬无力购置坟基的人们。就这样，这里就成了不是义冢地的义冢地。

五、四灾频发生存难

下洋浦这个地方当初的自然环境是很险恶的，有各种灾害隐藏在人们身边，随时在威胁着人们的生命财产安全。

首先是风灾。一刮台风，下洋浦人自然会首当其冲，他们住的全是简陋的草房，稍大一点的风就会把房顶的稻草卷走。为了防止草房遭不测，每当台风来临时，家家户户找来木头、竹竿、绳子等材料，设法把房子四周的脆弱部位加固好，并用芦苇席、沙蟹网、渔网等铺盖到草房顶层，把稻草压住，以防被风卷走。然而这些措施只能应付普通风灾，若遇大点的台风，这些办法的作用微乎其微。而台风差不多年年会有，正面登陆的次数也不少，常常几年会有一次。

据 1904 年出生的陈香凤老人回忆，从她懂事起，亲身经历过的大风潮（以海水冲垮海塘为准）有这样几次：

8 岁（1911 年）时，台风夹大潮涌到村庄最南端，把洋浦上才造了四五年的黄泥桥冲垮。

12 岁（1915 年）时，阴历六月初五，风潮把村里的许多草舍吞掉（被潮水掀翻后随潮水而去），自己家的盐板也被吞走（冲走）了一大半。村庄四周地里的棉花也淹坏了。

1922 年，风潮接连冲垮三条海塘，过了五塘。

1933 年阴历八月，大风加暴雨，使潮水冲进村庄，本来已在收摘的棉花，被潮水冲光了。

1949 年 7 月 24 日，台风、暴雨和大潮连成一体疯狂冲破海塘，多数草舍水深没膝，庄稼受损严重。

陈香凤老人还说，从 1933 至 1949 年间至少还有两次大风潮，损失也很严重，但具体年月记不清了。

由此推断，从 1911 至 1949 年的 38 年中，至少有 7 次大的风潮袭击村庄，平均五年多就会遭受一次大台风带来的灾难。

其次是水灾。下洋浦村村庄四周都有塘围着，村庄的水是通过一个阴洞排到洋浦，再从洋浦排到海里的。但 1949 年前的阴洞口过小，雨量稍大一点就没法及时排出去，庄稼很容易被淹。

陈香凤老人说，“我19岁那年七月的一天，我正要到海里去，半路上狂风暴雨打得我眼睁不开，人站不稳，把我吓坏了，后来本已挂满花铃的棉花成了光梗”；“我23岁那年(1926年)受水灾最严重，大水‘从黄梅天到白露脚跟头’，连下四场大雨。听姆妈说，连道路头(道林)的街沿都被大水淹没了”。

下洋浦村受水淹的惨况更是可想而知。面对连绵的瓢泼大雨，小小的阴洞排水作用已微不足道，整个村庄已成一片汪洋，出现了“撑船不用上河江，烧饭只能用缸灶”的窘况。庄稼颗粒无收，一年的辛劳化为灰烬。有些人不得已又一次肩挎讨饭篮，经讨饭塘到外地讨饭去了。

三是旱灾。村庄周围的地块可称得上整齐划一的，当时围海造田时，都挖成宽10米左右的长方形地块，每块地两边都开有约1.5米深、2～3米宽的小河沟。乍一看是水网式的田园，富含诗意，但实际上储水量并不多，经不起天旱，若一个月无雨，小河沟的水就干涸了。许多老人说，过去连续两三个月不下雨是经常发生的事。1940年夏天，两个多月没下一滴雨，洋浦河底全开裂了，人可以从黄泥桥一直走到沙蟹庙，有2000多米长。

每当出现干旱预兆时，人们便用水缸、木桶等能储水的容器储水。这些措施只可应付几天，时日稍长就解决不了问题。有些年的干旱特别严重，人们不得不跑到十多里外的淡水湾去挑水喝。家有青壮年的还好，虽辛苦，但总算还能找到水喝。最困难的要数那些孤寡老人，真是欲哭无泪。对他们来说，此时的水变得比酒还贵。于是老婆婆们采用拜菩萨、求龙王的办法祈雨，效果自然可想而知。

四是虫灾。下洋浦的土地应该是不错的，这儿土质肥沃，是夜潮地，这类土质适合种植棉花、西瓜、豆麦等多种作物，且产量高，质量好。

然而这儿经常发生虫害，通常有蚜虫、红蜘蛛、蝗虫等。那时还没农药，虫害发生后一点办法也没有。面对蚜虫、红蜘蛛的肆虐，农友们曾凭着想象用烟叶加红辣椒熬成水喷到棉叶上。这种液体喷到人的眼里确实会受不了，但对虫害一点效果也没有。人们只好眼睁睁地看着虫灾蔓延开来。

人们最怕的还是大头蚱蜢(蝗虫)。本地每年也有少量蝗虫，它们对庄稼的损害是有限的。人们怕的是外来客。说不清从哪里突然飞来成群的蝗虫，来时往往会遮天蔽日。每到一地便把庄稼吃个精光，弄得人们欲哭无泪，有气无处发泄。

老人们回忆，在民国十六年(或十七年)，本来地里的棉花绿油油的一片，长势喜人，已现蕾开花了，以为会有个好收成。可是第二天，不知从哪里飞来了成群的大头蚱蜢，不到一天时间便把棉花啃成了光梗。不光是棉区，上等头人的早稻叶片也啃光了，那年米价一下子涨了很多，本来可买 10 斤米的钱，后来只能买两斤多点。

蝗虫吞食庄稼，是一种群体破坏行为。蝗虫的这种群体吞食庄稼的活动，是由它们的习性决定的。雌蝗虫产卵时，会选择土质坚硬，并有相当温度，阳光直接照射的地方。能符合这些条件的土块并不多，所以它们往往会选择同一个合适的地块集中产卵，最后几乎同时孵化成虫，从而从幼虫期便养成互相跟随的习性。

蝗虫有三个特性：一是结伴同行。出发前先由少数蝗虫在空中盘旋，引起地面蝗虫的感应，纷纷跟随，队伍便会逐渐扩大。二是喜欢高温。为了增高体温，促进生理机能活跃而选择成群活动。第三个特性是趋阳飞行，总是依循太阳的方向飞行。这一点对下洋浦的农民来说更是个致命伤，因为村庄的东方是大海，这里是最后一站，蝗虫必须在这里落脚，饱餐一顿后才飞向别处。所以下洋浦是慈溪遭遇蝗灾最重最多的地域之一。

与别的灾害不同，其他灾害总有预兆、有过程，多少还可做些预防工作。而蝗灾什么先兆也没有，一旦发生，人们就束手无策。

第三篇　靠海吃海

下洋浦的村民自毁掉盐板后，按当时政府计划改成开荒种地，但开荒种地也需有一定资金。当时虽有七百多元的补助金，但分到各家各户后就不多了，开荒种地需备有各式农具、种子、肥料等，这些钱远远满足不了开荒的需要。多数村民平时自己没有积蓄，因而没有这个经济能力去开荒。一部分人以租别人的土地耕种为主，种地之余就下海搞副业，差不多每家每户都有人在拷海，相当一批村民干脆以拷海为主业，养家糊口。因而外面的人们称下洋浦人是“拷海里人”。

因为村庄离海很近，海水里生长着不少鱼、虾、蟹，可供人们任意捕捉。同时离村庄300余米外就是海边滩涂，这海涂南北宽有近20里，东西两边更有几十里。在这么一大片海涂上生长着各种各样的海生小动物，如蛤蜊、蛏子、海瓜子等贝壳类生物；沙蟹、棚牛蟹、花牛蟹、青蟹、白蟹等甲壳生物；泥螺、赤鳝、剑鳗等软体动物。这些自然资源可由人们去捕捞采撷。人们把这种捕捞、采撷活动叫作拷海。

拷海又分为两大类：一类是到滩涂上面徒手抓泥螺、蛤蜊、沙蟹等小海产品，这类活计称为拷散海。另一类需要一笔较大的资金投入，用于购置一些工具，如船只、渔网等。用渔船带渔具到深水中去捕鱼捉蟹，有较大的风险。只是习惯上的叫法并没分这么细，不管在海滩拾取泥螺，还是到深海捕捞鱼虾都统称为拷海。为便于叙述，还是分为两种不同类别。

一、拷散海

拷散海这个行业有两个特点：一是不需要投入多少资本来准备工具，只需带个竹篓一类的用具即可，有些项目虽要工具，但成本不高，多数家庭也承受得起。二是拷散海劳动强度相对较小，风险也小，所以妇女、老人、小孩也可参与其中。自从20世纪20年代下洋浦人毁掉盐板起，许多家庭常常以拷散海维持生计，一直持续到40年代末。现列举几则具体项目。

（一）挖黄蛤

下洋浦人称黄蛤叫浪夯，它是蛤蜊的一种，略呈圆形，中间白色，外壳的沿口有几道黄褐色的宽线条，故称黄蛤，约有3厘米大。它生活在浅海滩涂中，海水退去后人们便去采挖。

浪夯生活的海涂区域称为浪夯埭，浪夯埭可分为上埭和下埭两片海域。

上埭的浪夯质优，这儿离岸边近，油泥多，浪夯的肉肥，味道鲜美。浪夯全身藏匿在泥里面，但人仍能轻易找到它，因为它要换气吐水，不得不把嘴露出泥面，于是就会显出似绿豆大小的玉色的一个口，人们称为“玉眼调”，对着它用手轻轻一捏就抓到了。一般一个潮时内少的可抓到四五斤，多时可抓到十多斤。上埭浪夯还有一种调叫“胖墩调”，就是它大半个身躯鼓出泥面，虽有泥土包裹着，但人们老远就能找到它，比寻找玉眼调更容易发现。

下埭浪夯因涂中水层深七八厘米，虽也有“玉眼调”存在，但海风一吹水波荡漾不易发现，再说它生长也缓慢，故平时人们不太去采挖，到秋后直至冬天，下埭浪夯发展得子孙满堂，个头也长了许多。这时人们才去采挖，但与挖上埭浪夯不同，很少直接徒手抓，而是去拖浪夯，就是带根扁担和一条5米左右长的绳子，到了下埭海涂，选定一块地方，把绳子的两头拴在扁担两端，手抓住绳子的中间放肩上，把扁担放在海涂上来回走动，让扁担拦着海水划动，掀起层层泥浪，走了几个来回后，浪夯上层的泥土不断被冲走，浪夯便渐渐露出真容，全裸露在人们眼前。这时人们弯腰低头，伸手去拾就行了。

这种方法叫拖浪夯，收获的数量往往较多，人多的话一个潮时可拖到一两百斤，甚至更多。不过若论经济效益也不是很理想，收益往往与数量不成比例，因为这种浪夯大多数个头没长足，外壳白白的，人们叫白壳浪夯。白壳浪夯不但味道没上埭的黄壳浪夯鲜美，而且买回来后不好马上就吃，要在海(盐)水里养上一天，让它把泥土吐尽方可食用，所以价格便宜很多。

(二) 取沙蟹

取沙蟹的人以妇女、孩子居多。沙蟹生活的海滩紧靠海岸，沙蟹洞也很易找，所以六七岁的孩子也可参与取沙蟹。

取沙蟹的人常常把一只手的袖子挽得高高的，有的人干脆把一只衣袖脱下后塞在胸部，把手腾出来便于去蟹洞中取蟹。然而六七岁的小孩就没这么费事，他们多在夏天才参与取沙蟹，而且两只手可以轮换着取，比大人还灵便。沙蟹的洞深一般在3～50厘米之间，小孩子的胳膊已能够到，取起来并不困难。

取沙蟹先要会找准蟹洞，有些洞没有蟹，内行的人一眼就可看出来。只要这个洞口有新鲜的蟹爪印痕存在，里面必有沙蟹。

人们常说狡兔三窟，哪知这小小的沙蟹也懂得为自己准备个退路。也许沙蟹们也有“阶级斗争”观念，有些会在主洞的另一个方向再打一个出口洞，可在遇敌时从边洞逃跑。而且这个出口通常不用，因而洞口不明显，不易引起人们的注意。

当然沙蟹毕竟是低等动物，在人的面前，它的这点智谋就显得太微不足道了，即使从边洞逃了出去，但孙猴子是不可能逃不出如来佛的手心的。

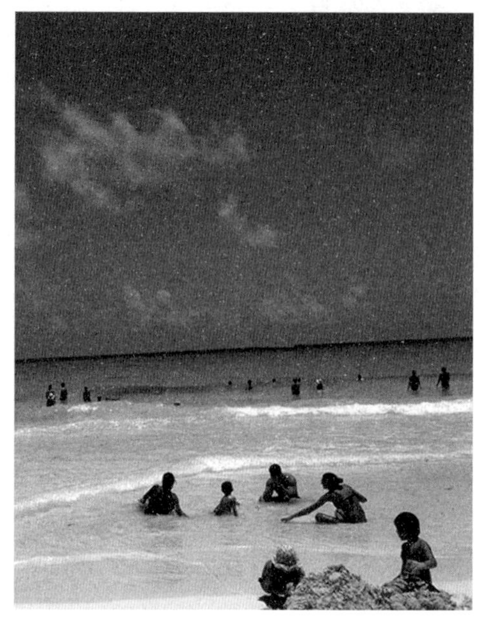
取沙蟹

取沙蟹的活，收益不是很好，一个潮时能抓个四五斤就算不错了，故男人们只偶尔参与一下，作为一种副业，要靠它养家糊口就得另想办法。在这片滩涂上，沙蟹的数量确实不少，如果能充分利用，能解决不少人的生计问题。于是人们发明了沙蟹网，用网牵沙蟹，收益就高得多。早先的沙蟹网是麻质线织成的，网眼10厘米左右，为防止麻线受潮后发霉变质，网织好后还要用猪血浸染。沙蟹网长10多米，宽3～4米。20世纪70年代后期，织沙蟹网的料由麻线改成尼龙线，尼龙线比麻线既轻便又滑溜，因此网的宽度和长度都比麻织网扩大了一倍多，增加了覆盖面，自然提高了效率。沙蟹旺发时，一个潮时可牵到100多斤，但少的时候只有几斤。牵沙蟹时要看天气，最好是晴天又没有大的风。太阳一照，沙蟹们会爬出洞来晒太阳和觅食。人们先把网撒到滩涂上，张开网眼，接着离开网区，在一边等待，约十分钟后，开始有蟹爬出来。网撒好后一定要低头弯腰静静等候，千万别晃动。沙蟹的两只眼睛长得很特别，可以举起来向外看，需向远处看时能把眼珠举到眼眶外1厘米多高，能看到10多米以外的动静。若没有动静，蟹便陆陆续续从洞里爬出来，越来越多。牵蟹的人估计蟹爬得差不多了，人再悄悄接近网的一端，抓住网绳飞快向前拉，不可慢悠悠的，不然蟹会趁机逃入洞内。人跑得越快，蟹跑掉的概率越小。

牵沙蟹的人去抓网绳时一定要隐蔽，尽量不要让蟹发觉，否则它会机敏地钻进蟹洞里躲起来。不过以后麻线改换成尼龙线后，这个要领已不太重要，因为尼龙线很轻便，人们把网绳的一端接得长一点，可以直接在沙蟹的视线外等候，见时机已到，直接抓起网绳向前跑就可以了。牵沙蟹时最好由两个人一组，便于撒网时配合，一般一老一小搭档比较合适。

（三）拾泥螺

本地人称泥螺为涂㖒，它生长的区域离海岸较近，紧挨着沙蟹埭，走完了沙蟹埭就是泥螺生长的地域，称为涂㖒埭。涂㖒埭与浪夯埭几乎在同一领域，有浪夯生活的海域就有涂㖒。这里的滩涂上有一层黄褐色的腐生物组合的浮泥，拷海的人们称为油泥，是海鱼和泥螺爱吃的食物。这片滩涂凹凸不平，但总体上看，高低上下相差并不太大。滩涂上还散布着一个个不规则的浅水汪，这种泥水交叉的自然环境很适合泥螺、黄蛤等海生小动物的生长。

泥螺与沙蟹、黄蛤等不同，它没有隐蔽性，全身裸露在泥滩中，而且对声响无反应，人们可以慢悠悠地用手直接去抓。手抓泥螺的人一般有个小工具叫涂㖒海斗，人们借助它便可以不低头弯腰，省力许多。泥螺味道很鲜美，可以鲜食，也可以用盐腌成咸泥螺。

泥螺几乎一年四季都有，以春天的质量最好。春天是充满生机的季节，也是海滩上的小动物生长繁殖的季节。当桃花盛开的时候，海涂上的泥螺常常成双成对地出现在人们面前，有些正在亲吻，有的还在交头接耳，有的则已连成一体了。

这个时段的泥螺有个别名叫“桃花涂㖒”。桃花涂㖒很受人们喜爱，它们肉质柔嫩，味道特别鲜美。

到阴历八月桂花飘香的时候，泥螺又有个新的名字叫桂花涂㖒，它也一样深受人们的青睐，其味道也很不错，可与桃花涂㖒相媲美。泥螺味道虽好，但挑选泥螺也不容易，一要看个头大小，当然个大的好。不过衡量泥螺个头大小，主要看泥螺的外壳，壳大泥螺就大，如果只看表面的个头大小是不准的，因为泥螺很会吸水，有些不良商贩给它喝足水后再卖，小泥螺也会显出大块头，外行人以为就是大个涂涕。二是看它肚子里面有没有泥土，有泥土就不好吃，可以先剥一两颗看看。不过下洋浦人住在海边，他们不需要剥肚寻泥，只要回忆一下前两天的天气就能判定今天的泥螺有没有泥。如果前两天没有大风，且艳阳高照，那么泥螺肚里一定没有泥；如果前两天风雨交加，那么泥螺就不能吃，因为肚里有泥。

若要论泥螺的数量，则以夏天最多，夏天是泥螺的旺发季节，这是因为当初的桃花涂涕们有的做了妈妈，有的还做了外婆。于是滩涂上处处是密密麻麻的泥螺，在缓缓爬动着。一脚踩下去可能会同时踩着几颗，面对这么多的泥螺，只靠用手去拾取效率就太低了。于是人们便用网去牵，这样效率会大幅提高，一个潮时牵上一两百斤是很平常的事。但这么多泥螺，市场上的销路也有限，往往出现供大于求的状况。于是人们便把它们腌起来，制成腌泥螺，待日后再慢慢去卖。用涂涕网牵涂涕也有个不足之处，就一网拖过去时会把涂涕的“孙子孙女”“外孙男女”们都牵入网内。这些小家伙没人愿意买，不但不能卖钱，也会破坏泥螺的资源。不过，这一点其实是不用担心的，牵涂涕的人事先会带个筛子，上岸前用筛子把涂涕全部筛一遍，让涂涕的第三代留下来，放归滩涂中，过一段时间后便长成了桂花涂涕。

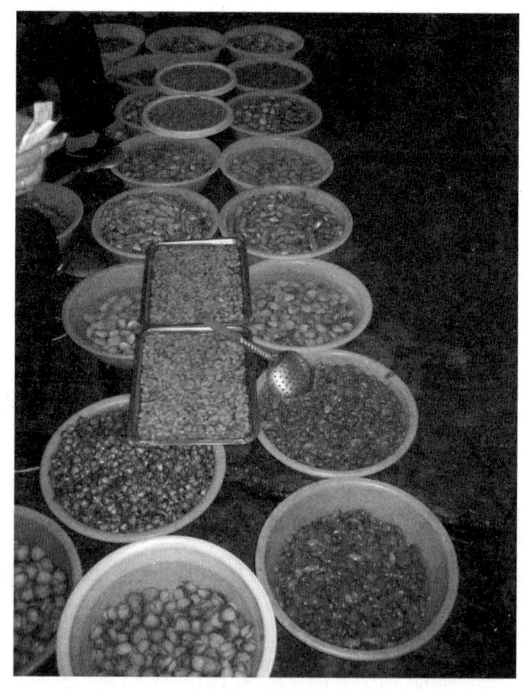

滩涂小海产品

(四) 拣海蜇

海蜇是一种健康食物,脂肪、胆固醇等含量很少,据说食海蜇对高血压等心血管疾病有防治作用。

如今海蜇是一种价钱很贵的海产品,但在20世纪四五十年代,下洋浦的人们简直把海蜇看作是棵路边草,很少有人把它当回事的。

其实下洋浦人也是一年四季经常吃海蜇,且没人看重它。原因是这里的海蜇实在太多了,而且不用费多少精力就可以轻易得到。只要用一根扁担两只箩筐直接到海岸边去挑就行了,你想挑多少全由自己决定。

只因这一带海域很适合海蜇生长,常有不少海蜇被浪涛涌到岸边。尤其是在海蜇旺发的季节,一场四五级的海风刮过以后,大量的海蜇会被涌浪推到海岸边,潮水退下了,海蜇却被留了下来。

此时你若去海边看,从五棚路到七棚路,这一千多米弯弯曲曲的海岸边,到处是成堆的海蜇,一般在七棚路的海边会更多些。你若想挑一担回去,那么两只箩往边上一放,双手只管往箩筐里捧海蜇,装满为止,连个地方都不用挪的。

海蜇与鱼虾不同,不能鲜食,要经过腌制后方能食用。腌制过程也有讲究,当鲜海蜇担回家后,需立刻用明矾水浸泡。不可久存,更不宜在阳光下长时间晒,否则会溶化成水。浸泡一两天后捞起,倒掉明矾水,第二次重新加入明矾,同时加入适量的盐继续腌。三四天后再换缸,沥去原来的卤汁,第三次加明矾和盐再继续腌。这是腌海蜇必须遵守的“三矾规程”。经过用明矾三次腌制后的海蜇,摸上去较坚实,用刀具切割加工时,不会有多余的水质外溢,吃时味道纯正。反之,若只腌了两矾,海蜇中的水分含量过多,造成腥味太大就不好吃了。经三矾腌制的海蜇,可长期储藏,隔年吃都不会变质。

拷散海的项目还有很多,如勾蛏子、撬剑鳗、掏海瓜子、掏蛤蜊、拾香螺、扪弹乌(滩涂鱼),等等,这里不再一一细述。

挎散海的行业一直伴随着下洋浦人，从20世纪20年代起到50年代末，是那时人们重要的生活来源之一，许多家庭将它作为一项主业经营。50年代末开始至70年代，挎散海的意义已发生变化，不再是谋生的重要手段，只作为一种副业。但参与的人仍不少，一则调剂精神，二来也丰富了菜篮子，对改善人民生活起到了有益的补充作用。80年代后因围海造田，滩涂向北推进了十几里，面积减少许多。更因海岸线离村庄的距离远了不少，挎散海的人便少了许多。

与下面将要讲到的“深海搏浪”的挎海项目相比，挎散海要安全得多，但是也不是一点风险也没有，也发生过“接不归”的悲剧。尤其是夜间牵虾子、推白蟹等活儿，就怕起雾，一起雾就会找不到返回的方向。这附近海岸边没有灯塔之类指示方向的设施，平时渔民夜间返回时不是看岸边有什么标志物，而是向东北的上海方向看，那里有一片模模糊糊的白茫茫亮光区，是城市的各种灯光交融后构成的，这片白茫茫区域在我们的东北方向，故若要返回时就背着它走即可。但一起雾，那片本来很微弱的反光区域就完全给遮住了，这样会找不到回家的正确方向，就很危险。

即使是在白天挎海，也不敢说一定平安无事。因为白天也常常起雾，使人分不清方向。特别是海域上空一发海(老)霾，人如坠入五里云雾之中，分不清东南西北，不知从什么方向返回。有时发生误判，会往相反方向走，越走水越深，但一时又感觉不出来。若海霾早点散去还好，若长时间散不去就很危险，水深一旦淹过胸口，人会失去平衡，再遇点风浪，悲剧就发生了。

进入21世纪后，乡、镇基层政府只注重经济效益，开始把海涂承包给个人经营，故只有少数人在经营，而且项目也减少了许多。

在长期的挎海实践中，人们总结出了一些顺潮涨潮落规律、按潮时去赶海的谚语，按这些谚语去赶海，既不会因去得过早空等而浪费时间，也不会因迟到而贻误捕捞时机。

这些谚语是：

初一月半昼过平(指潮水到中午时涨成平潮,接下去开始退潮了)。

初八廿三潮,天亮白潦潦。

廿六、十二,暗进笆里。

十三、二十七,潮涨日头出。

廿七起水昼平潮。

廿三四,港里断落水。

不过,这些谚语是以七塘作保底塘、潮时变化为依据所做的总结,适用于20世纪30～70年代。而今围塘已到了十塘,这个经验不好再套用了。

二、深海搏浪

这是掺海的第二类行业,这些行业风险大,劳动强度也大,所以特别辛苦,当然回报也会比掺散海的丰厚一些。据了解,下洋浦人在20世纪30年代已有人到深海区去捕鱼。40年代参与的人最多,成了许多家庭养家糊口的主要来源。50年代土地改革以后,农民因为有了土地,不久又转为集体生产,所以参与的人数大幅减少。具体有以下几种项目。

(一) 坷活水船(捕鱼)

下洋浦的村民有许多下海捕鱼的手段,撑着竹排船下海里捕鱼就是其中之一。竹排船又分为两种。一种是选择四根10厘米左右粗的大毛竹捆绑组成,这叫小竹船。它捕鱼的地点在滩涂附近，潮水涨时捕，一退下就停止作业。这种竹船一般由一个人单独作业，捕完鱼后当天归来，用肩把竹船连同捕到的鱼一起扛回来，一般风险较小。

第二种是由六根或八根毛竹并排捆绑组成，称大竹船，渔民们叫活水船。因为船要撑到深水区域去，潮涨时常在两米多深的海里捕鱼，浪大流急故称为活水船。这就要借助棚梯的作用，每只大竹船都配有一架棚梯。棚梯由四根直径五六厘米的竹子组成四条腿，插在海泥中，人便靠在棚梯里用网捕鱼。扡活水船一般当天不回家，有时会在海里待上几天。而且捕鱼的海域较宽，从庵东相公殿到龙山，东西几十里路宽，哪里有鱼就去哪里捕。因此，必须随竹船带上缸灶、淡水及柴米油盐。船的中心位置安装一个圆形的竹篓，圆径有1米多，是放置渔网、海斗、箾篮、竹篓等用具的。不管是大竹船还是小竹船，竹子在捆绑前需先刮去竹子外层的表皮，目的是减轻船体本身的重量，以便增加货物载重量，同时撑船时也会省力许多。活水船虽仍是单人独自操作，但一般都结伴出海，并在同一区域捕鱼。这样相互有个照应。如当天的鱼捕好后需及时到市场去卖掉，但不是每个人都去赶市，只派一个代表即可把每条竹船捕的鱼都带去。而且谁也不会记错账，渔民的心眼很实，不会报假账。再如等到潮水持平，渔民们便休息睡觉，睡前把竹船相互连接起来，这样竹船会稳定许多，便于休息。

活水船捕来的鱼新鲜，条条活蹦乱跳的，而且肚子里很少有食物，因而销路也好。只是付出的辛劳也多，风险也很大，一遇上大风大浪就很不安全。不过在漫长的捕鱼生涯中，经几代人代代相传，渔民判断天气变化的经验已比较丰富。通过“早看东（天色）、晚看西”，能判断出两到三天内的天气变化，一般八九不离十。当然，仅凭生活经验是不够的，天有不测风云，遇上突如其来的灾害性天气就很麻烦，尤其碰到顶头风就更难对付，往往有生命危险。不说在1949年前，就是在20世纪五六十年代也有葬身鱼腹的悲剧发生。但在长期的出海捕鱼过程中，渔民们也积累了一些识别各种风浪的常识。渔民们说，要特别警惕三种海浪，他们形象地将其比喻为：报信浪、小偷浪、疯狗浪。

报信浪，发生于风平浪静时。一开始海面无风无浪[①]，后船身开始摇动，且摆动幅度不断增大，而海面并没有风，即使有也很小，与摆动幅度不成比例。渔民由此可以断定：台风来了！必须赶快返回，即使鱼很多或者还没开网呢，也要当机立断赶快返回。台风生成涌浪，浪涛推浪涛递进的速度会比台风本身的速度快得多，它是报信来的，告诉你台风即将来临，千万不可麻痹大意，否则就有生命危险。

小偷浪，发生于风平浪不静的环境。不要以为风和日丽的艳阳天就一定平安无事。有时候海面风平浪却不静，但远望海面时往往没有浪花或浪花又稀又小，这不等于没事，也许海面以下正有暗涛涌动，其中有些长波浪潜伏于涌涛中。它像小偷混杂在人群中，一有机会就随时下手。长波浪受某种因素影响，突然会发生异常变化，往往会高出其他波浪两倍以上向前推进，如果竹船遇上，会造成意想不到的后果，甚至发生船翻人亡的悲剧。因而要赶快返回，或设法避开。

疯狗浪像一条狗在人们的身边，还没咬人前并不能看出它是条疯狗。有些涌浪也一样，开始看上去并无异样，海（江）面的涌浪有规律地推进，显得很正常。在展现恶浪本性时，先隐约听到潮声，接下去潮声越来越大，似闷雷在滚动，随之水面出现一条白浪，逐渐变粗升高，伴着隆隆巨响，形成一道四五米高的水墙飞驰而来，若遇到沙坎、石墩等阻碍物，激起更高浪花，像一头怪兽席卷而来，人若遇上必然是凶多吉少。

疯狗浪虽凶猛，但还是有序可循的，有经验的渔民会早早有所提防，一般不会上它的当。

疯狗浪，渔民的土话叫癫黄狗浪，其实应该叫特大涌潮，这种大涌潮的形成有三个条件：一是有一个喇叭形的河口（海湾），二是河床上有隆起的沙（泥土）坎，三是河口有潮汐变化现象。而符合这三个条件的海湾（河口）并不多，世界上也只有

---

① 俗话说，无风三尺浪，这里讲“风平浪静”“无风无浪”是相对而言的，海上的情形与江河、湖面的情景不一样。

三处海湾，中国只有钱塘江(杭州湾)一处。而根据河床上沙坎的结构不同，涌潮又可分为一线潮、交叉潮、回头潮三种形态出现，杭州湾这三种潮都存在，故从观潮的角度看，这里倒是最理想的区域。

特大涌潮的出现时机是有规律的，从时间上看，阴历每个月的初一和十五起往后持续三天时间。一年中以农历八月十八的涌潮最大。只因涌潮是受月球和太阳的引力产生的，而八月十八这天，月球引力和太阳引力正好互相叠加，产生的引力特别大，使潮汐现象达到最高峰。

对于常年以出海捕鱼为生的人来说，对疯狗浪活动的规律他们了如指掌，故会提前做好防范措施，像八月十八这些日子，即使是水性再好的渔民也不会跑到这些海域来凑热闹。

(二) 推白蟹

这里说的白蟹其实就是梭子蟹，因蟹肚子的外壳是一片白色，故土话就叫白蟹。

推白蟹需有一张白蟹网，网一般是渔民自己织的，网的前沿有两米多宽，后端只有 30 余厘米，拴在两根两米多长的竹竿上。竹竿前端扎上一个用火烫成的弯勾，弯勾上翘。

当人推着网杆前进时这种弯勾能减少阻力，故能轻松许多。推字的意思是当海水涨潮时，人推着网朝逆水流方向前进，使蟹进入网内，故称作推白蟹。

这个行业多辛苦不用多说，只说一点就够了：推白蟹时人需全身浸泡在海水中，那时根本没有防水衣之类的设备，自然很冷。尤其是深秋时节，人会冻得嘴唇发紫，全身颤抖，一般人确实受不了，有些人长年累月与冷水打交道，常落下腰痛腿酸等疾病。

(三) 牵小长鱼

小长鱼也是当地的土话，它其实应该叫梭鱼，鱼的体形似织布的梭而名，本地人叫鲻鱼。这种鱼的头有点像蛇头，所以上海人又称作蛇头鱼。小长鱼因为太小，难上高档酒宴，但它的味道比大梭鱼还鲜美，价钱又便宜，故很受下层民众的喜爱。

小长鱼开始时比小手指还小，但它生长很快，随着时日的不断推进，大小变化也很快，不用多少日子会长得比成人大拇指还大。因而牵小长鱼的网也有大小不等的好几套。小长鱼从每年的 6 月下旬开始成群结队而来，觅食浅海滩的油泥。洋浦出海口的滩涂上的黄褐色的浮泥，是小长鱼最爱吃的食物。

牵小长鱼由两个人合作进行，两人各拉住网一端向前进，到一定距离迅速靠拢合围就行了。

牵小长鱼的季节在夏秋季节，天气比较暖和，且又在浅水区域作业，网本身也显得较轻。由此看来，它没有扞活水船那样的风险，又没推白蟹那样的寒冷。但并不是说牵小长鱼是个轻快活，它其实是个很费劲的活，是一个与时间赛跑的活。

首先牵小长鱼是跟随潮汐进行的，潮水退下后就停止。但在一个潮汐内，牵鱼人的动作快慢决定了下网次数的多少，也就决定了效益高低。其次，每次牵网围合时，步伐快慢会影响每网鱼产量的多少。若慢吞吞地走，鱼会趁机跑掉，所以脚步越快越好，每次渔网围合的过程都是一次激烈的百米赛跑。这样半天跑下来，人会累得精疲力竭，腰酸腿痛，常常到第二天还缓不过气来。但为了生计，不管有没有缓过气，第二天、第三天还得去参加“百米赛跑”。

（四）扞拉钓鲻鱼

拉钓由一根长十余厘米、比火柴杆略粗一点的钢丝做成，一端弯成鱼钩，另一端系着根 10 余厘米长的麻绳。麻绳的另一端再系到钢绳上。每根钢绳长 7 米余，钓与钓之间的距离约 7 厘米，一根钢绳上系有 106 根拉钓。每根钢绳的拉钓组成一架，夹在用竹子做的拉钓夹里，每担拉钓有 24 个钓夹、2544 根钓钩，钢绳连起来共有 180 米长。当潮水退下时，人们挑着拉钓到海滩去，选一个油泥厚、鱼口（头天鱼吃油泥留下的痕迹）多、水流相对较缓的地域，先打上固定的桩子，后把拉钓一架连一架拴好，组成一排长近 180 米的钩鱼带。

鲻鱼爱吃油泥，只要鱼儿从这儿经过吃油泥时，就会被拉钓钩住，一旦钩住后就很难逃脱，越挣扎只会被钓钩扎得越深，而且因为两边都有钓，一挣扎更易被两侧的钓钩住，难以逃脱。

当一个潮时过后，人们便去收被拉钓钩住的鱼。一天可以收获两次。名为抲拉鲻鱼，实际上其他的鱼也有，如鮸鱼、龙鱼、鳟跳、海昂刺、火鱼（鳐鱼）等，但以鲻鱼为多。

抲拉钓鲻鱼的收获很难预测，一般情况下每天都会钩住几条，能有十几斤就算运气好的了。有时正好群鱼经过，便有许多鱼同时被钩住，整条近 200 米的拉钓上一片白花花的，很喜人。记不住具体年月日，大概是 20 世纪 50 年代初的事，一个渔民一次钩住了 300 余斤，一个人挑不动，便捎信派了两个人去接应。这种情况很少见，更多的情况都是跑空，一连几天不见鱼的情况也时有出现。

市场上卖的鲻鱼分两大类，一是用网捕捉的，鱼没受过伤，外表很漂亮；二是拉钓鲻鱼，被钓钩撕破了身，样子丑了很多。但令人不解的是，拉钓鲻鱼的肉质味道比没受过伤的鲻鱼要鲜美许多。原因在于它死前已把血放尽了，因而外行的人拣漂亮的鲻鱼买，内行的人专门买拉钓鲻鱼吃。当然网捕的鲻鱼若活蹦乱跳时就杀死放完血，味道也一样鲜美极了。

（五）抲大黄鱼

本地近海没有大黄鱼，抲大黄鱼须到离下洋浦不算很远的舟山渔场去，因而必须驾帆(雕)船去。舟山渔场是我国最大的渔场，主要盛产大黄鱼、小黄鱼、带鱼、墨鱼等。

鱼汛期一到，下洋浦的不少渔民便扬帆前往，船出去一次至少十天半月才能回来，故要带足柴米油盐。除粮食外，食盐更是很重要的物资，只能多带不能少带，因为要用它来腌鱼。大黄鱼与鲻鱼不一样，它很娇贵，一出水即死，所以不能指望用网养着去卖活鱼。渔民平时捕捞时离岸很远，不方便天天赶码头去卖鱼，只好先腌起来或晒成黄鱼鲞。一般天气晴朗时晒鱼鲞,阴雨天腌咸鱼。只有等上码头前两三天的鱼才能以鲜鱼出售。

珂大黄鱼有两种方法:

一是用网拉捕。这是主要的捕捞方法。有经验的渔民能掌握鱼群觅食的规律,能准确判断出什么日期、什么时辰鱼在哪个海域较多。而且根据风向变化,还能判断出鱼群的大致游向,这样对准下网效益就高。

二是敲梆捕捞。黄鱼脑中有两块耳石,游动时可起平衡作用,但对震动的声波很敏感,听到高频声波头会发晕。根据这一特点,渔民们事先准备些竹梆,遇见群鱼便猛敲竹梆,鱼震昏后浮出水面,此时持海斗可轻易捞取。这个方法成本低,但不利的一点是常常把幼鱼也给震死了,破坏了黄鱼资源。1964 年,国家有关部门为了保护大黄鱼资源,专门发文禁止敲梆捕捞,之后这种捕捞作业就停止了。

大黄鱼似乎有一个很大的家族:除大黄鱼外,还有小黄鱼、黄鲇、白鲇、梅鱼等。

小黄鱼和梅鱼很像没长大的大黄鱼,其实并不是,它们永远长不大,均自成一家,只是形态外表很接近。

大黄鱼

白鲒形态也相似，颜色明显不一样；黄鲒形态相似，颜色相像，味道却远不如大黄鱼鲜美。

除了抲黄鱼，还可根据不同季节，抲不同的鱼。如墨鱼、带鱼、鳓鱼，等等。以上几类鱼不少人往往分不清，但渔民们分得一清二楚。有这样一个鱼谱谣：

墨鱼黑、带鱼亮，鳓鱼肚皮像快刀。
鳗鱼长、鲳鱼扁，箬鳎双眼生单边。
鲻鱼窜、长鱼跳，大头鲛鱼咕咕叫。
黄鱼头大、白鲒嘴小，海蜇无眼随流漂。

综上所述，搽海是一项很辛苦的活。从 20 世纪 20 年代至 50 年代初，村民与大风大浪打了三四十年的交道。为了养家糊口不得不冒着生命危险与海浪搏斗，尝遍了艰辛，不少人累弯了腰，甚至葬身鱼腹。30 年代有一首流行歌曲《渔光曲》反映了渔民艰辛悲凉的生活状况：

潮水升，浪花涌，渔船飘飘各西东。
轻撒网，紧拉绳，烟雾里辛苦等鱼踪。
鱼儿难捕租税重，捕鱼人儿世世穷。
爷爷留下的破渔网，小心再靠它过一冬。
腰已酸，手也肿，捕得了鱼儿腹中空。
鱼儿捕得不满筐，又是东方太阳红。
爷爷留下的破渔网，小心再靠它过一冬。①

① 这是电影《渔光曲》的主题歌。电影《渔光曲》于 1934 年摄制成功，是中国最早的有声电影之一，也是我国在国际上获奖的第一部电影作品。《渔光曲》在上海剧场曾接连放映 84 天，观众场场爆满。

《渔光曲》由音乐家、嵊县（今嵊州市）人任光作曲，田汉的妻子安娥作词。此歌由王人美（其父王正枢在湖南一师任教，是毛泽东的数学老师）原唱。歌声旋律优美动听，歌词通俗易懂，朗朗上口。不但传遍大上海的大街小巷，也传到三北平原的棉乡、渔村。

第四篇　轶闻遗事

随着社会的不断向前发展，许多事物在变化，有些事物在消失。有的事物虽消失了，却仍留在老年人的记忆中。尽管岁月已经远去，但怎么也磨灭不了。这些事物多产生、存在于 20 世纪 30～50 年代，曾陪伴下洋浦村的人们度过了一年又一年。

一、剃头与理发

约在 20 世纪 60 年代初，下洋浦这一带才开始把“剃头”一词渐渐地改称为“理发”。为什么有这个转化，应该是与理发工具的改进有密切关系的，因为过去用的是剃刀，民国以前男人不剪发，养着长辫子。国民革命时提倡剪辫子，男人剃光头，要把胡须头发都刮掉，就得用剃刀刮，因此叫剃头。

不少人往往看不起剃头这个行业，认为在三百六十行中属于最后面的几行营生。其实剃头是个很精细的手艺，不是一般人可以轻易驾驭的，必须从拜师开始，经过严格打磨。据传旧时学剃头须有三年拜师时间，要从扫地、擦桌子开始。初始阶段连客人的脑袋也不让你碰的，师傅常常会先交给你一个冬瓜，让你去把冬瓜的毛刮掉，再把冬瓜外皮的一层白霜刮掉。见握剃刀的技术较熟悉了，还特意买个凹凸不平的冬瓜让徒弟继续刮。外行人以为这很好玩，其实很不容易，因为师傅要求白霜要刮尽，又不能伤及青皮。这很不好掌握，刮轻了，会留下少量的白霜，要挨师傅的骂；刮重了，伤及瓜的青皮，同样会挨训。等轻重掌握好了，师傅又提出速度要求，必须在规定时间内刮完，还不可伤及瓜皮。在这个过程中总是少不了遭训挨骂，甚至遭打，动不动又以不给饭吃相威吓。等达到要求后，才开始接待顾客，师傅会选一些比较好讲话的熟客，让徒弟试手剃头，最后由师傅收尾，主要是刮耳轮、修眉毛、掏耳屎等难度高一些的活。

上剃头店剃头主要是住在集镇附近的人，20 世纪 60 年代前，农村人剃头很少去剃头店，因为那里要付现钱。那时候农村里有个通俗的做法：有一些专门为人剃头的妇女，称作“堕皮（民）嫂”。每位堕皮嫂负责几十户人家的剃头任务，这些户是固定的。一般每月上门为男人剃一次头，女人不需剃头，但要绞面，让堕皮嫂把脸部的汗毛用线绞掉，使脸显得光鲜些。

每次剃头绞面后，当场也不必付报酬，一年只需交一两次剃头费，到年终时上门要总结算。不过也看实际情况，到时东家给多少都行，没有硬性指标，当然也少不了讨价还价。但不用付现钱，可用米、豆、麦、粟、棉花等物资顶替，以各种粮食为主。民间有句口头禅叫“堕皮嫂，样样要”。这句话人们往往理解成贪婪，其实这是不合理的，因为是她们的劳动所得，从这个角度看，也可说她们很随和，你给她们什么对方都乐意。

这堕皮嫂的职业也是代代相传的，与旧时其他手艺“传男不传女”的惯例相反，这个行业倒是“传女不传男”的，且多是母女相传。堕皮嫂一名是土话，应是堕民嫂。“堕民”一词的缘由又有多种说法，有一个说法是：宋时焦光瓒背叛朝廷率部投降了金人，被人们咒骂。后元朝时把这些人列入最底层的人群，称为堕民。元时把全国的人丁分成四个等级，而堕民不在四个等级内。不准他们参与科举应考，不准与其他平民通婚。这些人被逼得没法生存下去，男人多以做铜匠、篾匠、箍桶匠等手艺为生，女人则为别人剃头绞面赚些零星收入。人们称剃头绞面的人是堕皮嫂，这是贬义词，是被人们看不起的一种职业。不过人们只在背后叫她们堕皮嫂，当面则还是叫她们“剃头姆妈”。

堕皮嫂的地位是很低微的，就是到了民国时期，还是被人看不起，即使脸蛋长得很俊俏，双眼又水灵，才智也出众，但一看是双大脚，便不会有大户人家娶她做儿媳妇。

其实做堕皮嫂也有好处，至少有两点。

一是在以三寸金莲为美的社会氛围里，别的女人都是小脚，而她们是不缠脚的。反正不能向上等人求爱，脚美不美无所谓。不缠脚更好，走起路来倒还利索些。

二是堕皮嫂天天与人打交道，练就了一副见长人说长话、见矮人说矮话的口才；又因为天天在外面跑，消息特别灵。于是，她充分发挥这两点优势，给人牵线搭桥，当起了红娘。旧时由她们牵线成眷属的夫妻比例最多。

时间进入20世纪50年代后期，剃头刀逐渐被理发推子所替代，剃头师傅改用推子，年轻人爱上了西装头，开始蓄发了。这样一来，堕皮嫂原有的服务对象被迅速分解，她们的生意越来越少，不得已只好改行。“剃头”一词自然也改成“理发”了。20世纪70年代初，堕皮嫂彻底失业，而今健在的堕皮嫂可能已找不到了。

二、鞋子知多少

现在鞋子的种类很多，说不清有多少种。不过在三四十年代也有许多不同品种的鞋，只是与现在市面上见到的鞋子是不一样的，主要是妇女们用手工缝制的布鞋。此外还有几种鞋今天已很难见到，有的已进了博物馆，有的已难觅踪影。现举几种鞋子的例子。

第一种是草鞋。草鞋又分纯稻草编织成的和布与草麻等几种混合物编织成的两类。当时男人们劳动时都穿这种鞋。草鞋在影视节目中常可看到，因此许多人并不陌生，但实际生活中现在已没有人再穿它了。

第二种鞋是牛皮做的靴，称作硬靴。这种靴子并非家庭妇女做的，是专职皮匠师傅做的。因为它是由牛皮作材料制作的，做好后还要涂上桐油，不会变形，因而叫硬靴。靴子底下还钉有一排排的铁钉子用以防滑。硬靴高到膝盖下，又比较宽大。一般是冬天才穿的，为防冷，穿时先在穿袜子的脚上裹上一层干稻草，接着把稻草及裤腿下端全塞入硬靴内，这样不但不湿袜子，脚感觉还暖烘烘的，又不会滑倒。所以农民很爱惜它，平常不穿时要把它挂起来。只有到了冬天，男人们在拷散海、掘河泥，或者去河里车水捎鱼时才会穿上它。一般每个家庭都有一双硬靴。硬靴价值很高，是当时农民家中的重要财产之一，保管维护好的可以用上几十年，也可传给下一代。

第三种是钉鞋。钉鞋的鞋底与硬靴相似，也有铁钉子，但比硬靴上的钉子要小。钉鞋是平时走路时防湿防滑用的，是农家妇女自己缝制的。钉鞋形状与一般棉鞋相似，因要钉鞋钉子，鞋底比普通布鞋要厚一些，针脚也密一些。鞋面较普通布鞋略高些，鞋面口呈元宝状。鞋子做好后还要涂上桐油，既防水又耐用。这种鞋略显笨重，做起来也太费时，从60年代开始就没人穿了，因为有雨鞋、胶鞋替代它。

第四种是芦花鞋。芦花鞋大小形状与钉鞋接近，由芦苇花编织而成，穿上后感觉很暖和。这种鞋成本最低，但制作时工艺要求高，先把芦苇花夹在细麻丝中搓成细细的芦花绳，再用经线把芦花绳缝制成鞋。多数人不会做这种鞋，只有少数手巧的人才会做。

第五种是龙骨砖鞋。龙骨砖鞋由龙骨砖和布鞋拼组而成。龙骨砖由泥土烧制而成，长20厘米左右，宽六七厘米，高5厘米上下，中间有条凹型槽，本是一种房屋建材，多数用在屋顶。下雨后走路为防水防滑，临时找来两块龙骨砖，把鞋绑在龙骨砖上，砖的凹面朝下，走路时便不会滑倒。

第六种是竹根鞋。找一根圆径五六厘米的竹子，锯成长 20 厘米左右的竹筒，再劈成两半。每半边竹筒钻四个孔，穿上带子，人穿上鞋后再用带子把鞋捆住即可走路。竹根鞋虽是最原始不过的鞋子，但能防鞋湿，防止滑倒。

龙骨砖鞋

竹根鞋和龙骨砖鞋都不能走远路，只能在邻居间串门等短距离走动时穿一下。穿这类鞋实际是没办法的办法，反映了当时的生产力和经济状况低下。当时的人们夏天多赤脚，一般只会在冬天或初春怕冻脚才穿。

第七种是与竹根鞋等原始类鞋子不同的用料讲究、造型精巧、色彩艳丽的鞋子，如老虎头鞋、绣花鞋、上轿鞋、拖鞋、寿鞋等。下面分别介绍一下。

老虎头鞋是婴儿穿的，鞋子头面造型夸张，像个虎头，而且缝有虎的眼睛、胡须等。一般是由外婆、舅妈、姨妈、姑妈等女性长辈送的，只适合尚不会走路的婴幼儿穿。

绣花鞋，是小姑娘喜爱穿的，鞋面先画好茶花或月季花、小白兔等图案线条，再用绢线一针针缝出来。女孩很小的时候是大人给缝制的，十二三岁以后往往是小姑娘自己开始学着缝制。

上轿鞋，顾名思义是新娘的专利产品，鞋子面料是绸缎的，再用多彩绢线绣上鸳鸯戏水或喜鹊登枝等图案，名副其实的锦上添花，美极了。

拖鞋，做得也很考究，上面绣有牵牛花或梅花、荷花等图案。拖鞋可算作是休闲鞋，是家庭经济条件较好的青壮年男子穿的。平时也很少穿，一般吃完夜饭洗好脚后穿一会。漂亮的鞋子都被女性占去了，唯有这拖鞋例外，是男人穿的，多数是新郎官穿的。

寿鞋，就是人们向红尘告别的时候穿的。男人的寿鞋与平时穿的布鞋大致一样；女人的寿鞋也绣有各种图案，如水仙、白鹤、兰花等，构图简朴，以素色为主。

第八种是布鞋。在各类鞋子中，布鞋是最主要的鞋，男女老幼都得穿它。布鞋分棉鞋、夹鞋两种，棉鞋有些老年人仍在穿，布鞋穿的人更多，因为轻便，走路稳健，而且没有湿气。

三、照明灯

20 世纪 70 年代中期，电力才接到下洋浦村，人们开始用电灯照明，既方便又亮堂。在这之前的漫长岁月里，人们用的照明灯都是自己手工制作的，如煤油灯、灯笼、蜡烛等。50 年代起出现了汽油灯、手电筒等，算是很“现代化”的了。值得强调的是，手电筒是进军下洋浦村的第一件家用电器。

人们夜间照明用得最多、时间持续最长的是花油灯和菜油灯，家家户户都有，陪伴着村民四五十年。这两种灯最经济，因为用的油是农民自己生产的棉花籽或油菜籽压榨而成的。油灯的构件也很简单：一只毛糙碗，几根棉纱线，倒上适量棉籽油或菜籽油即可点燃。

煤油灯的应用始自 20 世纪 40 年代，当时的人们把凡从外国进口的物资统称洋货，对具体物品称呼时前面都要加个“洋”字，如当时的洋钉、洋布、洋油、洋伞等，其实就是铁钉、机织棉布、煤油、雨伞等。煤油也是外国进口的，叫洋油，煤油炉自然要叫洋油炉了。

比洋油炉稍迟一些问世被称作“亮泡”的一种灯，它也是用煤油点亮。与以上三种灯相比，亮泡算是鹤立鸡群了。它的主要原件是玻璃材料制成的，结构分三部分：一个像大洋葱似的玻璃瓶，底座是个托盘；玻璃瓶上面套着个两头空又上下大小不一的管子型灯罩，中间的铜质构件设计很巧妙；脚盘有螺旋纹可拧在玻璃瓶口上，既可穿入灯芯线用于点燃，又能把灯罩固定在玻璃瓶上，使两者连成一个整体。点燃的火苗通过灯罩后增加了燃烧的时间，不但充分利用了燃油，消除了烟霾，更成倍地增大了亮度。这“亮泡”灯具在当时比较贵，一般人家有一盏就不错了，有些农家往往连一盏也舍不得掏钱去买呢。

灯笼虽也可用作照明，但人们并非用它来为做家庭琐事服务的。它主要用在婚嫁喜庆及寿诞祭祀等大的场合，平时不大用它，特别富裕的家庭有时夜间行路也会偶尔用几次。故一般家庭不会在家中储备它，需要时临时购置即可。用灯笼须有蜡烛配套，灯笼有大小，便有大小不等的蜡烛与之相配。当然有些小型蜡烛也是单独用来点灯用的。白色的小蜡烛叫洋烛，由名字可知这白蜡烛原先是从外国进口的。还有一种高六七十厘米、粗 3 厘米左右的大红蜡烛，也是单独点燃的，一般用在喜庆场合，目的主要不是照明，而是为了渲染气氛、衬托场面，因而往往白天也照样点着。这种红蜡烛是中国人自己造的，历史悠久。

汽油灯的结构较复杂些，上半部分是个铁皮圆盘，用于储煤油；下面是个玻璃罩。整个灯型形状似一顶倒提的草帽，玻璃罩内有个龟头似的纱帽，是点灯用的。第一次点灯前需先打足气后，才可用火柴点纱帽，一点即会燃烧。汽油灯光亮度很强，三四间屋可以照得透明，一般用于晚上开大会等集体场合。50 年代初期，村里办夜校扫除青壮年文盲时，全仗汽油灯来照明。

四、做饭的锅灶

锅灶简称灶，谁都知道这是用来做饭菜的。如今灶的种类很多，有煤气灶、电子灶、微波炉、电饭煲等，而真正用传统灶的家庭反而不多了。这里讲的是20世纪80年代前农家使用的各式灶，有大灶、泥墩灶、独眼灶、缸灶等。

大灶，由石条、石板、砖头、木块及石灰等材料构建，材料较贵，做工仔细、讲究。一般有两个灶火洞，分别安放大小不一的两只镬，里侧的镬会大一些，通常是尺六镬，主要用于做饭；外侧的镬小一些，通常是尺四镬，主要用来炒菜。大镬与小镬之间靠里侧埋有一个汤罐，可以盛四五斤水，汤罐大部分罐体裸露在左右两个灶洞里，这样不管哪边的灶洞用火，汤罐都可以受热，这样饭菜做好后，汤罐内的水也热了，可以用来洗脸洗碗。大灶靠灶火洞一侧，还用砖砌成一道横向的长方形通道至墙壁作烟囱，烟囱通到窗口时拐弯向上，一直穿过屋顶一米多高，灶里燃烧时的烟霾从这里排放出去，以保持室内清洁。利用烟囱横向通道又附建了一排大小不等的方格台阶，用于存放油、盐、醋、酱油、生姜等小型物品。横向通道的起始一面，还建成雨篷型的长方形立面，这是灶君菩萨的大位。大灶筑成后表面用石灰抹面，显得洁白美观。

泥墩灶是指泥质大灶，它的基本结构形状与大灶相似，也有两个灶火洞和汤罐等设施。但烟囱转到窗口依墙壁向上一米左右拐弯伸出墙外便成，不穿越屋顶。泥墩灶用的材料以泥土为主，加上少量的石板、石条制成。由于泥墩灶用的材料要省许多，就比较经济，当时多数家庭选择了泥墩灶。从20世纪30年代至50年代，多数农户用的就是这一类土灶。自60年代开始，大灶便逐渐替代泥墩灶。

大灶

独眼灶更简便，使用独眼灶的人家，一般家庭人员较少，往往只有老两口或父子、母女等一两个人，经济上又不宽裕，便只打个独眼灶。独眼灶的建筑材料自然以泥土为主，因此也有叫狗爬灶的，可见质量一定不会很好，大多没有引向室外的烟囱，做饭菜时常常整个灶间内烟霾弥漫，有时连眼都睁不开，还把整个灶间熏得黑乎乎的。

缸灶是一种工艺产品，用陶土浇制成椭圆形的轮廓烧制而成，呈褐红色。陶瓷店可以买到，只可放一只镬。烧缸灶的家庭以独居者为多。

缸灶也有它的优点，就是灵活方便，可端来端去的。为避免室内被烟霾笼罩，天晴时还可端到室外做饭，灵活性强。正因为这一特点，适合驾船出海打鱼的渔民们使用。出发前他们把缸灶带上渔船，再备些柴、米、油、盐、蔬菜及饮食用水后，就可在海上生活多日，因而很受渔民欢迎。

进入60年代后，有一种叫经济炉的新灶具替代了缸灶。这经济炉的外形四四方方的，有30多厘米高，以煤油作燃料、铁皮为材料制成，底座是存储煤油的，可储两斤多煤油，能燃烧不少时间。这种经济炉很受渔民欢迎，因为它轻巧，移动更方便。另外再备个油壶储点煤油出海，可以使用好几天。很适合海上使用，与缸灶相比，它可以不必带许多柴火，更不用带引火柴，不但方便了许多，也节省了许多空间。

农家使用的大灶还有一个附属设施——灰缸。不管用什么灶，每户人家都还有个灰缸。灰缸却不是圆形的，而是四方形的，高60～80厘米，一般设置在灶的后侧，大小根据各个家庭人数多少而定，这是存放草木灰的地方。当灶火洞里的灰较多的时候，就把灰铲到灰缸里储存起来。草木灰是一种很好的肥料，含钾量特别多，既可作基肥，也可作追肥，这是农家的宝，平时不会轻易撒掉。

灰缸的作用不仅仅用来储存灰土，它还有个重要作用是可以炖煨食物。如炖粥、黄豆等，把灶火洞里的余火铲到灰缸后，埋上一只炖粥甏，放入适量的米和水，利用火的余热慢慢把粥炖好。不但充分利用了火的余热，还省了许多精力，而且用炖粥甏炖的粥更黏稠均匀，如水乳交融，味道也更醇浓滋润。孩子们常将番薯、芋艿等埋入灰缸中煨，用火煨成的比水煮的味道更香甜。

灶是每个家庭不可缺少的生活设施。进入 50 年代后，人们的生活逐渐有所改善，用灶的档次不断提高，独眼灶等低档次的灶大量减少，就是大灶的质量也不一样，增加了风箱、鼓风机等附属设施，使用时更方便省力。进入 80 年代后，人们又用瓷砖贴面，拆除木质的灶勒子，不但更光滑气派，也容易清洗。

然而到了 90 年代，随着煤气灶、微波炉、电饭锅等现代灶具进入寻常百姓家，大灶逐渐退出历史舞台，如今已很少见了，只有少数老年人仍在使用。

五、三寸金莲

旧时的女人是缠脚的，说是脚越小越美，称作三寸金莲。提倡三寸金莲始于何时尚未找到确切定论。有资料记载，缠小脚始于南唐，即公元 937 年至 975 年，南唐李后主令宫女缠足，并以脚小巧为美，后传了下来。女孩从四五岁开始缠脚，用布条硬是把脚趾头裹紧，不让它长大，以致脚趾变成畸形，状如尖尖的粽子。小脚女人的五个趾头不是并排着地，而只有大脚趾头落地，其他四只小脚趾成横向紧紧地贴在大脚趾边，定形后想掰都掰不开；也有的人几个趾头是上下叠起来的，也形成一个小小的三角形。走路时一摇一晃的很不稳，不但走不快，一不小心还容易摔倒。清朝康熙皇帝是个有作为的皇帝，认定妇女缠足是陋习，颁圣旨不得再继续，后连慈禧太后也于1901年下旨不得再缠小脚，可这些令旨只停留于上层社会，对社会大众影响有限。1911年辛亥革命后，社会上掀起了新文化运动，女人缠脚作为封建文化的形式之一受到批判，普通大众开始不再缠脚，但已缠成畸形的脚没法恢复了。

三寸金莲

下洋浦村尽管地处偏僻，旧时的女人也都缠脚。从19世纪末到20世纪30年代，成年女性多缠脚。1949年新中国成立时尚有五六位老婆婆是缠脚的，有龚森良母、杨顺新母、杨仁尧母、胡文千母胡姚氏等。还有几位老婆婆的脚很特殊，如陈岳庆的母亲、王桂娣的母亲等。她们的几个脚趾头是叠起来的，形状与三寸金莲一样，但双脚比三寸金莲大了不少，又比正常的女人脚小了许多，走起路来也不稳，晃悠悠的，一不小心就容易摔倒。这些老婆婆戏称自己是“变不完全”。原因是当年她们三四岁时，自己的妈妈按惯例为女儿缠了脚。不久辛亥革命的影响传到了偏僻乡村，于是已缠脚的小女孩们终于扔掉了裹脚布。可是这几位幼女的小脚趾头已经成了形，四个脚趾头叠在一起，再也分不开，以至成了“变不完全”。这些老婆婆吃尽了缠小脚的苦头，正如人们常说的那样：小脚缠一双，眼泪流一缸。如今三寸金莲在下洋浦村已消失有十多年了。

六、春节的鱼

下洋浦自停止晒盐后，不少人成了渔民，这里又紧挨海边，有了这个先天的优势，一般人以为这里的人吃鱼的机会一定很多。照这个推理也不会错，但是实际情况并非如此。只因当时的社会有个怪现象：种棉花的盖条破被絮，种粮食的没有隔夜米，理发师傅头发长，卖盐的喝淡汤！

根据这个怪诞逻辑推断，这沿海渔民想吃鱼也并非轻而易举。当然这指的是上档次、可待客的鱼，如小黄鱼、大黄鱼、鮸鱼等。不过，到过年时一般家庭的餐桌上都会有一碗鲜黄鱼。当时的人们对生活的要求并不高，只希望能填饱肚子，在此基础上每年略有节余。有句话叫“年年有余”，这是人们的梦想。为了实现这个梦想，过年时饭桌上一定要有一条鱼，象征“今年会有余”。因为“鱼”与“余”同音，借鱼字的谐音寄托美好的愿望，所以这条鱼是不可少的。

不过这碗鱼是不可以随便吃的，它要与好多客人见面呢。人们习惯在正月里走走亲戚，主人家待客自然不能少了鱼，否则会造成“今年无余”了。但即使来做客的客人也不能随意吃的，被客人吃了后，别的客人来了就“今年无余”了。因此，这碗鱼要请几批客人，等最后一班客人来时，这碗鱼才能吃。

只是来做客的人并不知道自己是否是最后一班客人，所以都不敢轻易去挟鱼吃。这要看主人的态度，主人一般都会叫客人吃鱼的，不过多是客套话，只是说说而已，他自己不带头去挟鱼，你千万别当真。只有当主人把鱼挟碎后，表明你是最后一班客人，才可以放心吃鱼。平时这鱼只不过是个摆设，装装样子而已，并不是叫你真的去吃。若有客人轻易动了筷子，真把鱼挟碎了，这会引起主人的不满。有句顺口溜"女婿黄鱼笃(挟)碎，丈母房里厥开(昏过去)"，说的就是这个意思。

这并非是做丈母娘的太小气，而是由当时的经济条件使然，再买一条鱼确实有点"手重"。因而正月里的鱼做好后需放很长一段时间，为防变质，往往会隔三岔五地在饭镬里再蒸一下。有时这碗鱼会一直保存到正月十五才吃，因为过了正月十五，新年过完了。十六日以后来客人，没有鱼也不会影响"年年有余"了。

七、喜宴上的扣肉

20 世纪 50 年代前，由于经济条件所限，村里绝大多数家庭只有到过年时才买些猪肉吃，平时是舍不得买猪肉吃的。因此，一年三百六十五日难得尝猪肉的滋味。

除过年外，平常只有遇到家里或亲友家有喜庆活动、宴请客人时才有机会。这种场合的小菜很丰富，有各式荤素菜肴，其中，一碗扣肉是少不了的，这是几道主菜之一。扣肉与红烧肉大体一样，只是做扣肉的猪肉必须是五花肉。做扣肉很讲究，先把猪肉洗净后整块的肉放入锅里，用清水加入适量的八角、花椒、陈皮等调料煮成八九成熟时捞起，把水分晾干后再切成大小相等的方块肉，接着先在油锅里溜一下，加入适量的酱油、料酒、色素、红糖等调料。再放入碗里，每一碗里置有八块肉，并附加些香干、金针、栗子、酱油、黄酒等，每只碗再盖上盖，随后上蒸笼里蒸，要求把肉蒸得软烂适度。每桌坐八个人，正好每人一块，老少无欺。

所以那时的孩子们都希望自己的亲戚今年有喜庆的事，这样就可以吃猪肉了。当听说当年表姐要出嫁或表兄要娶亲后，就会盼这一天早点到来，常常动不动便问妈妈："表姐出嫁还有几天?"

八、买卖小鸭的承诺

在20世纪60年代前，很多农户家里爱养鸭子，下洋浦村内外水沟河道交叉成水网，有很多小生物给鸭子提供了丰富的食物，因而很适合养鸭子。但鸭子与鸡不一样，鸡一般由老大娘自家养的母鸡孵化，而家鸭不行，它不会抱窝，需由孵坊里先孵出小鸭，随后卖给要养鸭的村民。孵坊自己也不养蛋鸭，他们用的种蛋有专业养群鸭的人提供。养群鸭的人会按一定比例特意养上些雄鸭子，保证母鸭生的蛋可以孵成小鸭。这样便形成了一个产业链：群鸭养殖户—孵坊—散养农户。

产业链是形成了，但仍有不少具体问题存在。

首先是养鸭子的时节，小鸭子孵化时间以清明节前后为佳，因气温适宜，孵化成本低；农户饲养也是这个季节好，不但成活率高，而且日后的产蛋日子长，一年下来可产一百多个蛋。因此，卖者和买者都喜欢在这个季节买卖鸭子。但是有个具体问题：这清明节前后，麦子、豆类等春粮作物还没成熟，没法当饭吃。而农民头年的存粮已吃得差不多了，这叫"青黄不接"，许多农户已在用野菜充饥，哪有现钱去买小鸭子?

其次是农民养鸭子的目的主要是为了吃蛋,而不是为了吃鸭肉,因而他们不想养雄鸭子。然而孵坊里孵出的鸭子总是有雄有雌的,刚破壳的小鸭子往往不易分清楚公母。一般家庭养鸭也就两三只,如果买了几只雄性鸭不就白养了?

根据这些情况,为解除养鸭农户的忧虑和困难,孵坊开出优惠条件:派专人挑着雏鸭担子送鸭上农户家,农户要养几只鸭子就把鸭子先拿去养着,不用付现钱;到秋后有收入了再付钱;若春季给的鸭子中有雄鸭的,可扣除不要钱;如果有鸭子中途死了,也可不付钱。

秋后,卖鸭子的人上门收鸭子钱来了,各家各户都会按照当初的约定方案付钱。有的家庭确有一只雄鸭,就少交一只鸭子的钱,有的确实中途死了一只,就扣除一只买鸭子的钱。卖鸭人不会去核实真伪,你说目前有几只母鸭子就收几只的钱。

确实,卖鸭人是不需要核查的,因为大家都很诚实,绝不会为一只小鸭子的钱而说谎话,这样做是罪过的,菩萨要晓得的。

下洋浦人养的鸭子,是从逍林勒子桥头的孵坊里孵出的,离这儿有三十多里路,步行要半天,来回得用一天时间。但有时卖鸭人来收钱,正遇上买鸭户不在家。邻居知道后,会主动代没在家的养鸭人家代付。他们说:"这么远的路,来一次不容易,省得人家再跑一回!"

九、爆米花

20世纪三四十年代的孩子没有吃零食的习惯。不是不爱吃,而是没有这个可能。当时人们生活艰难，一日三餐都保证不了，做父母的就舍不得拿零钱为孩子去买零食，只有到过年时，母亲会炒一些蚕豆、番薯片、葵花籽等自己种植的土产。城里孩子吃的饼干、香糕等食品他们不思量，不少孩子怕见都没见过呢。

平时孩子们的零食是自己动手挖的芦苇根和茅草根。当时的孩子也不上学，干农活又太小，于是几个孩子一块去洋浦边挖芦苇根，这芦苇根有大拇指粗，长得白白的，样子很好看，一口咬下去有点甜滋滋的，洋浦浦口的岸滩上长有很多茅草，茅草根也是白色的，形状像鱼腥草的根，也带有甜味。这就是他们的零食。

偶尔，村庄里会听到“放炮了”的声音，这是炸爆米花的师傅来了，孩子们一听到这个声音会赶紧跑回家，告诉娘“放炮的来了！”意思是叫娘拿点玉米去放爆米花吃。这时一般做母亲的会尽量满足孩子的心愿，因为放一炮爆米花是一角钱，玉米是自己种的，成本不算高。再说，自己村庄总户数不多，又偏僻，爆米花师傅很少来，一年也就能来个两三次，所以机会不多，不想让孩子失望，于是放下手中的活去拿玉米。

由于放爆米花的人较多，需要排队，但不用人排，只需放上一只篮子或桶盘，甚至放顶草帽即可。

爆米花师傅在小炭炉和风箱上面架起一个爆米花机，这是个密封的椭圆形的转动锅炉，备有计时器。对孩子们来说，这爆米花机很神秘，一定是件了不起的机器，要不怎么放进去的玉米这么小，而倒出来时一下子变得这么大了！

爆米花师傅将玉米倒进锅炉后，拧紧盖子搁在炭火上，左手一抽一推地拉着风箱，右手摇着转动锅炉，约十分钟左右，他踩住手柄一处，爆米花机便翘起来了，再立即套上麻袋，在拧开盖子前喊一声：放炮了！紧接着只听得“砰”的一声巨响，随着一股青烟升起，爆玉米花便进入麻袋里了。

这一声巨响像过年时放爆竹一样吸引着孩子们，他们提着自己的爆米花，一个个带着满脸喜悦回家去，边走边吃，这是他们最开心的时刻。

十、绞洋车

20 世纪 40 年代前，村里不但没有工业的影子，连手工作坊也没有。当时的村子里，除了鸡鸣、鸟叫、婴儿啼哭，还有女人们的织布声，除此之外，便再没有其他杂音了。

1949 年冬，一个叫杨家帮的桥头人推着洋车、牵着牛来到下洋浦。牛车一转动便发出了吱吱呀呀的声音，又带动洋车发出了“哒哒哒”的响声。这嗒嗒声让孩子们第一次听到了机器发出的声音。因而当洋车第一次开始绞棉花时，竟引来了许多看热闹的孩子，甚至还有不少抱孩子的女人。

人们把脱粒过程叫绞洋车。洋车确切地说应该叫棉籽脱粒机，大家都叫它洋车，是因为当时的人们总以为这一定又是从洋人那里买来的。洋车是由钢铁制造的，高约 70 厘米，上面有个长方形的框，框的底下有三四厘米没有封死，是特意空着的，这空余部分有两个用处：一是与框下面的滚筒相衔接，有了它滚筒上的细齿才能抓住棉絮；二是还有一条 1 厘米多的孔隙留着，以便让剥落的棉籽从这里落下。

洋车转动的动力来自牛车盘的转动，牛在拉牛车盘转动时必须先给它戴上牛罩笼，蒙住牛的双眼，让牛看不到周围的景物，这样它便会围着牛车盘的轴心转个不停。中间会给它休息几次，喝点水、吃点干稻草后，它便继续拉呀拉的。往往一拉就是一天，有时晚上还要加班加点，确实很辛苦。

说来真有点不可思议，当人们把牛鞅(土话叫牛押)往牛的脖子上一套，牛接下去的一个动作必定是拉粪或尿尿，每次都是这样，似乎是个规律。难怪人们说“老水牛上套，不拉就尿”。人们还说，其实牛很聪明，一上套就知道要叫自己干活了，就用拉屎尿尿来拖延时间。

洋车有大小两个齿轮，大齿轮又与牛车的传动带相连。牛拉动牛车盘，牛车盘的传动带带动洋车的大齿轮，大齿轮通过传动带的转换带动小齿轮，小齿轮带动滚动装置滚起来。这时人把籽棉投进长方形的框里后，滚筒在转动过程中会把棉絮剥离后送出框外的白布袋里。因框的底部还留有一条孔隙，剥离的棉花籽就从这孔隙里漏到地上的簟箩里，这样整个脱粒过程就完成了。这洋车是村里的孩子们见到的第一架机器。

十一、壕沟与三角池

壕沟是下洋浦存在年代较早的军事建筑遗迹，是 1936 年挖的，当时因忠义救国军要来，为抵御伪军，有关部门便发动村民在洋浦塘西侧约 30 米处的保底塘北塘边挖了六七个壕沟。壕沟约 140 厘米高，可容纳两个人。这是个结构很简单的军用建筑物，若有汉奸伪军从海滩上来，人藏在壕沟里，可居高临下射击。

三角池是 1950 年才挖的，因为池的一边是壕沟所在的保底塘，故这两个物体便连成了一个整体。

那么它们为什么会成为一个联合体呢？自然事出有因。1949 年 7 月的大台风，造成保底塘多处遭到严重破坏。为防大潮水再次进入村庄农田，1950 年政府发动群众修筑保底塘。壕沟是起防御作用的，根据当时形势，认为有保留的价值。另一方面，拷海的人是从洋浦塘路上往北走，这儿称七棚路，每天有大批拷海的人从这里上上下下。从塘路到海涂去必须有一段斜坡路才方便行走，故不能把洋浦塘的末段筑得太高。这样修保底塘时，既不能把有壕沟的一段塘筑高，也不能把洋浦最北端的塘筑高，但又要防止海潮的侵入。那怎么办？人们想了个办法：在洋浦塘往西约 70 米处的保底塘选个点作起点，又在洋浦塘从北往南约 70 米处选个点作终点，两点之间挖了一条新塘，人们称作斜塘。保底塘与洋浦塘呈垂直，这样一来三条塘构成了一个等腰三角形，而这三角形地域内无意中产生了一个三角池。因为筑斜塘用的泥土是在这里挖的，挖成了一个大水池，最深处水有三四米深，有十多亩地的水面。这样潮水即使冲入三角池，也可有效防止其侵入斜塘南大片的农田。平时既有效防止了海潮侵袭，又方便了拷海的人们行走，还保留了壕沟的防御功能。

后来，壕沟并没有用上，因为舟山附近的一些岛屿很快都解放了。而在以后的日子里，三角池为村民们立下了汗马功劳。三角池内长满了水草，任众多的鱼虾、青蛙在池水中游弋繁殖。三条塘四周又长满了密密麻麻的芦苇和茅草，还有各种小杂花穿插其间，构成了一片美丽的风景区。三角池离村庄有 400 多米，小孩们一般不会到这里去玩耍。这样一来，这里成了世外桃源，成了水浮鸬（一种海鸟）、野鸽子、纺织娘、螳螂、蟋蟀及多种虫鸟的天堂，它们整天吱吱呀呀地欢唱着。更重要的是，三角池内的水很洁净，水质也比村里淡水汪的水甘冽许多。而下洋浦村最缺少的就是淡水资源呢！因此每当遇到干旱的季节，河道干裂了，淡水汪也见底了，而三角池内却依然涟漪层层。于是大家都到三角池来担水吃，有时担水的人多了，常用水桶排队等候。就这样，三角池陪伴村民们度过了一个又一个的大旱天。

（文：王先尧）

十二、抬学校

这是发生在20世纪60年代的事。大队有一幢平房，有五十多个平方米，是砖木结构的。在当时算是一幢质量较好的房屋建筑，想用来做学校的教室。因为房屋的地点略显偏僻，想移到大队办公室旁边。两地相隔有300多米，若把房屋拆倒重建，会造成木料损伤。当时买根能建房用的木材很困难，有钱未必能买到；即使有了木材可重建，时间也来不及，会耽误开学。

为此有人提出把整幢房子抬过来，引来一阵欢笑声，可姓何的木匠师傅却认为可以试试看。他说，我们只把房屋四壁的墙砖拆去，其余的柱子横梁等主要部件都不动，等抬过去后再把砖砌上去。

具体操作方法是，每根柱子都由两人抬着，为防止走动时房屋晃动，所有的立柱和横梁都先用毛竹牵着捆住。沿途的路很小，还有一些水缸、柴篷及小水沟等障碍物，就先把水缸等能移的先移走，小水沟上也铺上门板。

一切准备就绪，何师傅喊“一、二、三”，大家一齐抬了起来。人们小心翼翼地向前迈进，虽只有200多米的路，却有两个近90度的拐角，到了这儿，抬的人不敢分神，看的人也不敢大声说话，连小孩子都不敢嬉笑打闹，所有的人都屏住呼吸，捏着一把汗，最后总算把房子平平安安地移到了目的地。接着把墙砖补上，第三天就完工了，不但节省了许多时间，也省了不少工本费。

老人们说，曾多次看过抬花轿迎新娘的场面，也见过抬城隍过街的热闹场景，却从没听过抬房子的事，这是我们下洋浦人的创造发明。

（文：王先尧）

十三、拔茅针

茅针，村民的土话叫苗子，是茅草结的一种穗，初始可吃。它的形状像根体温计，长约10厘米。这种穗刚生成不久，拔起来后把外层包皮剥去，把穗肉放入嘴里吃时，感觉又嫩又脆，味道很鲜美。

在四五十年代，那时的孩子们平时是没有什么零食可吃的，拔苗子吃，便成了孩子们的一种享受。

苗子不是什么季节都有的，只在春分前后才开始慢慢生成。随着气温升高，茅草根基也慢慢地孕育出嫩穗来了。孩子们拔苗子很有经验，刚开始总是先去向阳河边寻找，当旺季过后就去背阴地寻找。

苗子成长有个特点：先育穗开花，后长叶子。苗子的地上部分是深红色的，刚长成时上一年的茅草叶子枯萎了，新的叶子还没长。当苗子生长进入旺季时，有多少苗子谁也说不准，若上一年的茅草地上部分被人们割去了，这就更好了，苗子全裸露在旷野上，一片深红色。下洋浦村附近海滩上的苗子多得不得了。只因保底塘北面到沙蟹埭之间，有大片大片没经开发的海滩，南北宽有几十米，东西向有几公里，西至五棚路，东至郑家浦，这一大片海滩地上长着大片大片的茅草，说不清有多大面积，若有人告诉你，至少有几十亩，你不必怀疑，一点也没有夸张。

直至今天，我都傻傻地想，要是这一片片的苗子地如今尚在，一定会有成千上万的游客前来观光呢。

（文：王先尧）

十四、捉萤火虫

萤火虫，夜夜来，爷爷挑之西瓜来，

阿婆驮(拿)只薄刀来，

一架一架切得开，

孙子囡孙走拢来。

小囡小囡慢慢吃，爷爷明早还要来，

小娃(指男孩)小娃快快长，帮着爷爷挑西瓜。

这是20世纪50年代的孩子们常挂在嘴边的儿歌，唱的是他们最熟悉的生活景象。

夏天来了，每当夜幕降临，人们吃完晚饭便会坐在自家门前的地上乘凉。此时往四周望去，总会看到一群群的萤火虫，一闪一闪的，似天际的繁星在不停地眨眼睛。这时若打开一个西瓜，一家人吃着爽口甜蜜的西瓜，在乐融融的氛围中，自然而然地会想到这首儿歌。

这是多么美的夜景，是农村孩子独有的一种享受！对大城市的孩子来说，这或许是童话世界；对现在的孩子来说，这已是天方夜谭。其实，这是真实的事情，一点也没有虚构，不过这是60年代以前的农村。那时候，每当夏秋季节，孩子们都要捉萤火虫玩，找个玻璃瓶，把它们掆到瓶里面。十几二十只萤火虫聚在一起，它们屁股后面的光也聚在一块，互相辉映，能照亮一小片地方。当时农村还没使用电灯，孩子们把萤火虫瓶当照明灯，虽不很亮，却别有一番童趣。

到了六七十年代，随着农药的使用多了起来，萤火虫越来越少。到 80 年代后期，村庄内住宅旁四周的道路改成了水泥路面，草地面积被清除干净，萤火虫的家园被无情摧毁。因为它们没有了栖身之地，现在已不知去向，即使在田野散步，也难见踪影，若偶尔发现一只屁股带蓝光的小飞虫，那可真是件很幸运的事呢。

时光的隧道进入 21 世纪后，萤火虫竟然变成了稀有的小精灵，这是当初的人们始料不及的。有报道说，广州某个商业单位举办了一个“万只萤火虫放飞活动”，好多人买票来观看，结果只看到几百只，大呼上当。2014 年夏，杭州萧山也举办了一个放飞萤火虫的活动，门票每张 30 元，依然供不应求，后被黄牛们一倒卖，每张竟高达 180 元！真没想到，当年只要一到夏夜便布满四野、夜夜光临的小不点，如今却身价飙升，敢与大熊猫一争高下了！

萤火虫虽小，也确有它独特的本领。它的腹部有一种叫荧光素酶的物质，与自身细胞中的氧相遇，就会起化学反应，从而可以发出绿色的光。

当然，对生存环境的要求来说，萤火虫远没有大熊猫那样娇贵，也没有大熊猫那样难侍候。它并没有太多的要求，仅仅需要一片没有污染的绿草地！

十五、从摩托迎亲队说开来

如今姑娘出嫁多用轿车接送，而在 20 世纪 80 年代曾风行一时的，是用摩托车队伍迎娶新娘。

只因那时轿车尚未在农村落户，就是拥有摩托车的个人也很少。故用摩托车队伍接新娘显得很新鲜，十辆崭新的摩托车组成一字长蛇阵去迎亲，确实很气派。在我的记忆中，慈溪县用摩托车队伍去接新娘的是由下洋浦人首先开始的。70 年代末 80 年代初，下洋浦的阶梯环业务很兴旺，全村 700 多个劳动力，有 100 多个人在全国各地跑业务，家家都有人在大队塑料厂或化肥厂做工，因而经济收入比周围的村民要高出许多，许多年轻人买了摩托车。这样便有了用摩托迎亲的物质条件。

在此之前的 70 年代，人们迎娶新娘用的是自行车，娶亲用的自行车有要求，新郎要用永久牌自行车，新娘要用凤凰牌。这两种车都是名牌，与如今的奔驰、宝马轿车一样引人瞩目，能拥有这种车，是生活富裕的象征。可是，这两种自行车不是有钱就可以去买的，商店里要凭票证购买，故拥有的人并不多。为此，需向亲友、邻居借，有时需向邻村的人去借，比现在组织轿车队迎亲还不容易。

新娘坐自行车还有个规定：出发时新娘在自行车上坐好后，途中不可随便换车子。说是一换车子会导致婚姻发生变故，就是新娘要改嫁。还说换一次车要改嫁一次，换两次车要改嫁两次。这也不知是哪个长舌头的好事嫂嫂编的，自然是无稽之谈。但为了讨个吉利，人们宁可信其有，不可信其无，还是照办了，也不敢轻易违背。

（文：岑恩乔）

十六、我见过毛主席

伟大领袖毛主席自是日理万机的忙人，能见到他的人，除身边的勤杂护卫人员外，一般都是高级干部、全国性的先进工作者、模范人物、国外贵宾等。

我与上面这些人物的差距说不清有多大，或许要借助齐天大圣的筋斗云才能追上。若论资格能见个区长、乡长的就算抬举我了，自然不会去想哪天能见到国家最高领导人。

说起来似乎有点像天方夜谭，我还真的见过毛主席，只是距离远了些，他在天安门城楼上，我则站在天安门广场里。虽看得不是很清晰，但能清楚地分辨出城楼上许多领导人的脸庞，除毛主席外，还有时任国家主席的刘少奇、国家副主席董必武、国务院总理周恩来、人大常委会委员长朱德等党和国家领导人。

那是1966年10月1日的国庆节。为庆祝国庆十七周年，我被抽去到北京参加庆祝活动。当时我在海军通信学校(锦州市)学习，仅仅是个普通学员。上级指示每个学员班(每班40多人)抽一个学员去参加庆祝活动，我很幸运地被选中了。我还没去过北京，那次能让我去确实很激动。那时还没有“旅游”这个名词呢，当时的人们把去北京看作是一件很向往又遥不可及的事，至于能见到国家领导人更是件无上荣幸的事，一般普通百姓恐怕连做梦都不敢去想的。因此，我的心情真的比中大奖还高兴！

为搞好庆祝活动，我们8月下旬就报到了，提前一个多月做准备。我们住在海军大院，就是海军司令部机关院内。海军有两个分队：一个是受检阅的方队，一个是广场列队。检阅方队的人员步伐不能有一点差异，每天要练习，很辛苦的。我是广场列队的成员，就是开庆祝会时到天安门广场后，按指定位子站好不动就行了。故不需练正步，只要练些起步走、左右转弯，能把步伐走齐即可，所以任务是很轻松的。

我们吃住都在海军大院内，晚上经常有海军首长来住处看望我们，有海军司令员萧劲光，海军政治委员苏振华、副政委王宏坤，还有刘道生、杜义德副司令员等高级将领。首长们同我们握手问候，勉励我们好好学习。这种和蔼可亲的态度、平易近人的作风给我留下了深刻的印象。

10月1日庆祝活动开始了，已记不清国庆检阅是上午几点钟开始的，估计应该是10点整。我们早上7点多钟便来到了天安门广场。我们的具体地点在天安门城楼的左前方、历史博物馆右前方，距城楼比较近，中间只隔了一条长安街，所以天安门城楼上的领导人还是可以分辨清的。每个战士都有一个固定的位置，每个站位都编了号码，对号站位即可。每个人手里拿着两样东西，右手拿着《毛主席语录》，左手拿一束像草帽大小的纸花。站在广场上的人每人都有一束花，但颜色不同，分红黄蓝白绿等多种颜色，从远处或高空看，构成了一个个色彩缤纷的几何图形。

检阅开始后，工、农、兵(陆、海、空)、学、商各界都组成方队，一个个从长安街自西向东通过天安门广场，接下去是“工业学大庆”“农业学大寨”的模块造型，导弹、火箭、坦克、大炮等新形武器依次通过，其中红卫兵的队伍特别庞大。

其实，这些方块队列和武器装备我也没法看清，是从喇叭里听到的。不过对毛泽东等党和国家领导人不时地向受阅队伍挥手是看得很清楚的，尤其是周总理身穿灰色中山装，不时地向城墙外探身弯腰，手拿《毛主席语录》在向前挥手，似在指挥游行队伍向前进，意思是不要停留，以免影响后面队伍的进展步伐。

当受阅队伍接近尾声时，毛主席先后向天安门城楼的左右两侧走去，向大家挥手，这时我看得比刚才清楚了许多，因为离我们近了些。当他折回时，有经验的人们知道毛主席要回去了，当他回到城楼中间停下后，又挥了几下手像是真的要转身。这时，广场上的人们忽然不约而同地右手高举《毛主席语录》，嘴里喊着“毛主席万岁!”“毛主席万岁!”大家一起向前涌去，想利用最后几分钟时间，跑上去看看毛主席。于是广场上的10万①人一起向前涌动，这还不乱套呀，人们互相拥挤着，衣扣挤掉了也不知道，鞋子踩脱了也顾不上，只知道向天安门城楼方向挤。而当我挤到金水桥边时，毛主席等中央领导人已退出城楼回去了。据说后来环卫工人清

① 天安门广场可容纳10万人，那天确实全站满了人。如果把通过长安街的游行队伍的人数也算上，人数估计有150万之多。

扫场地时，光是被相互踩脱的胶鞋就拉了几汽车呢。

晚上，我们又来到天安门广场观看焰火表演。只见天安门城楼上宫灯高挂，广场上如同白昼，五颜六色的彩灯把天安门广场和东西长安街装扮成奇异的水晶世界。我找不出恰如其分的词语来描绘当时的壮观场面和喜悦心情，只觉得自己真的过了一个“火树银花不夜天”的国庆之夜。听广播里说，毛主席、周总理等多位党和国家领导人、也在天安门金水桥旁与群众一起席地而坐观看了焰火。

我们从报到到国庆节有一个多月时间，在这段日子里，我们的活动丰富多彩：参观了人民大会堂、革命历史博物馆、军事博物馆、农业展览馆、首都体育场、民族文化宫等50年代建造的首都十大建筑，游览了八达岭长城、故宫、香山、颐和园、天坛等。我们对每一项活动都感到很新鲜，充满幸福感。

还有一件令我终生难以忘怀的事是，在首都体育场听外交部部长陈毅元帅做的形势报告。10月6日上午体育场内坐满了人，这些人都是来自陆、海、空三军参加国庆节庆祝活动的青年们。

会议由叶剑英元帅主持，陈老总讲话的精神是，要青年们认真学习毛泽东思想，做毛主席的好学生。他以自己几十年来的切身体会，勉励大家要领会毛泽东思想的精神实质，不要仅仅满足于会背几篇文章、几段文字。

陈老总报告结束后，叶帅做了小结并提出几点贯彻落实的意见。但在叶帅讲话快结束时，会场内的人们忽然举着语录本异口同声地高喊：“我们要见毛主席！我们要见毛主席！”口号声淹没了整个会场。

叶帅在战争年代，指挥千军万马游刃有余，决胜千里之外胸有成竹，可面对这狂热的场面，老革命却遇到了新问题。任他喊破嗓子，呼号声就是停不下来，大家非要毛主席到现场来接见不可。

没办法，他只好任由大家高喊，空喊了好一阵口号后，叶帅再次对我们说：“革命小将们，大家的意见已转达给中央办公厅了，办公厅的同志回答说——”讲到这里，会场突然鸦雀无声。叶帅接着说：“办公厅的同志说，大家热爱毛主席、想见毛主席的心情是可以理解的，但毛主席今天的工作，好几天前早议定好了的，安排得满满当当，一点孔隙也没有。办公厅的同志要我告诉大家，我们热爱毛主席，就要让毛主席有正常的作息规律，请小将们谅解。”这样会场才没有再出现呼号声。

参加国庆十七周年的庆祝活动，使我大开眼界，增长了不少知识。尽管没能近距离见到毛主席，但能与萧劲光、苏振华等高级将领握手，能在会场亲眼见到陈毅、叶剑英等开国元帅，并聆听他们的报告，的确是件很幸运的事。

（文：王志国）

第五篇　口头文学

口头文学的特点是通过口耳相传，其所讲述的人与事没有作者姓名，也没有书面记载。但它的题材内容很广泛，有歇后语、俚语、谚语、儿歌、童谣、儿童谜语、民谣、小调、传说、故事等多种形式。

这里所说的歇后语、谚语、俚语是指具有本地地域特征的词汇，使用面较狭窄，有些词语仅限于下洋浦等沿海少数村庄的人们在使用。民谣、童谣、儿歌等是我们这一带的人曾经说过、唱过的，时间间隔较长，最早的可追溯到 20 世纪 30 年代，最晚的是当下才产生的。

一、歇后语

（1）亮星白蟹——一壳水。（比喻质量很差）

（2）暗星白蟹——满壳肉。（即肉质肥厚）

（3）碗头鲻鱼——正播。（意思是鱼太大太小都不好卖，小了要几条合起来才够一碗，看上去不够档次；而太大了要分割成若干碗，一时吃不完。因而太大太小的鱼，买的人都不很多。正够一碗一条的鱼，市面上最走俏，价钱也高，所以说正播，即正好。这个词一般用来比喻长得娇美的姑娘或年轻女子。姑娘长得播（俏），

追她的人就多，女子长得播，回头率就高）

(4) 桃花涂涕——浪泛泛。(数量不多，质量却很好)

(5) 牵沙蟹带黄狗——呒秋头。(处事不当，没头脑)

(6) 瞎子捡烟管头——碰巧。

(7) 红毛瓶——里光外滑。(用来比喻这个人穷得什么都没有)

(8) 绣花枕头稻草包——好个外表。

(9) 黄胖搡年糕——出力不讨好。(黄胖指肝炎病人)

(10) 草绞人救火——自身难保。

(11) 一头纱筛一头磨——单头重。(差别很大)

(12) 落水长鱼——满肚泥。

(13) 涨水长鱼——空肚。

(14) 癞头头上的虱子——明摆着。

(15) 萤火虫照屁眼——亮对亮。

二、谚　语

(1) 初八廿三，随常早饭。(去海涂捉泥螺、抓蟹的人要候潮汛行事，靠海的人对潮起潮落的时间了解得很清楚，而阴历每月的初八、二十三日前后就不用起早，吃完一般的早饭去即可)

(2) 破帐子柴绳勾，穷人做人有啥高兴头？(四五十年代许多贫苦农民床上的蚊帐是补了又补，柴绳勾是用树丫杈做的，本是用来捆柴把的，贫困人家买不起蚊

帐勾,便用柴绳勾代之)

(3) 小脚缠一双,眼泪出一缸。

(4) 茄糊苋菜头,常年老过口。

(5) 借来酒壶赊来酒,肚皮吃得的之(扶着)走。(吃太饱了路走不快)

(6) 去年重阳九月九,今年重阳有没有(问婆婆)?(提醒婆婆该送礼了)

(7) 吃勿穷、扎(穿衣)勿穷,打算勿好一世穷。

(8) 浪费无底洞,坐吃山要空。

(9) 宁可吃碗欢喜汤,不可吃个讨气饭。(指吃饭时受人奚落、遭人白眼)

(10) 满满的饭好吃,满满的话勿好讲。

(11) 三兄四弟一条心,门前烂泥变黄金。

(12) 半天松花,落地无碴。(比喻有些人讲话做事不实,没有结果)

(13) 一个铜板猪头九个,没有一个铜板走过。

(14) 只看见和尚吃馒头,没看见和尚受戒。

(15) 刀钝石上磨,人笨世上磨。

(16) 有之一百想一千,做了皇帝想神仙;人心勿知足,知足便是福。

(17) 没有(儿)媳妇东托西托,有媳妇东哭西哭。

(18) 勿求黄金万两,只求子孙贤良。

(19) 麻糍当早饭,省得汏碗盏。

(20) 多说多讲要招怪,蜈蚣脚多还是蛇游得快。

(21) 出门看天色,进门看脸色。

(22) 宁可死个做官爹,不可死个讨饭娘。

三、农时与气象谚语

(1) 正月动(打)雷雷赶雪，
二月动雷不肯歇，
三月动雷晒得麦丝瘪，
四月动雷秧拔节。

(2) 清明下秧，不用问爹问娘。

(3) 立夏扎(播种)棉花，不用问人家。
霜降背豆锹(种蚕豆)，不用问大小。

(4) 燕子贴地皮，明早要落雨。

(5) 朝雾晴，晚雾阴，晚霞不收雨淋淋。
春雾雨，夏雾热，秋雾凉，冬雾雪。

(6) 春天生意实难做，一头行李一头货。

(7) 早西晚东风，晒煞老黄龙。

(8) 虹高日头低，大水没道地。

(9) 南山戴了帽，下雨在明早。

(10) 东闪风，西闪空，
南闪热烘烘，北闪雨滂沱。

(11) 兜日虹，不过昼；过了昼，晒得臭。

(12) 夏至杨梅满山红，小暑杨梅要出虫。

(13) 头伏不见花(棉花开花),地公地母打得爬。

(14) 小暑断黄梅,伏天跟着来。

小暑动雷,重做黄梅。

(15) 六月初一轰隆隆,棉花像个小灯笼。

六月初一瓦爿翘,勤劳要被懒惰笑。

六月六、断豇绿(农历六月初六后不宜再种豇、绿、赤豆等豆类作物)。

六月里盖被,有谷无米。

(16) 处暑荞麦白露菜。白露花(棉花之花),正当家。

(17) 大旱不过七月半。

(18) 七葱八大。(7 月可开始种葱,8 月方可种大蒜)

(19) 高秋无雨廿日晴。

(20) 一场秋雨一场寒,十场秋雨要穿棉。

(21) 九月廿七雨,皮匠老婆要嫁人;九月廿七满天亮,皮匠老婆嫁回原皮匠。

(22) 冬雪是个宝,春雪是棵草。

(23) 晴冬至邋遢年,邋遢冬至晴过年。

(24) 大麦年内浇,菜籽挨花料("浇"指施追肥,"年内"指春节前,"挨花"指油菜花普遍盛开前夕,"料"指人粪)。

四、用"头"字缀尾的俚语

下洋浦人平时用语言交流时,极大部分是以原姚北土话为基础的;也有少部分老人伴随着绍兴腔，是从庵东方向移过来的；还有更少的一些人，受观海卫一带语音影响，带有原慈北语音。三种不同语音区别并不很大，能相互贯通，不影响正常交流。

20世纪60年代前，村民们从来不说普通话，只有到外地出差时才说。改革开放后人们开始学习、使用普通话。本地人讲的俚语是以三北土话为基础的，在使用的俚语中，挟带着自己的地域特征及行业特点。俚语的面很宽，内容很丰富，这里只列举带有“头”字的俚语。据粗略统计，以“头”字缀尾的俚语词语有90个之多，分以下五种不同类型。

(1) 带有行业性和地域特征的有14个“头”，其中某些词有地域局限，离海边较远的人们是很陌生的。

赶潮头，是指按潮水涨落变更的时辰规律去拷海。潮水时涨时退，且有一定规律。杭州湾海域一天有两次潮涨潮落的变化，中午前称潮，中午后称汐，故通称潮汐。从潮水开始涨到海水涨平，需6小时又12分钟；涨平后开始退潮，到完全退去也需6小时又12分钟。这样涨退一次共需12小时24分钟，两次潮涨潮落的变化共需24小时48分钟。这个规律掌握好了，就可按潮汛变化规律从从容容地去拷海。假使今天去挖蛤蜊，8点去正好，明天可到8点50左右去，去早了要空等候，去晚了要失去一些机会。这就称为赶潮头。

瞭(捞)潮头，原是起大早赶到海边去，拣取被海浪涌到海岸边的物资，如竹竿、竹篮、木板、断木等杂物，数量不会太多，晚去的人自然轮不着。后来人们常把起早去办事的行动比喻成捞潮头。

掼浪头，到较深的海域捕鱼捉蟹，时刻在与海浪搏斗，俗称掼浪头。

一碗头，指下海去挖蛤蜊、拾泥螺等的收获不大。不过只表示不太多，并非真的正好一碗。

戏空头，指并非当正行业去做，也不抱多少希望，利用空闲时间到海涂里钩蛏子、挖蛤蜊，或去小河沟抓黄鳝、钓鱼等，碰碰运气，不计较收获的意思。

饭碗头，广义是指谋生的手段，海边的人为了养家糊口所做的一些行业；狭义指吃饭时碗里留下的少量剩饭。一般多从广义的角度来理解这个词。

海角落头，意思是地处非常偏僻冷静的海边。下洋浦村过去确实如此，到村外去只能靠两条腿一步步地走，去一趟县城来回得一天时间，赶火车去上海，鸡叫时就得出发，到夜里才能到达。今非昔比，如今两个多小时即可到达杭州、上海等大城市。这里已是城市与农村相恋、大海与绿洲亲吻的地方。

河埠头，分泥质埠头和石板埠头两种，是人们去河边担水、淘米、洗衣服的地方。

船埠头，河边拴农船的地方，有上下船用的石板块建成的阶梯，旁边还有拴船用的木桩或石柱等简单的设施。

草菩(缚)头，用干稻草或茅草先扭成一条条长一米左右，比手指头略粗些的草缚头，再用它捆扎棉花秆、麦秸秆、豆荚秆、芦苇秆等。这些物资统称为柴，80 年代前是农户煮饭炒菜的燃料。

柴蓬头，人们把晒干了的棉花秆、麦秸秆、豆荚秆及田里收割的稻草，河边坡地砍来的小杂木等捆扎后堆叠起来叫柴蓬。柴是每家农户做饭的燃料，20 世纪 80 年代前家家户户都有柴蓬，谁家宅旁柴蓬大，说明经济状况好。生活殷不殷实，看柴蓬大小就能知道个大概。

盐舍头，外面的人们，特别上了年纪的人，常称下洋浦、新闸等海边的村庄叫盐舍头。有时下洋浦人自己向别人介绍时也不得不称自己住在盐舍头，因为外面的人往往不知道像“十二庄”“朝阳大队”等新地名。

晒场头，下洋浦村曾经有两个不同用处的晒场头。早先村落形成初期是指晒盐的场地，19 世纪末，村落刚形成时，人们从事盐业生产，那时有专门用来搁盐板晒盐的场地，称晒场头；1955 年组织农业生产合作社后，集体生产时也有晒场头，是合作社(后来的生产队)晒棉花、麦子、油菜籽等农产品的专用场地。

冲码头，是去办急事的意思。源自渔民打到鱼后，赶在第一时间去鱼码头卖鱼。早先，近海渔民驾着蛋船(状似蛋形的木帆船)去较远的海域捕鱼，捕到后要到鱼市场把鱼卖掉，时间越快越好。舟山、宁波等地有专门进行鱼货交易的市场，因设在海边港口，故称鱼码头。若第一时间赶不到鱼码头，就卖不出好价钱，所以赶码头的人似冲锋陷阵，故村民见有人办事匆匆忙忙的样子时就会说他："你冲码头去呀！"

(2) 属于大众化的词有 39 个。分别是摆噱头、老套头、无花头、吃苦头、尝甜头、书读头、吃牌头、吃弹头、听话头、轧苗头、别苗头、碰鼻头、刮鼻头、触眉头、凑碗头、出风头、避风头、皱眉头、讲派头、乡下头、下乡头、硬骨头、脑髋头、五更头、作保头、剜心头、钻心头、祖宗头、勿对头、立街头、胸髋头、喉龙头、肩胛头、骷髅头（指人的头颅）、二婚头（指再婚）、老骨头（指老年人）、空谈头（指聊天）、多话头（双方不太和谐）、脚后头（泛指睡在丈夫脚后头的妻子）。

(3) 需作些诠释的词有 13 个，下面分别阐述。

额角头，人的额角生来自然有高有低，人们说额角头高的人运气好。

六斤四两头，专指人的头颅。人们说，人的头颅有 6 斤 4 两重，只是谁也没法验证这个说法的对与错。

一直头，集体生产时计工分的形式。

掼拳头，过去专指比武。现泛指比实力，某两个单位、企业或个人，相互不服气，公开或者暗暗较劲，要分出个高低超越对方。

上横头，人们在生日或婚庆喜事等社交活动中，座位是有讲究的，宴请宾客时主要客人坐的座位称上横头，一般座位朝南，故也称朝南位。

夜日头，意思是不要摔破皮。方言中太阳称作日头，太阳是鲜红的，这里比喻鲜红的血色。晚上小孩因贪玩摔倒或磕破皮出了血称作夜日头。因此父母见孩子们顽皮时常提醒孩子："当心出夜日头！"

光唧头，狭义指头发秃顶的人，泛指做某件事没有收获，如打靶时子弹一发也没中靶，篮球比赛时一场球也没有取胜等。

栗子头，中指弯曲后用第二个关节去磕他人头顶的动作。

呒花头，做某件事的结果不理想、收获不大，也有指某个人没多少真才实学或多少财富。

跳起咬鼻头，意思是某件事要某个人去办，他一定会乐意接受，高兴得一蹦三尺高。

三关六码头，指外面的世界，游过三关六码头，意思是某个人见过很多世面。

太婆头、太公头，这两个词很特别，并不是几个太婆辈人物中年龄最大或威望最高的人，口里称她太婆头，说不定是在咒骂。一般母女间争论时用得较多，女儿与母亲顶嘴时，做妈妈的往往会送上一句："侬大，侬是我格太婆头！"至此，懂事知礼的女儿一般就不再还口了。太公头的含义用法与太婆头相近，只是说话的双方改成了母子罢了。

(4) 属于贬义词的有 16 个，分别为戏花头、耍滑头、贱骨头、贼骨头、紫砂骨头、呒清头、软骨头、轧姘头、老滑头，以及下面 7 个。

呒清头，被称为呒清头的人有两类，一是思路不是很清晰又爱唠叨的人；二是口无遮拦、言无禁语，爱搞笑、好调侃的人。

隑牌头，倚仗别人，有靠山可依。

蜡烛头，蜡烛经点燃后剩下的部分当然叫蜡烛头。但在生活中，人们把那些过于小气、有悖常情的人称作蜡烛头，说这类人是"不点不亮的蜡烛头人"。

开俱头，为打麻将、扑克等小型娱乐活动的人们提供场所，准备好桌椅、灯光设施，供应开水等，并收取少量服务费的行为。

花老头，指年纪较大又花心的男人。不过人们只在背后叫他，若敢当面叫他花老头，反倒说明此人在这方面没瑕疵，一般只是寻开心说说笑话而已。

瘟老头，意思是得瘟病而亡的人。这是咒骂人的话，但多数情况只是调侃用语，说笑罢了。

寻隙头，故意挑刺找茬。

(5) 专用于针对人的俗称和比喻用词有 8 个。

老寿头、小寿头。寿头是傻子的意思。老是父，小是子，是说父子俩都是傻子。但只是作泛泛比喻，并非真的那么傻，往往有口无心说说而已。

大木头、小木头、三刁、二木头。这里的木头是比喻用词，是说该人的脑瓜不大灵活，是呆子的意思。但也只是泛论。据说一户人家若有三个以上孩子时，第三个孩子会比较聪明些，方言称为刁，刁也含有狡猾的成分，因而又有“天下没有好阿三”之说，不过并没科学依据。

兆老头，指年龄接近老年人的男子。但兆老头的年龄没有具体衡量的标准，不同时期有不同的看法。20 世纪四五十年代，40 多岁的人就可称为兆老头了；如今 60 岁的人还很强壮，心态更比那时的年轻人还显得年轻。

派(破)老头，经济外貌都显得平平的老年男子，泛指破老头。

上山石头，专指娘舅。按传统规矩，娘舅讲的话外甥们必须听，尤其在分家时，对家庭财物处置时兄弟间有了分歧，父母、叔伯的话可以不听，但娘舅一锤定音，兄弟们不可违抗，不同意也得服从。

娘舅的这个权威应认为是母系社会的遗风。在原始母系社会时，亲生父亲很难确定，母亲同辈的男子拥有对外甥、外甥女的抚养、保护、引导及干涉人生事务的权力。这一点在云南省泸沽湖的摩梭人那里，至今仍留有明显的印记。

五、儿　歌

20 世纪 30 年代的儿歌有三首。

(1) 鸡屎当香糕

我家有个小宝宝，走起路来晃呀晃。

脚穿老虎鞋，头戴西瓜帽。

不会走，先学跑，拣起鸡屎当香糕。

（2）哥哥去赶市

快快来呀，卖香瓜啦。

香瓜生呀，卖葡萄啦。

葡萄酸呀，卖冬瓜啦。

冬瓜驮（拿）不动，哥哥快来驮。

哥哥要赶市，叫了个老婆婆。

婆婆要烧香，叫了个大姑娘。

姑娘长得美呀，哥哥要帮她。

不用不用，哥哥要赶市呀。

不忙不忙，驮完冬瓜再赶市。

驮完冬瓜赶赶市，市面散掉跑埭空。

（3）公鸡打鸣

咯咯嗡，鸡打咚（鸣），一篮馒头一篮粽。

嫂嫂吃之肚皮痛，生个毛头九斤重。

害得阿婆抱勿动。

40年代的儿歌有三首。

（1）岁末叙事

廿三送送灶，廿四掸掸尘，

廿五长年（工）赶出门。

廿六做豆腐，

廿七杀只鸡。

廿八扎篮环（把），

廿九讨年饭。

(2) 卖糖蔗

笃笃笃，卖糖蔗，小囡跳跳也要吃。

小囡小囡要听话，没有牙齿不能吃。

小囡小囡别着急，娘买葡萄拨（给）侬吃。

吃完肉，吐出壳，囡囡吃得笑呵呵。

(3) 打荞麦

一箩麦，二箩麦，

三箩四箩打荞麦，

噼哩啪，噼哩啪，

打好荞麦快磨粉，

外婆来了当点心。

50年代的儿歌有五首。

(1) 种芥菜

破晾帽头戴戴，我种芥菜。

芥菜开花，我种南瓜。

南瓜大藤（蔓藤），我种菠凌（菠菜）。

菠凌三只角，搁来搁去无道（处）搁。

(2) 找朋友（一）

哆、来、咪、法、唆、啦、西，

我的朋友在哪里？

在苏联，莫斯科，

我的朋友在这里！

1、2、3、4、5、6、7，

我的朋友在哪里？

在苏联，莫斯科，

我的朋友在这里。

（3）找朋友（二）

呀、找呀、找呀找，

找到一个朋友，

敬个礼呀，笑嘻嘻呀，握握手呀，

哆法咪来，哆法咪来，哆法咪来哆。

（4）打金门

一颗星亮晶晶，二颗星放光明。

五星红旗插上北京城。

北京是个好地方，火车飞机通四方。

坐着飞机到厦门，厦门对面是金门。

朱总司令下命令：解放大军打金门。

轰隆隆，轰隆隆，老蒋吓得钻地洞。

（5）嗨啦啦

嗨啦啦，嗨啦啦，嗨啦啦，嗨啦啦，

天空出彩霞呀，地上开红花呀，

中朝人民力量大，打败了美国兵，

全世界人民团结紧，把帝国主义连根拔呀，连根拔！

六、童　谣

20 世纪 40 年代的童谣有三首。

（1）牵沙蟹

王家埭，牵沙蟹，牵了一百埭（次），牵了一只蟹。

驮到市里去买卖，换回三支大毛竹，造了三间大楼屋。

东也漏，西也漏，漏得癞头头上水嗡臭。

快快种荞麦，荞麦磨粉请菩萨，请得癞头儿子头里出头发。

（2）蛳螺摇船

蚂蟥对（拉）牵，蛳螺摇船，一摇摇到外婆面前。

外婆泡的糖霜茶，舅妈泡的茶叶茶。

这种舅妈要其啥，斩斩喂大蛇。

大蛇勿吃喂蛤霸（蟾蜍），蛤霸园里开桃花。

桃花姑娘许人家，一许许到好人家。

有（富）的人家放炮丈，穷的人家摔碎甏。

（3）侬要啥人抱

囡囡呀，侬要啥人抱？我要姆妈抱。

姆妈织布做袄袄。

囡囡呀，侬要啥人抱？我要爹爹抱。

爹爹出门赚元宝。

囡囡呀，侬要啥人抱？我要爷爷抱。

爷爷搓绳敲稻草。

囡囡呀，侬要啥人抱？我要阿婆抱。

阿婆老年骨头欧勿到。

囡囡呀，侬要啥人抱？我要阿哥抱。

阿哥读书上学堂。

囡囡呀，侬要啥人抱？我要阿姐抱。

阿姐洗衣烧饭忙。

囡囡呀，我咯囡囡最听话，吃饱奶奶（乳汁）呵呼呵呼困一觉。

七、儿童谜语十则

20世纪四五十年代的儿童谜语这里摘录十则。[①]

（1）奇古怪，怪古奇，阿娘生我好东西。人家皮包骨，我是骨包皮。

（2）七七四十九，棕榈缚掀帚，楼上咚咚响，楼下有人走。

（3）灶根地下一棵葱，日日夜夜拔不空。

（4）一个榔头七个眼，一个眼子会吃饭。

（5）有嘴没下巴，张口叫呱呱，游泳跳远本领大，专吃害虫护庄稼。

（6）兄弟七个人，各进各的门，要是走错门，就会笑煞人。

（7）头戴红缨帽，穿衣真不少，剥去三外套，露出珍珠袍。

（8）这枝庄稼真奇怪，取个名字就叫花，结个果子没人吃，果子生气吐白花。

（9）紫杆紫叶开紫花，开了紫花结紫瓜，紫瓜肚里有芝麻。

（10）一个好兄弟，总是跟着你，你走他也走，你停他也停。

迎着日头（太阳）走，他跟你后头，背着月亮走，他跑你前头。

① （1）～（10）的谜底依次是：灯笼、雨伞、筷子、人头、青蛙、纽扣、玉米、棉花、茄子、影子。

八、民　谣

民谣的产生常常与政治、时事相伴，反映了当时发生的社会事件和一部分人的思想认识。

以下是1949年前的民谣十三则。

(1) 月月都有子

正月嗑瓜子，

二月放鹞子，

三月浸种子，

四月插秧子，

五月端午吃粽子，

六月乘凉摇扇子，

七月忙着收谷子，

八月月饼尝馅子，

九月金橘加橘子，

十月里吃柿子，

十一月里落雪子，

十二月冻煞叫花子。

(2) 抽壮丁二则

乡长抽壮丁，穷人胆战心又惊。

白发婆婆求求情，一脚一拳赶出门。

日盼夜想四五年，白骨一副回家门。

门外黄狗一叫，百姓心惊肉跳。

不是拘人就是抓丁，家家户户乱了套。

阿婆跪下便拜，爷爷磕头求饶。

阿爹跳窗逃命，姆妈房梁要上吊。

囡囡吓得呀呀叫！

（3）交粮谷

国民党，到三北，逼着阿爹交粮谷。

东借西借没着落，姆妈急得团团哭。

小囡要吃白米饭，端来一碗草子粥。

（4）土匪

土匪陈金木，腰里挂木壳（驳壳枪）。

徒弟一大班，到处做抢犯。

见物他就抢，杀人像杀鸡。

见了富人点头笑，见了穷人像阎王。

（5）粮食搬运工

肩背米，脚踏米。

两手始终不离米，

家里没有夜饭米。

（6）荒草地

盘节草搭凉棚，呜啸蛇乘风凉。

狗尾巴草放排枪，田鸡蛤巴闹头场。

刺尖草戳脚梗，棉花秆没有筷子长。

这种日子咋结煞，两眼一闭石骨硬。

（7）懒人的逻辑

清早雾水大，要等昼过（中午）做。

昼过热棚棚，要等夜风凉。

夜到蚊虫多，老等明早做。

明早又明早，明早何其多！

（8）有囡不可嫁到胜山头，去也兜日头，回也兜日头，晒出肚肠油。

（9）拷海里人活神仙，秤砣放下现铜钱，三日落雨叫皇天，四日落雨断炊烟。

（10）包办婚姻

廿岁姑娘三岁郎，抱上抱落到窠床。

说他夫来年太小，说他儿来不喊娘。

等到郎大姐已老，等到花开叶已黄。

（11）长工谣

正月迎春花儿开，背个包袱去上工，

吃过三杯上工酒，南山画眉落鸟笼。

二月庙会锣鼓响，人山人海喜洋洋，

牵女携儿逍遥游，唯我长工落田垟。

三月桃花一片红，新装犁头快如风，

上畈耕完接下畈，犁头开缺训长工。

四月蔷薇开园中，肩挑秧苗把田种，

种完东畈奔西畈，还骂长工在偷懒。

五月石榴红如火，杨梅李子满街头，

上等杨梅东家吃，酸臭杨梅给长工。

六月荷花水中笑，肩背摇车来回跑，

上田水满转下田，田水欠满骂长工。

七月凤仙花儿娇，哪有时辰美景赏，

耘田拔草施肥忙，日出日落顾不上。
八月桂花香喷喷，打稻晒场赶得紧，
汗奔雨爬无人见，腰痛背酸心自明。
九月紫薇百日鲜，秋收秋种紧相连，
若见作物有缺空，骂得长工钻地洞。
十月芙蓉小阳春，萝卜煮粥来充饥，
吃得快来烫喉咙，吃得慢来镬里空。
十一月里水仙俏，舂米磨粉做年糕，
生看见来熟无份，长工做人介伤心。
十二月梅花傲霜雪，东家算盘打得精，
七折八扣无淘剩，眼泪汪汪回家门。

(12) 童养媳

吃咯撩落汤，敲咯青竹棒。
穿咯破棉袄，困咯芦苇床。
洗碗盏揩桌凳，生看见熟无份。
晚到半夜纺(棉纱)四两，早起五更纺半斤。

童养媳妇可怜相，十五(岁)来到公婆家。
洗菜烧饭汰衣裳，起早挑水劈柴忙。
春天纺(棉)花起五更，秋天纺花落半夜。
夏无帐子吃苦头，结冰打冻要捞苋菜头。
河面冰厚好走人，单衣薄裳过光阴。
破花絮里索索抖，满脚冻疮难行走。
冷菜冷饭充饥肠，每天一碗苋菜梗。
稍有不慎竹棒落，满头乌青不敢哭。

猪狗不如泪已干，夜夜梦里想亲娘。

三岁郎君刚学话，喂饭接屎像是娘。

委屈再多向谁诉？只盼郎君快快长。

等到郎君已长大，鲜花变成狗尾巴。

(13) 全民抗日

前山三十六岙，沿海七十二灶，

要人随多随少，要打随迟随早。

民谣往往能反映出不同时期的各类人员的心态。新中国成立后自然也有民谣，现摘录部分。其中有些内容看上去会不太健康，甚至是反面的，只因社会有各种不同的人员组成的，再说对某些新生事物的认识也会有个过程，为忠实反映当时的实际生活，也摘录其中，是非曲直任由大家自己评说。

(1) 1949 年 5 月 23 日余姚解放，7 月 24 日一场特大风潮袭来，农业受损严重，于是产生民谣一则：

解放到余姚，大水夹风潮。

芋艿剩窝毛，番薯不用掏。

(2) 50 年代初对粮食实行统购统销政策，产生民谣：

买豆刀鞘瓶，买米小簟棱(箩)。

买油眼药瓶，籴籴麦碎，打证明。

(3) 50 年代初的村干部，多是贫苦农民中的积极分子，他们组织夜巡队，设路卡、查坏人，没黑没夜地为巩固新生政权而努力奋斗，却没有工资报酬，于是产生民谣：

淘箩勿湿，烟囱勿出。

积极积极，镬盖勿热。

(4) 解放初期禁赌民谣：

十个戏赌九个穷，牌九沙蟹莫去弄。

民兵看见要扨赌，一扨扨到乡政府。

乡长问侬赌不赌？勿赌勿赌，再勿赌。

下次是话再赌赌，情愿拨侬打屁股。

（5）吃大锅饭时期民谣七则：

公社天天下命令，

大队长奔东过西催得紧，

小队长晕头转向呒章程，

社员出工勿出力。

生产小队长

早起五更头，

生产要带头，

工分一直头，

年底无花头。

人头勿到齐，

刮子勿落地。

苗长心勿热，

草长心勿急。

上工像拉纤，

下工像射箭。

做起生会（产）来像老鼠啃铁，

吃起米饭来像深山扒雪。

掘河开沟

新修渠道进村来，上接水库下通海。

棉花口渴电机响，梅雨来时闸门开。

平整土地

挑断扁担磨破肩，削平高墩把沟填。

路平水清地成方，小沟弯道全不见。

汗水化成米粮川，多种粮油多种棉。

个个棉桃似炮弹，狠狠打击帝修反。

捻河泥

捻竿惊醒水中蛙，橹声吓走鱼和虾。

汗水滴落沉河底，河底肥泥进舱来。

(6) 1983 年实行分田到户，落实生产责任制以后，有民谣二则：

共产党，像太阳，照到哪里哪里亮。

共产党的政策像月亮，初一月半不一样。

(7) 80 年代初重视知识，为发挥知识分子的作用，提了些有较高学历的人当干部。但有的人缺乏农村工作的实际经验，工作顾此失彼。有民谣：

县长大学生，生产无章程，

稻桶嘭嘭响，棉田不管账，

回头去相相，棉花剩光梗。

九、流行小调

50 年代初土地改革后，农民有了自己的土地，极大地激发了农民生产劳动的积极性。他们的物质生活发生了很大变化，结束了食不果腹的日子。同时精神生活也开始充实起来，人们成群结队到新浦、胜山、海晏庙等地赶庙会，丰富了文化生活，也开了眼界。每当国家发生重大事件，如抗美援朝、实行义务兵役制等，乡政府都要组织宣传庆祝活动。村里有些青少年男女会被选去参加秧歌队、连枪队、腰鼓队等。村里通过直接参加各种活动，培养了一些文艺骨干。同时也经常有外面来的艺人到村里来演出，表演形式有走书、说唱、摊簧、戏剧等。当时开展的文化生活形式多种多样，这些活动使一些表演形式、说唱艺术、曲调在村里的年轻人中落地生根。吃完晚饭，青少年们常常自发地聚在一起自娱自乐。

人们最喜爱的有这样几种小调：杨柳青调、摊簧调、马灯调、孟姜女调。这几种小调曾在村内流行多时。

杨柳青调是 50 年代活跃在农村的一种曲艺，可单人独唱，也可几人合唱。内容多是为配合宣传当时国内重大政策服务的。如宣传新婚姻法、互助合作、粮食统购统销、贯彻《农业发展纲要四十条》等。晚饭后青少年们聚在一起传唱杨柳青，除新学会的唱段外，常即兴自编自娱自乐，使原本寂寞的村庄多了几分欢快。

摊簧调是一种说唱结合的表演艺术，它的内容多以人们的爱情生活为主题。例如有一段说有个叫陆金宝的后生半夜私下去会小姐王兰英，就有这样一段唱词：

廿三夜里暗沉沉，长深弄堂往里行，三步并作两步走，手扶栏杆上楼梯。刚刚爬到楼顶口，只听得卜碌碌一声响。

（白）：侬道发生了啥事体？啊呀呀不好哉！

（唱）：陆金宝心虚情急步子乱，一脚踩空滚落到了楼梯根。

（白）：王兰英闻声来接应，看金宝鼻青眼肿额角头上嗑破皮，血出糊奶真吓人！一见小姐王兰英，陆金宝连说："不要紧、不要紧，这点小伤勿要紧。"

（白）：那位说了，摔得都血出糊奶了还说不要紧，哪还有什么更要紧的？啊唷唷，侬真勿晓得哉！

（唱）：响声引来了老家人，他高喊捉贼，手举扫帚要打人！幸亏兰英忙阻止，喝退家人回房里。

（白）：那位又说了，这桩事体总算落搁哉。

（唱）：哪知道事体越来越尴尬，侬道出了啥事体？闺房本是清静地，为何惊天又动地！此事惊动了老员外，带着一邦众家丁，急匆匆来到了兰英的闺房前……

摊簧的说唱词通俗易懂，内容贴近人们的日常生活，故很受人们喜爱。

马灯调是另一种比较容易掌握的曲调，多数人一学就会。这里摘录一段当时反映中苏友好内容的马灯调唱词：

麦苗青青菜花黄，风和日丽红旗飘，农民代表参观团，北京出发到苏联。

哎格隆咚耀，北京出发到苏联。

苏联朋友真客气，把阿拉当作亲兄弟，电灯电话电风扇，油漆地板发亮光。

哎格隆咚耀，油漆地板发亮光。

集体农庄真稀奇，碾米扬谷用机器，不用骡马不用牛，耕地用上拖拉机。

哎格隆咚耀，耕田用上拖拉机。

孟姜女调是一首传唱较广的小调，内容是叙述孟姜女思念丈夫范喜良的故事。

新中国成立初期在宣传新婚姻法，反对封建包办买卖婚姻的大环境下，这首小调很盛行，村里有不少人会唱。尤其是那些情窦初开的少女们非常喜欢这首民歌，常借纺棉花线的名义聚在一起，一边纺棉花线一边偷偷地唱着，大人过来时便戛然而止。现整理如下：

正月里来是新春，家家户户挂红灯，
别家夫妻团圆时，想起我夫泪淋淋。
二月里来百草青，燕子绕梁双双飞，
衔草含泥筑新巢，唯我夫君造长城。
三月里来正清明，家家户户祭祖坟，
携妻带儿多闹盂，唯我姜女孤单行。
四月里来养蚕忙，手提竹篮去采桑，
一片桑叶一滴泪，化成丝线做衣衫。
五月里来石榴红，奴与范郎喜相逢，
欢天喜地结连理，醒来方知在梦中。
六月里来热难当，蚊虫绕耳嗡嗡叫，
宁可吸奴千口血，不可飞向郎身旁。
七月里来七秋凉，姜女替夫缝衣裳，
千针万线连着心，连着心肝牵着肠。
八月里来雁成行，只见雁来不见郎，
雁不捎信空往来，梦不成真夜夜梦。
九月里来九重阳，重阳美酒分外香，
人不成双酒无味，再香再美无心尝。
十月里来稻谷黄，砻谷筛糠新米扬，

无人耕田田荒芜，那来新米供妾尝。
十一月里北风嚎，姜女万里送棉袄，
山高水长羊肠道，一步一颠一摇晃。
十二月里雪茫茫，杀鸡杀鸭过年忙，
家家喜饮团圆酒，独有姜女泪两行。

十、传说二则

俗话说，五里不同风，十里不同俗，下洋浦的村民来自四面八方，带来不同区域的风俗习惯和文化印记。尽管他们中很多人不识字，却知道古往今来的许多事，脑袋中装满了民间传说，在漫长的岁月中彼此互相交流，通过口耳相授，不断延续，不断完善，使传说更加生动风趣。

(一) 农民秀才

秀才的含义本是指会写文章、能知天下大事的知识分子。中国人历来重视功名，秀才是科举制度的产物。①

① 旧时选拔人才要经过层层考试，考试分童试、乡试、会试、殿试四个不同层次。童试合格的人称为秀才，乡试合格的人便称作举人，第一名称解元，会试合格称为贡生，第一名叫作会元。殿试是全国性考试，由皇帝亲自主持，考试合格者称为进士。考中进士的人统称为状元及第。以成绩高低又分三甲，第一名称作状元，第二名叫榜眼，第三名为探花。乡试、会试、殿试均获第一名，就叫“连中三元”。清王朝270多年历史中，总共才产生过114位状元。1905年光绪皇帝下旨废除了科举考试制度，开始提倡新学。

在知识阶层中，秀才这个知识分子的档次并不算高。只是偏僻渔村的人们把秀才看得很了不起，甚至神化了，他们说的话也几乎被当作真理。

这里有个关于农民秀才的故事，是老一辈人传下来的。

话说我们三北地区稻田里有一种乳白色的虫子，名叫田钻。它的颜色大小与糯米饭的饭粒相似，人被它咬后感觉很痛，常会啊唷啊唷地呼叫。据说这田钻是糯米饭变的，而且与一个秀才有关。

怎么回事呢？事情经过是这样的。一次一个秀才赶考回来路过一片稻田，当时正值中午时分，一个农夫正在田埂边吃糯米饭。秀才肚子饿了，便向农夫要糯米饭吃。可农夫带的午饭并不多，只够一个人吃，自己下午还要赶农活呢，于是不愿给秀才吃。秀才很生气，见有几颗饭粒掉在田里，便说："你这么抠，好吧，我叫这些掉下的饭粒变成田钻，把你咬死。"话音刚落，只见那些饭粒真的蠕动起来，并向农夫爬去。农夫见状赶紧跳上旱地跑回家去了。

秀才自己也不明白他的话会这么灵验，于是回家后把这件事与阿娘讲了。阿娘一听骂道："你这个孽种，你怎么好做这种伤天害理的事呀，阿拉吃的饭都是农夫种出来的，他们都让田钻咬死了，阿拉以后吃什么呀？再说，你娘舅也是农夫，这么一来你舅舅也会遭殃的呀！"

秀才一听方知自己犯下大错，懊悔不已。想了一会后说："这样吧，今后谁被田钻咬了，只要随手折片稻叶子擦一擦就没事了。"

这话传了开来，以后谁被田钻咬了便拿稻叶子擦一下，马上就不痛了。于是人们称这位秀才叫农民秀才。

（二）关于芋艿的传说

芋艿为单子叶植物，天南星科，属多年生草本。芋艿本是种普通的农作物，由芋艿头、芋艿子、芋艿温（秆）、芋艿叶几个部分组成。芋艿可以当菜吃，也可当粮食吃。1949 年前，大多数农民家庭是吃不饱饭的，常以芋艿、番薯、萝卜、蔬菜，甚至野草充饥，在这些食物中要数芋艿的口味最好。

芋艿的吃法很多，可单独煮了吃，也可与萝卜、青菜、猪肉等许多荤素小菜混合起来烧煮，味道都不错。芋艿最简单的吃法是，洗净后把外层的长毛略扯去些，放点水在镬里煮，可少量加点咸盐或咸菜的卤汁，煮熟后边剥皮边往嘴里送，若能配上一壶老酒，对当时的农友来说就过上了神仙般的生活。

因而芋艿深受人们的喜爱，由它还引出了一个个美丽的传说。

老人说，很久以前，地上本没有芋艿，它是天上一个叫通天子的神仙下凡时带来的。

这通天子下凡途中遇到一对要饭的母女，见母女俩面黄肌瘦，路都走不动了，便起了同情心，把自己带来的一个芋艿种子送给了她们。他说这东西可以当饭吃，产量又很高，种好了就可以不挨饿了。可母亲不知怎么种，通天子就教她种的方法。母亲就按通天子教的方法种芋艿去了，这芋艿一落地很快生根发芽，枝繁叶茂。一会工夫，通天子告诉母亲，现在芋艿已长好，可以挖来吃了。

当那位母亲拿着锄头挖芋艿的时候，通天子便携着那个女孩钻进了芋艿田的一角去了。做母亲的刨土时挖出了一个很大的芋艿头。她很高兴地转头喊女儿来看，却没见女儿应答，四下寻找怎么也没女儿的影子，便问："人喃？"意思是"人到哪去了？"还是不见女儿回应，低头一看，却见芋艿头一边长了个芋艿子。她又问了声："人喃？"话音一落，芋艿子里又长出了一个小芋艿子。她似有所悟，原来这一窝三个芋艿是女儿和女婿通天子一家人。

"人喃"两字是土话，发音与芋艿两字相近，后来人们根据"人喃"的谐音，把通天子带来的这种植物称为芋艿。

老人说，通天子的芋艿是通天的，能收到天上的消息，每年的七月初七，你若来到芋艿田坑里，人躲在芋艿叶子底下，能听到牛郎与织女说的悄悄话。

老人还说，中国的万里长城永不倒，为什么这么牢固？因为万里长城不是用石头筑成的，而是用芋艿和糯米饭两种食物进一步加工后做成的：先把芋艿烧熟后捣成芋艿面糊，再把糯米煮成饭后也捣成糯米面糊，再把两种面糊放在捣臼里反复舂匀，然后做成砖块，晾干后用这种砖造长城，比石头造的还坚固许多。

那么，人们怎么会想到用这种砖块呢？这又与一位姓张的农夫有关。

有一年，张氏农夫的十多亩田只种了芋艿和糯稻两种作物，这一年由于连绵的阴雨，其他的农作物都减了产，也有的全淹死了。可张农夫的芋艿和糯稻都获得了大丰收。张氏吃不了这许多，他发现煮熟的芋艿捣成糊，晾干后特别坚硬；同时发现糯米饭做的糯米糊块与芋艿有同样的性质。于是，他把这两种食物混合后捣成块，再做成砖，并用这种砖打了一道围墙。

第二年遇到大旱，地里庄稼颗粒无收，家家户户断了炊烟。唯独张家的烟囱一天三次在冒烟。人们感到奇怪，便跑去看个究竟。发现他家的围墙被挖了个洞，原来张氏在挖墙砖煮着吃。人们弄清缘由后，都来挖墙取砖，度过了饥荒。

消息传到咸阳城，秦始皇知道后觉得这办法不错，用这种砖造长城，假如军粮一时送不到，还可用以充饥。于是他便下了一道命令，要各省各府收缴芋艿和糯米，用来造万里长城。天下的芋艿和糯米被征收去造长城了，导致老百姓的日子更难熬了。

十一、农民讲的故事

在 1949 年以前，没一个下洋浦人入学读书，大家全是文盲，按理说与文化事业是联不上姻的。然而在下洋浦这片沃土上，却涌现出了一些想象力丰富、记忆力强、口才较好的农民故事员。他们既是口头文学的传承人，又是创作者。他们利用阴雨天或茶余饭后讲故事，把欢声笑语带到田间地头。听他们讲宝黛相爱的故事，许多人会跟着林妹妹一起抹眼泪；他们口中的寿头女婿幽默风趣、诙谐滑稽，让人捧腹；夜间仰望着星空听他们讲牛郎织女的故事，更是充满了浪漫情趣和无限的遐想。

本村有三位农民故事员，他们都不识字，是纯粹的农民。下面摘录了他们曾讲过的一些故事。

（一）陈张钿——田间地头送欢乐

陈张钿没做过生意，也不拷海搞副业，是纯粹的田舍翁。别看他朴实无华又不识字，他讲的故事却让人捧腹。田间地头只要有他在场，就不怕没有欢笑声。

自从走上互助合作的道路后，人们就在一起参加集体生产。尽管人多热闹，但长时间的体力劳动使人觉得单调乏味，易产生疲惫的感觉。不过若有陈张钿在场，人群中总会不时地发出阵阵欢笑声。让我们听听他曾讲过的几个故事。

1. 安乐王的传说

从前，有个叫王小毛的人很懒，整天不务正业，只知道吃吃喝喝。老婆拿他也没办法，只顾自己埋头做布。一次老婆做好布后叫王小毛拿到市场上去卖，王小毛拿去换回几个铜板。回来的路上碰到了几个朋友，他一高兴便装阔，叫几个酒肉朋友一起到酒馆里大吃大喝，把钱花得光光的。

晚上回到家，老婆向他要卖布的铜板。王小毛支支吾吾交不了账，便胡编瞎说道："我在回家的时候口渴，经过一个凉亭时，想进去喝杯凉亭茶。只见一个神仙正在亭子内讲天理，便坐下听了起来。当我正听得入迷时，有几个人向我要钱，他们说神仙是他们邀请来的，路费得由我出。我想，能听神仙讲天理也难得，于是把卖布换来的铜板全给了他们。"

老婆听后似信非信地问道："那么，你现在懂天理了？"

"当然了，要不懂不是白花这么多铜板啦。"王小毛说。老婆还是有点疑惑，不过她是个爱面子的人，不想与丈夫争争吵吵的，就没再吭声。

过了一个多月，老天一直不下雨，农作物枯死，江湖干涸，百姓叫苦连天。老婆心想，小毛不是说懂天理吗，是真是假还不知道呢，考考他吧，于是对小毛说："你不是懂天理吗？那么还要多长时间才能下雨？"

王小毛说："三天内必有大雨降临。"小毛老婆自然不会当真，认为是丈夫在瞎吹。然而出乎她的意料，果然不出三天，瓢泼大雨从天而降，几个时辰过后，江河开始泛滥。

这是怎么回事？原来王小毛家有杆秤，是件传家宝，只要秤砣一出汗，三天内必有雨。老婆问他时，他正在看那杆秤，见秤砣有"汗水"，知道最近有大雨。

小毛老婆很高兴，便把这事传了出去。小毛老婆是个忠厚之人，从不会说谎话，人缘也很好，因而村民们便信以为真。这消息越传越远，王小毛成了神人，很多人都非常崇拜他。

可王小毛的丈人知道女婿是个什么货色，才不相信呢，不但不敬他还常骂他是懒汉。王小毛也最怕丈人揭自己的老底，总想着找个什么机会报复一下。

这年丈人的六十大寿到了，王小毛歪脑筋一转，觉得机会来了。他在丈人生日的前夜，把丈人的一头牛悄悄地牵走，来到东南方向的山沟里，把牛拴在一棵槐树上后，只顾自己回家睡觉去了。

第二天早晨，丈人像往常一样去牛棚给牛喂草，一看不见了大水牛，吓了一大跳，赶紧发动人去找，却怎么也找不到。他慌了，急得茶饭不思。

有邻居对他说："你女婿不是懂天理吗？把他叫来问问牛在什么地方吧。"

小毛丈人说："什么天理地理，他除了会吹牛还会什么呀，他可以骗别人，却骗不了我，你也别上他的当。"

邻居说："我们不可全信，但也不能全不信，把他叫来问问，如果找到了最好，找不到也没什么损失的，试试看吧。"

丈人心里急，见邻居说得也对，便有病乱投医，把王小毛找了来，把丢牛的事告诉了他,问他有什么办法。

王小毛听后便闭着双眼装模作样地念念有词了一番,接着说:“牛可以找到,但要依我三个条件。”

丈人听说能找到牛就高兴,便答应女婿说:“你说说看,是哪三个条件?”

小毛说:“一是要搭一个高台,高台两侧放两尊菩萨,我坐在中间,我的前面点上两支香,台子前方左右两侧各点上一支大红蜡烛。二是参加仪式的人不得少于三十人,而且要有我的长辈、平辈和晚辈。三是当我坐好后口念咒语时,在场的人必须一齐跪下磕三下头。”

丈人觉得只要能找到牛就行,便答应了这三个条件,吩咐众人赶快搭台。一切按王小毛要求把高台搭好后,王小毛坐在台中间,装神弄鬼地念起了所谓的咒语,等众人叩拜三下后说:“牛已找到了,在东南方向的山沟里,牛绳拴在一棵大槐树上,它要逃跑,赶快派人去牵回来吧。”

丈人找了几个动作利索的人去牵牛。众人一到那条沟就找到了大槐树,真的发现一头大水牛,与王小毛说的一样,牛绳都快磨断了,再慢一步牛真的会跑掉。

这回连老丈人也口服心服了。

王小毛出名了,他懂天理的事传了开来,而且一传十、十传百,最后一直传到京城。

这天,皇宫里出了一件大事:皇印不见了!这会引起天下动荡的哟,皇上十分着急,与宰相商议如何是好。宰相早听说有个叫王小毛的人懂天理,便建议把他找来。

皇帝下圣旨召王小毛进京,并差两个大太监去请。两太监的名字有点怪怪的,一个名叫今天,另一个叫明天。两位太监去宣他。王小毛听了圣旨吓得两腿发抖,但不得不跟着两差官进京。当快到京城时,他心里很恐慌,心想:这下完了,最多还能活一两天,今天不死明天死,明天不死今天死,逃不了了。

离京城越来越近,他六神无主,便不断唉声叹气,嘴里念叨着一句话:“今天不死明天死，明天不死今天死，逃不了啦，逃不了啦！”两太监一听，心想这位王小毛真厉害，我俩偷皇印的事被他看出来了！于是两人叭的一下跪在王小毛面前说：“王先生救命，王先生救命！”

王小毛感到莫名其妙，便问：“两位公公何出此言？”

两人答道：“先生已猜到偷皇印的人是今天和明天，今天、明天就是我们两人，因而求先生救命。”

王小毛做梦都没想到偷印贼会自己送上门，心想这不是我救你们的命，而是你俩救了我的命。但他故作镇定地说：“我知道偷皇印的人叫今天和明天，只是并不认识。不过我看出你俩行为不端，也有点怀疑。但你俩既已承认，我不会向朝廷揭发，只要你俩把事情经过说清楚，我还会设法救你们。”于是两个人把偷皇印的经过讲了一遍。

原来今天和明天两位太监并没真心去偷皇印，一天傍晚，他俩经过皇上卧室，见房桌上射出一道刺眼的金光，以为是一锭金子，到半夜时分悄悄地给偷了出来。可拿回来后一看并不是金子，却是一枚皇印。其实皇印对他俩没用，卖也不敢去卖，但是还回去也有难处，半夜里出入皇帝卧室不方便，只好先在枕头底下藏了起来，想等天亮后早点送去。可是这天夜里娘娘闹肚子，点灯后发现房桌上的皇印不见了，引起了皇上的不安，于是就差两人来召王小毛。今明二人怕在寻找中在自己房内搜查到，出发前先把皇印埋在御花园假山东侧的一棵垂柳树脚下。

王小毛弄清了事情的来龙去脉后说：“你俩放心，我保你二人性命无恙。”今天、明天两人一听便在王小毛面前跪下，磕头如捣蒜，连连表示感谢。

王小毛随太监到了皇宫，皇帝派宰相接见了他，问他能否找到皇印。

王小毛说：“皇印可以找到，但要依我三个条件。”宰相叫他明说，小毛说：“一是要搭一个三丈三尺高的台子，中间放一张莲花状座椅，到时我要坐在上面；二是当我念咒语找皇印时，文武百官要跪拜叩头三鞠躬；三是我只能找到皇印，却不能说出偷皇印的人，若一旦说出偷印贼，这皇印说不定什么时候又会莫名其妙地丢失，到那时我就无能为力了。”

宰相把王小毛的要求上奏皇帝，皇帝想只要能找到皇印就好，吩咐下面照办落实。王小毛坐在莲花座上便装神弄鬼一番，后双手合掌念起了“咒语”，等文武大臣叩拜完后说：“金印找到了，就埋在御花园假山东侧一棵垂柳树脚下。”于是皇帝差人去查看，果然找到了皇印。皇帝一高兴便封王小毛为安乐王。

王小毛从此吃喝不愁，天天大鱼大肉，整天喝得醉眼蒙胧。但好景不长，一天皇后的一只金丝猫死了，就叫小太监明天给埋掉完事。

可埋完后，皇后又想，王小毛不是懂天理吗，我何不借此去考考他，到底他的能力怎样。于是对他说：“王小毛，我的一只金丝猫找不到了，你给找找看。”为了给他一点压力，又加上一句：“找到了我赏你银子三百两，找不到我要你的小命。”

这下王小毛吓傻了，在这之前他对皇后的印象很不错：丹凤眼、美人尖、樱桃朱唇、卧蚕勾魂。再看她那张瓜子形的脸蛋蛋，肤色细嫩白净，一点瑕疵都没有。他曾感叹：好一朵白牡丹，好一朵白牡丹呀！然而他没想到，这白牡丹今天讲话这么凶，我到哪里去找金丝猫呀。他想，我今天应了“害爹害娘白牡丹”这句话了，非死在白牡丹手里不可。这么一想，也许苦胆已被吓破了，就喊了声：“白牡丹，白牡丹！”喊完这句话后，他两眼一闭倒地不起。

大太监今天报告皇后：“娘娘千岁，不好了，王小毛突然暴急病死了！”皇后问：“王小毛死时留下了些什么话没有？”“回娘娘，王小毛连喊两句‘白牡丹，白牡丹’，然后便倒地死了。”皇后娘娘说：“王小毛果然厉害，真是人才了得，死得太可惜了，太可惜了！”大太监今天疑惑地问道：“娘娘的话奴才不明白。”皇后道：“你是不知道，那只金丝猫死后，我叫你的师弟明天埋到一枝白牡丹旁边，这不，还是被他找到了！”

2. 王小姐对课招婿

话说王员外的女儿王小姐，芳龄一十六岁，长得如花似玉，做媒的人踏断门槛。王员外倒看中了几户，有官宦之子、富家弟子，还有喜欢咬文嚼字的秀才。可王小姐都不满意，她坚持要对课招亲。

王员外又气又急，又奈何不了宝贝女儿，只好同意。应招者有一个秀才和一个富家弟子，让王员外感到没面子的是，在给自家做农活的穷长工刘三竟然也来凑热闹，也要参加对课，真是癞蛤蟆想吃天鹅肉——异想天开。本想赶走刘三，但为了避众人耳目，不能硬性撵他，再说一个穷打工者能有什么才能呀？就懒得动粗，叫女儿出课题，并当场宣布：谁对课符合小姐意愿，就招谁为女婿。

王小姐早已准备好了对课用的课头：作一首诗，并分别用上四个词，即一点红、像弯弓、悬空荡、暗洞洞。

秀才自觉有才，很快应对成章道：

日出东方一点红，初一月亮像弯弓。
正午日头悬空荡，半夜五更暗洞洞。

秀才对课完毕，员外心中欢喜，轻轻地点了点头。此时却愁坏了富家弟子，他虽有钱，却并没喝过多少墨水呢，这时才后悔当初不该贪玩。他一转脸却见窗外一棵桃树在风中摇曳，便灵机一动，找到了答案，顺口编出诗一首：

窗前桃花一点红，片片桃叶像弯弓。
桃花结果悬空荡，桃树底下暗洞洞。

员外听后微微一笑，心中也很高兴。这回轮到长工了，人们都为他担心，好的题材没了，他还能对出什么来吗？只见长工刘三不慌不忙地上前，从容不迫地吟道：

樱桃小口一点红，小姐蛾眉像弯弓。
两耳玉珠悬空荡，裤裆里厢暗洞洞。

围观的人们哄堂大笑，场上一片哗然，有的发出了尖叫声，这可气坏了王员外，什么“裤裆里厢暗洞洞”呀，这下三流的货式也能入诗？分明是对小姐的侮辱！便吩咐手下，要把长工抓起来痛打一顿。正当长工要受苦刑时，王小姐传话来说：“请爹爹放了刘三吧，我选中的正是他。”

这更气坏了王员外，感觉自己在众人面前脸面扫地。他责问女儿，为什么一不选才子，二不要财子，却偏偏看中一个叫花子？

王小姐回答道：“秀才赞太阳，财主颂桃子，唯有长工真，爱我一个人！”

员外怎么说也不同意，这时员外夫人也出面帮女儿说话。王员外在外面很风光，可回到家里也只是个“委员”罢了，他既惧内又拿宝贝女儿没办法，只好很不情愿地依了女儿这桩门不当、户不对的婚姻。

只是员外不知道，原来王小姐早已看中了身强力壮、勤劳能干又十分阳刚的长工刘三。员外夫人经不住女儿的软磨死缠，暗中早已被女儿招安了，答应做宝贝女儿的内应。至于对课的课题内容都是小姐与刘三事先商量好了的，对课只是个形式而已。

3. 家丑不好外扬

说不清是哪个宋朝皇帝手里的事，有这么个秀才，常年在外当教书先生，年关到了，才动身回乡。因误了航船，回到家门时天边已露出鱼肚白。他正想敲门，却听到里面有人在说话，仔细一听还有个男人的声音。他气坏了，想一脚踢门进去，转念一想：君子动口不动手，吵吵闹闹也不成体统，还是待他日写封休书吧。他正想着离开，又想，我得告诉这个小贱人，她做的好事我已知道，省得她以后耍赖。于是题诗一首于门上：

归鸟入林心先惊，满怀喜悦梦不成。

闺房本该人一个，如何传来两个声。

写完诗秀才转身而去。他的脚步声惊动了妻子，她出门一看不见丈夫踪影，却发现门上的诗。她知道自己的行为已被丈夫察觉，想想有点懊悔，自知对不起丈夫，希望丈夫能谅解。于是在门上也题诗一首：

读书之人心胸宽，休把羊毫当钢刀。
妾身命贱不足惜，白发高堂谁照料。
船撞桥墩悔亦迟，但愿忘了这一遭。
百年人生重起步，来日方长把恩报。

秀才方才来家时，因心中气愤，写好诗后便匆匆离去，却忘了拿放在一旁的包袱，走到半路才发觉，于是返回来寻找。到门前一看，门右侧又有首诗，于是读了起来。

读书人爱咬文嚼字，他觉得妻子的诗写得倒还不错，语言很诚恳，想想妻子对公婆如对自己的父母，照料细致入微，也亏了她。而两老人已迈入风烛残年，再也经不起弱小的风波，于是便有了息事宁人之意。

这时天已大亮，他发现村口有人影在晃动，怕被他人见了会引发满城风雨，这家丑一旦外扬就不好收场，便用衣袖去擦门上的字。正在这时妻子在门内喊："秀才，别弄脏衣袖。"说着吱的一声打开门说，"秀才你累了吧，请到屋里先歇一歇，一会我给你去泡茶。"说完她拿着抹布擦去了门上的字迹。

（二）胡香炎——茶余饭后话三国

一般人以为能把三国故事讲得绘声绘色的人，一定是个文化人。可胡香炎斗大的字挑不了一担，只认识东、西、南、北、中几个单字，那还是麻将牌告诉他的。只是可惜，胡香炎要是能晚三十年出生，就会有机会上学，这样下洋浦准能出个文学家。

人们爱听胡香炎讲关于《三国演义》的故事，但他讲的三国故事，《三国演义》中却找不到，《三国志》中也没记载。如，貂蝉是怎么死的？吕布真的打不过张飞？这些细节两本书上都没有交代清楚。也许这两本书的作者认为，这类具体事情都交代得很清楚的话，书本会显得太厚太重，不便携带，因此省略了，但胡先生却给“补上”了。

其实故事情节是假是真，是否与书本对得上号，这并不重要，重要的是它能不能给人们带来欢笑声。

1. 关公收周仓

话说关西大汉关公关云长，想找个人专门为他扛大刀，可这个人一时还真不大好找。

一天，他路过一个小山岗，发现路边有一堆牛粪，他差点一脚踩了上去。他低头仔细一看，却发现这不是牛粪，极像是人的粪便，心想这大便怎么又粗又大的？要真是人的大便，这附近必有一个彪形大汉，待我打听一下此人在哪，于是向山坳里一户人家走去。

到了那户人家门前，见有位两鬓染霜的婆婆，坐在院内水井旁洗衣服，便下了马双手向前作揖道：“老妈万福，我这厢有礼了！”

那婆婆一抬头见是位相貌堂堂的将军，赶快起身道：“将军你折煞老婆子了，不知将军到柴门有何公事？”

关羽道：“向老妈打听一事，此地附近可有一彪形大汉？”

老妈回答道：“若论个头，这方圆二三十里内再没有人能与我那野牛相比，将军问的可是他？”

关羽心想，那壮汉必是她的儿子无疑，于是说：“正是正是，不知他现在在做什么行当？”

“没什么正式行当，也就是抓几只山鸡、野兔之类的山货，再到集市上换几个铜板混混日子，哪有什么正当行业呢。”

关羽说："我想带你儿子到刘皇叔那里干点正事，不知老妈意下如何?"

老妈问："想必将军也在刘皇叔那边效力?"

关羽道："我乃刘皇叔的二弟，姓关名云长。"

那老妈一听，叭的一声跪在地上说："早闻关将军大名，没想到今天会亲眼相见，将军降临柴门，实乃三生有幸!"说完又要磕头。

关羽忙说："使不得、使不得，老妈请起。"说着一把把老妈搀扶起来。

老妈起身后说道："等一会野牛回来后，将军把他带走，他能跟在将军身边，我这颗心也好放下了。"

正说话间，只听房后的山岭传来噔噔的脚步声。老妈对关羽说："野牛回来了，将军不要起身，我会告诉他，说你是我的兄弟。否则他一见生人会撒野的。"

老妈说的野牛名叫周仓，长得熊腰虎背，浑身是劲，只是有勇无谋，而且牛脾气一来，用八根绳子也拉不回来的，因而村里的人都叫他野牛。

再说周仓从山上下来，还没进院子呢，便大声嚷嚷道："娘，娘，有生人臭，哪里来的野人?"

周仓的娘说："野牛不得无礼，你舅舅来了，还不快快上前拜见!"

周仓先是一愣，看了看关羽，又看了看娘的脸色，只好抱拳上前一拜。拜完后说："舅舅来了，没菜下酒，我去抓只山猫来吧。"说着便向后山跑去，不到一支香的功夫，只见周仓一只手抓了只老虎回来了。关羽一看又喜又惊道："外甥，你好大力气呀!"

吃完饭，关羽给"姐姐"留下一些银子后带周仓上路。周仓娘叮咛道："野牛，你要听舅舅的话，不要动不动就发牛脾气。"周仓勉强地点了一下头。

路上，关羽对周仓说："从现在开始，你给我扛大刀吧。"

扛什么大刀？周仓一听就想发脾气，但想起娘刚才的话，他把气压了下去。周仓接过大刀后关羽说："从现在起你不用再叫我舅舅，就叫我关将军，我也只管叫你的名字，以后我俩都是刘皇叔队伍中的人。"周仓心里想："你要我叫你舅舅，我还不想叫呢!”

原来周仓虽然笨拙,但对关羽是不是自己的舅舅心里一直在打肚里官司,因为以前他从没听娘说起过自己还有个什么舅舅,这回突然冒出个当将军的舅舅,他有点疑惑。

山路弯弯曲曲,他二人沿着山间的羊肠小道前进,月亮已升起一丈多高。关羽与周仓一前一后背着月亮走着。周仓怀疑关羽不是自己的舅舅,他想,我这么有本领,凭什么给他扛大刀?我不如趁他不注意把他杀了,出出这口鸟气,再回到娘身边去。主意一定,他举起大刀对准关羽的头就要砍,却又突然停住了,心里想,万一他真的是我舅舅可怎么办?所以又把刀缩了回来。可走着走着,他心里还是怀疑,又想,他若是我舅舅,一定会给我一个好的差事干干,就不会这么看不起我,让我给他扛大刀,现在居然叫我干这无聊的事,一定是假的,我非杀他不可。于是第二次举起大刀,向关羽脑袋砍了下去。

正当他要砍下来之际,关羽大声喝道:“你想干什么,要杀我吗?”

周仓觉得奇怪,问道:“你在前面,我在后面,你怎么知道我要杀你?”

关羽说:“我脑袋后面长了只背后眼,你的一举一动我看得清清楚楚,你第一次举刀时我想问你,你后来停住了,这些我都看得清清楚楚。”

周仓一听傻了,心想原来他与我不一样,不但前面长着眼睛,脑袋后面也长着眼睛呀,因而再也不敢从后面杀关羽了。

其实,关羽哪里真的会长什么背后眼呀,只因两人一前一后走着,月亮在后面,周仓的一举一动,关羽从影子里可以看得很清楚的。

关羽知道周仓不服,他要想办法制服周仓,但用蛮力不行,这太费劲,再说周仓抓老虎像抓一只家猫似的,自己还没抓过老虎呢,必须智取才行。

第二天早晨,关羽对周仓说:“我们俩比比力气,看谁的力气大。你若赢了,我给你背枪;我若赢了,你给我扛刀,公平交易,你看怎样?”

周仓连说“好好”,满心欢喜地问道:“那比什么?”

关羽见地上有个蚂蚁在爬，便说："你力气很大，能不能一拳打死它呀？"

周仓哈哈大笑道："你真小看人，我一拳能打死一只山猫，难道连一只蚂蚁还打不死？"说着紧握拳头对准蚂蚁一拳打了下去，连蚂蚁和自己的拳头一起扎进湿润的泥土中。等周仓拔出拳头，关羽把蚂蚁找出来，这蚂蚁正好夹在周仓的两根手指缝里呢，并没受重伤，一会儿，那蚂蚁伸伸腿又爬了起来。

关羽说："周仓呀，你的力气很大，但不会轻功，可我会轻功，要打死蚂蚁，用轻功轻轻一点就行了。"说着他用食指轻轻一抹，那蚂蚁果然粉身碎骨了。

周仓看得目瞪口呆，但嘴里还咕咕噜噜地说着什么。

关羽知道周仓还不服，就说："周仓呀，这回我与你不比轻功，只比谁的力气大，行不行？"

周仓一听高兴极了，心想这回赢定了。他俩来到一条河边，关羽拿了根稻草说："你能把这根稻草一下子扔到河对面去吗？"

周仓说："将军说哪的话，我一只山猫都能从山沟的这边扔到那边，扔一根稻草真是小菜一碟。"说着，他拿起一根稻草就往河对岸扔过去，可那根稻草只向前飞了三五尺就落下来掉入河里。关羽说："周仓呀周仓，你怎么连一根稻草也扔不过去呀，别说只有一根，就是整把的稻草我也能扔过去呢，不信你看我的。"说着关羽抓起整把的稻草，向河对面扔去，稻草呼的一下便到了河对面。

周仓再无话可说，他心服口服，觉得在关将军面前，自己确实只能为他扛扛大刀。从此以后，周仓便扛着青龙偃月刀，整天守在关云长的身边。

2. 张飞战吕布

那天，刘、关、张三人联手大战吕布，打了三百回合，结果只是打了个平手。这件事发生后，民间传出一个顺口溜："三国英雄数马超，实力战战还是吕布好。"

张飞听了很生气，心想这是什么话？竟然把我兄弟三人都抛得老远老远的。哼，有谁能像二哥那样，一个人过五关斩六将骁勇无比？又有谁像老夫我这样，在当阳桥一人吓退曹操百万精兵？不行，我得教训教训吕布这个小儿，出出这口鸟气才行。

可他静下来也想到，吕布确实也是一员骁勇善战的虎将，那天我兄弟三人与他对阵，他不慌不忙沉着应战，步法灵活应对自如，一支方天戟左拦右挡，上刺下挑，竟然找不出一点破绽，确实了得。我与他单挑的话并无必胜把握，我不可与他硬碰硬，得想办法与他智斗方能取胜。

那怎么个智取法呢？张飞想来想去找不到好办法，于是想去问问那个只晓得摇鹅毛扇的老道。可他对诸葛孔明向来有所不尊，觉得对方只知道摇摇鹅毛扇，连只母鸡怕也杀不了呢，只因大哥把他捧作神灵，自己也只好应付应付。他想即使这老道能给我出个什么计谋，传出去后旁人也会笑我无能，就是赢了也会说全靠老道帮忙。他想呀想，终于想到了一个计策。

张飞骑马来到吕布城前，告诉门前卫兵，要吕布出来有话说。

吕布觉得奇怪，我与张飞没多少交往，今天来干什么呀，于是出来问："张翼德，你有何公干？"

"公事没有，但有件私事，你敢不敢与我比武？"

吕布问："是你兄弟三个还是你一人？"

"当然是我一个人单挑！"

吕布一听心想，这个凸眼弹乌（弹跳鱼的眼）大概是活够了吧，那次三个人也没能占到便宜，今天敢一个人来，真是螳臂当车——自不量力。于是说："翼德，你一大早起来喝了多少浊酒，胆子真不小。"

"我喝不喝酒怎么啦，你道我怕你呀？"

"你怕不怕嘴巴说说没用，事实摆着嘛，你兄弟三人都没占到我的便宜！"

"那不是你能干，是你的赤兔马厉害，当时我二哥的青龙偃月刀向你脑袋猛劈下来之际，谁知那赤兔马急忙向左一拐，大刀才没劈中；我借势迎上，用丈八蛇矛直刺马的耳朵，眼看刺中时，只见那马向上窜了过去，我才没法刺中；我大哥趁马没站稳，便挥双剑去砍马的尾巴，哪知这马一个急转弯，避开了双剑。要不是那只赤兔马，你三个吕布也早见阎罗王去了，你以为是你真有本事呀。”

各位，我在这里先得插一句题外话，刘、关、张三人施展的劈脑袋、刺耳朵、砍尾巴这三招虽没能伤着吕布，但这三招实在厉害，也就是碰上了吕布，要换个别人怎么也抵挡不住。据说这三招后被历代武林英雄好汉传了下来，一直到了隋唐的时候，被程咬金发挥得炉火纯青，由于他用的是斧子，就改成“劈脑袋、剜耳朵、斩尾巴”三招。一般人抵不住这三斧头便哭着喊着见阎王爷去了。于是程咬金的三斧头与罗成的回马枪、秦琼的撒手锏被称为武林三大绝招。这是后话，下面言归正传。

吕布说：“那好，今天我俩单挑就单挑到底，都不用马，这你总无话可说了吧！”

哪知吕布这句话正中了张飞的下怀，他要的就是这句话，于是高兴地说：“好，好！就依你不骑马，但你也要依我一件事：比武的地点不能在你的城前，得由我选定。”

“为什么不能在这里？”

“我怕你输了后，会叫你的手下放冷箭。”

吕布哈哈笑道：“真是一派胡言，与你一个人单挑比武，我还用得着放暗箭吗？不过为了使你放心，我把话说清楚，私下比武谁都不能伤及谁的生命，分出高低即可，这你该放心了吧。”

张飞心想，都说吕布是见利忘义的小人，其实也不全是这样呢，于是说：“我同意只分高低不危及生命。只是地点还得由我定，就在后山脚下那块斜坡地上，你看可好？”

吕布说：“你还是怕我放暗箭呀，那就依了你。”

张飞一听又兴奋地说：“好，好！你先等着，我回去喝盅酒一会就来。”

张飞把地点选在斜坡地是有他的打算的，为什么呢，且听我慢慢道来。

一会张飞来了，他回去并没喝什么酒，只见他腰挂一只刀鞘瓶（小竹篓），双脚穿一双草鞋，手持丈八蛇矛来到斜坡地，见吕布到来，仍穿着皂靴，知道自己胜券在握了，便拱手说：“温侯果然守信，请展开你的画戟。”

吕布道：“恭敬不如从命，看戟！”说着便举戟向张飞耳旁刺了过来。张飞持矛相迎，蛇矛与画戟一撞，随着乒乓一声响，闪出一道火花。几个回合后张飞右手收回丈八蛇矛，左手伸进刀鞘瓶抓起一把东西往吕布眼前上方一扬说：“中招！”

吕布不知张飞在搞什么名堂，只听地上传来“噼里啪啦”的声音，还没低头看呢，忽然一脚踩着黄豆上，脚下一滑，全身失去平衡，一屁股坐到了地上。张飞高兴地大笑道：“我赢了，我赢了！”

其实张飞手里撒出的东西不是什么神器，只不过是一把普通的黄豆，吕布穿的皂靴一踩上去就发滑站不住而摔了跤，而张飞穿着草鞋就不怕滑，张飞赢了第一个回合。吕布起来后说：“这算什么比武呀，这是在搞阴招，打不过就打不过，搞阴谋诡计算什么英雄。”

张飞说：“兵不厌诈嘛，有什么不可以？”

吕布说：“一计不可两用，靠硬本领才可百战百胜。”

张飞说：“我一计可用多次你信不信？”

吕布说：“你还想用那几颗黄豆来糊弄我吗？”

张飞说：“不信我们试试？”

吕布心想，你若故伎重演再撒豆子，我脚站着不动还能滑倒吗？因而说：“好吧，你再把豆扬过来吧，我等着。”

张飞说：“别忙，我先要帮你出点汗。”说着举起长矛便向吕布刺去，吕布持戟相迎。

双方打了十几个来回后，张飞转了个弯，到吕布见不到张飞刀鞘瓶的角度，偷偷抓了把黄豆在手，再向吕布靠近，然后又举矛假装去进攻吕布，当吕布持戟转身时，张飞把豆子轻轻向他脚下一抛，吕布并没提防，一脚又踩到黄豆，结果又摔了一跤。

张飞哈哈大笑：“这回还怎么说？”

吕布说：“你又要赖，这次你还没喊‘中招’两字呢，就把豆子偷偷撒下了，我怎么提防？"

张飞说："那好吧，我下次在撒豆前先告诉你。"吕布就与张飞打第三个回合。长矛与画戟相交几下后，张飞伸手向刀鞘瓶里摸了一下，接着把手向吕布面前一扬说："中招！"吕布这回站稳双脚不移动，可是这次并没有豆子落下。张飞又把手向吕布的脚跟一挥说："中招！"可吕布还是没听到豆子落地的声音，心想，张飞喊了两次"中招"，怎没听到黄豆落地的声音呀？便低头找豆子，又没见到。便说："你这个凸眼弹乌又在搞什么名堂呀，为什么光喊'中招'，却不撒黄豆！"张飞说："黄豆不是在那边吗？"吕布顺势转过头去看黄豆。其实张飞这次根本没撒什么黄豆，他趁吕布找黄豆分心之际，长矛当斧用，手疾眼快啪的一下把吕布手中的画戟打了下来。

"哈哈哈！这回你还能说什么？"张飞兴奋地说。

吕布这才明白又中了张飞的声东击西之计，他懊恼地骂道："你这个凸眼弹乌，别高兴得太早，待我骑了赤兔马再来收拾你。"

各位，吕布这一去，真的会骑上赤兔马再与张飞比武吗？要知详细情况，且听下回分解。

3. 关公斩貂蝉

提起貂蝉，谁都知道她是三国时期的一位美女，但许多人却不知道她是被谁杀死的，今天各位听我慢慢讲来。

话说王允施用美人计除掉了董卓，曹操杀死了吕布后，如何处置貂蝉成了个难题。曹操考虑，此人不能留，否则非出事不可，因为她长得实在太美了，若留在曹营内，必然会引起将军间的你争我夺。

曹操把貂蝉召来说："貂蝉，你知道我今天叫你干什么？"

"小女子不明白。"貂蝉回答道。

"我要杀死你！"

"不知小女子犯了何罪？"

"你不守妇道，身子不干净。"

“这不是小女子的过，是你们男人的过。”

“好大胆，你倒说清楚怎么是男人的过，要说不清楚，我马上就砍了你的头！”

“只因你们这些男人没用，一个个只会耀武扬威、装模作样，其实没什么真本事。你们打不过人家，就要借助女人的身子，小女子不得已做了你们想要我做的事。现在董卓除掉了，吕布也被你杀了，你们的目的达到了，反过来说小女子不干净，还要杀了我，这种推完磨杀驴吃的勾当，丞相不觉得内心有愧吗？”

曹操一听，觉得这貂蝉不仅脸蛋长得漂亮，这嘴巴也挺厉害，说的话似尖刀刺心却又句句在理，女子无才便是德，这样有貌又有才的女子更不能留下！但我不能亲自杀死她，我若亲自把这么美的女子杀了，后人都会骂我曹孟德心狠手辣。他沉思了一会后找到了处置的办法，便对貂蝉说：“算你说得有三分道理，我就不杀你，但我也不能留下你。”

貂蝉问道：“丞相将怎样安置小女子？”

“我想把你送给刘玄德，让他好好照应你。”

貂蝉心想，刘皇叔是个正人君子，我又为他刘氏朝廷除了一大害，他不感谢我也就罢了，至少不会杀我吧，因而挂在半空的心也就放了下来，于是说：“感谢丞相不杀之恩。”

其实曹操把貂蝉送给刘备是有阴谋的，他认为只要刘备不杀貂蝉，必会引起一场风波，也许刘、关、张兄弟之间会为这个女人来个明争暗斗，刘玄德若以大哥身份独占貂蝉，则至少也会让关、张两人寒心，不再死心塌地地跟着他。再说了，玄德有了貂蝉后，自然会冷落孙尚香，让她独守空房，这样孙权还会与他携手来对付我曹孟德吗？这真是一个一石双鸟的好计。

刘备接到曹操送来的貂蝉后，即刻猜到了曹操的险恶用心。他知道这个女人是不能留的。

刘备把貂蝉招来问：“貂蝉，你知道我今天找你来干什么？”

貂蝉答道：“回刘皇叔话，小女子不明白，请皇叔明示。”貂蝉显得很镇定。

“我要杀死你。”刘备说。

貂蝉一听，有点不敢相信自己的耳朵，她想曹孟德要杀我，你刘玄德也要杀我，我貂蝉哪一点对不起你俩？她抬眼看了一下刘备后问道：“不知小女子犯了何罪？”

“你既不忠又不孝。”刘备说。

貂蝉听了别的理由也许还好点，一听是这两条罪状便特别生气，心想什么叫不忠不孝，不过是欲加之罪罢了，尤其是你老刘家，更没有杀我的半点理由。若曹孟德、孙仲谋要用这条罪来杀我倒也罢了，就是你刘玄德没有资格用这罪来杀我。看样子这回我是非死不可，既如此，我得好好骂他一骂才对，借此也出出这口恶气。

貂蝉怒气冲冲地说：“刘玄德，你给我听好了，我问你什么叫忠，什么叫孝？你难道不知道董卓是你们刘家王朝的乱臣贼子吗？当时我义父要杀国贼，只是为苦于没有机会而发愁，我为父解愁，为国除贼，因而付出了一个女人最该珍惜的贞操。我这么做为的是什么？我一不为银子，二不为淫欲，而是在为义父尽孝，更是在为你刘家王朝尽忠。你们当时都干什么去了？你刘、关、张三人合起来也打不过董卓的义子吕布一个人，对付董卓更是一点办法也没有，你们一个个都成了缩头乌龟，结果这副担子竟然落到了我一个弱女子的头上，当我在董卓、吕布之间来回周旋的时候，你刘玄德不但不反对，内心还赞扬着呢，巴不得我能早日成功！而今乱臣贼子除了，你便亲自提醒曹孟德杀了我的夫君吕布，这还不够，现在又要我这个手无缚鸡之力的女人的性命，你不但过河拆了桥，还要把桥板烧掉。你们说吕布忘恩负义，我看你比吕布更无情无义，他是明的，你是暗的，这叫伪君子！”

刘备一听，如鱼刺在喉，想阻止貂蝉讲话，可貂蝉并没打住，继续骂道：“刘玄德，我告诉你，你这种恩将仇报的行为一定会遭报应的，你伪君子的面目暴露无遗，以后再也没多少人会来投奔你的门下，你将成为孤家寡人不说，就是生个儿子也一定是傻傻乎乎的！”

一番话骂得刘备满脸通红竟答不出话来。他想，这女人太厉害了，绝不能让她活着，但我不能亲手杀死她，否则后人要骂我刘玄德不仁不义。这事还是交给二弟去办，让他用青龙偃月刀一刀结果了她的性命。

就这样，貂蝉又被转到了关羽手里。关羽问："貂蝉，你知道我找你干什么吗？"

貂蝉想，我已把刘备骂得狗血喷头，你关羽自然是来杀我的，但我还得装疯卖傻，来戏弄戏弄你，于是说："小女子愚笨，请关将军明示。"

关羽说："我今天要杀了你。"

"不知小女子我犯了哪条罪？"

关羽说："只因你长得太漂亮。"

关公的回答大大出乎貂蝉的意料之外，便说道："关将军说哪的话，天下哪有这样的道理，漂亮也要招来杀身之祸？"

"当然有。"

"可有王法依据？"

"王法虽没有，但你没听说'红颜祸水'吗？"

"听说过红颜祸水之说却又怎讲？"

"就是说漂亮的女人不能让她长寿，到时一定要死。天不诛地也灭，地不灭人要杀。"

"这算什么依据呀，是你自己定的王法吧？如果漂亮要犯杀头之罪，为什么凡是做女人的都想把自己打扮得漂漂亮亮的，你的夫人不是也打扮得像朵牡丹花吗？"

"可你不是牡丹花，你是一朵罂粟花。"

"罂粟花很艳丽，有什么不好？"

"它有毒，人一旦沾上便上了瘾没法戒除，多危险呀，所以必须铲除掉。"

"那不是罂粟花本身的错，是你们做男人的自己不会做人，把握不住自己才中了毒、上了瘾而不能自拔。其实罂粟花比牡丹花更有用，它不但长得艳丽，而且还有止痢止痛的作用。当年关将军刮骨疗伤时没吭一声，人们说你是英雄，但还是痛得出了一身大汗，要是当时有一朵罂粟花在你旁边的话，你的头上就不会冒出这么多汗珠子了。"

关公听到这里心想，这貂蝉真的是一支罂粟花，讲的话多诱人，我可不能上她的当，于是说："呔，你休想来引诱我。"

貂蝉心想，你说我引诱人，我索性再引诱几句，且看你怎么回应，于是说："关将军此话差也，什么叫引诱呀，男人爱女人，女人爱男人，这是上苍给地上的人定的本性，按本性行事有什么过错，关将军如果……"

关羽马上打断貂蝉的话："呔呔，住口！我没工夫听你的闲话，你也休想动我的心。"他举起青龙偃月刀就要砍下来。

貂蝉见关羽真要动手，知道时辰到了，便说："关将军别忙，且等奴家梳理一番鬓发再走。"

关羽心想，这骚女人真是死要面子，没好气地说："临死了还梳理打扮什么？"

貂蝉道："关将军有所不知，我这下打扮不是为小女子自己，而是在为关将军你而打扮。"

"为我！真是一派胡言，你以为你是我的什么人？"

"关将军你细细想想，我若蓬头垢面地去见阎王爷，到时候阎王爷问我，怎么这么邋邋遢遢地来见我，真不懂礼仪。我只好直言告诉说：'阎王爷息怒，小女子也是没有办法，是关云长不容我梳理整洁的。'这样阎王爷不要怪罪于你吗？"

关羽听了会怎么说？各位，那时候的人迷信，以为阴阳形同，真有阴曹地府呢。于是说："那好，我再留给你光阴片刻，你去梳理梳理吧。"

貂蝉梳理完毕转回，关羽一看惊呆了。先前他与貂蝉虽对话多时，只因一个坐在将军椅高高在上，一个在台下低着头跪着，又让长发遮住了脸蛋，故关羽并没正面看清貂蝉的面容。这回看清楚了，只见：云鬓微耸，发髻紧裹，秀发闪出迷人光；黛眉如画，粉脸似玉，双眸射出勾魂箭。这真是，柳腰细步尚未移，一股麝香扑鼻来。关羽心想，怪不得董卓和吕布被她缠得神魂颠倒，这个模样的女子谁不喜爱？恐怕连阎王爷见了也会心动呢。

关羽真想放她一条生路，但想到大哥的再三叮咛，他还是提刀去砍。在青龙偃月刀落下之际，他想最后看一眼貂蝉，而此时貂蝉也正在看他，这四目相对而视，碰出了两道火花，关羽见貂蝉的眼睛似乎在说话，粉脸写满了悲哀与无助，双眉显示着委屈与怨恨。

一瞬间关羽便产生了些许怜悯之心，这么个美女就这样叫她死了，她还年轻呢！他真有点不忍心杀她，尤其不能眼睁睁地看这绝色美女的头落在自己的青龙偃月刀下。于是想闭上眼睛再去杀死她，但又觉不妥，若刀落下去时貂蝉一避让，结果我一刀落空没死，就要落下个笑话，天下人会笑我连个手无寸铁的弱女子也杀不死，还算什么七尺男子汉！这可怎么办？

关羽想了个办法，他让部下找了块布把貂蝉的头包起来，这样再落下大刀时就看不到她的脸了。

当手下把貂蝉的头包好，他高举大刀准备砍下时，忽然不远处传来一个声音："二哥，刀下留人！"

哦！是三弟来了，不好，赶快动手，于是便一刀砍了下去。

各位，为什么关羽听见张飞来了就立即动手杀了貂蝉？只因刘备事先早有交代："此事不能让三弟翼德知道，他一知道，貂蝉便杀不成了，若留着这盆祸水，会害得我兄弟反目，切记，切记。"

所以关羽便当机立断，手起刀落，只听得咔嚓一声，貂蝉的人头便滚到了地上。

张飞赶到现场急急地问："二哥，貂蝉呢？"

"在地上躺着呢，谁叫你晚来了一步！"

张飞捧起貂蝉的头喊道："二哥呀二哥，这么美丽的女人你真舍得把她杀掉呀，可惜呀可惜！"

（三）孙张康——寿头[①]女婿挂嘴边

年轻时人们叫孙张康"小鬼阿康"，这并非贬词，是年轻机灵的意思。要不，在

① 寿头是土话，意思是傻瓜。

50年代初，道林区中队就不会叫他去当通信员了。他嘴里的寿头女婿，大多是在为农友抱不平，因而受到农民群众的喜爱。

1. 赏月

从前，有个员外生了三个女儿，长大后都已择婿嫁人。大女婿是个秀才，二女婿是个财主，只有三女婿是个农夫。

这年八月半，员外的三个女婿都来送月饼。晚上，三个女婿与丈人丈母一起在院子里边吃月饼边赏月。这丈人丈母两人一个比一个胖，胃口也特别好，肚子已吃得圆鼓鼓的了，还拿着月饼使劲地吃。

这本是个很欢乐的场面，可员外看不起做农夫的女婿，想为难为难他，于是出了个题，要三个女婿各作一首诗，诗的最后要有这样几个词汇：圆又圆，少一半，乱糟糟，静悄悄，并要按年龄大小顺序作诗，这更对做农民的小女婿不利，但他也没办法。

大女婿是个秀才，作诗自然是他的拿手戏，一看到圆月，诗便脱口而出：

十五月亮圆又圆，到了初一少一半。
天上星星乱糟糟，半夜五更静悄悄。

大女婿话音一落，众人都赞不绝口，说诗作得好。

接着二女婿迫不及待地也献上一首：

中秋月饼圆又圆，咬了一口少一半。
麻雀争饼乱糟糟，砰的一枪静悄悄。

二女婿讲完后也受到众人的赞叹，都说诗作得很好。

轮到三女婿了，他想能比喻圆的月亮和月饼都被老大和老二用上了，我怎么办呀？他想呀想，想不出好的题材。他转眼看看丈人，感到丈人太胖了，头是圆的，腰是圆的，脖子也是圆的。再转过来看看丈母娘也一样，脸是圆的，肚子是圆的，屁股更是圆的，于是便作诗一首：

岳父岳母圆又圆，死了一个少一半。

屋里哭得乱糟糟，两个死光静悄悄。

2. 只缺一样

有位员外家里条件不错，可是他三个女婿家情况都不太好。年关快到了，做女儿女婿的总得给丈人家送点年货，可是没有钱怎么办，三个女婿想，先到丈人那里去借点来。三个女婿正好同一天到了丈人家里。

丈人知道三个女婿来了肯定不会有什么好事，不是借钱就是借米的，便问大女婿："家里过年要吃要用的东西筹办得怎样了？"

大女婿如实相告说："过年吃的米还没有籴，肉也没斩，鱼也没有着落，本来养了一只公鸡，前几天被黄鼠狼拖走了，唉，今年连块鸡肉怕也吃不上。"丈人听不下去了说："你不用再说了，我晓得了。"

他转过脸去问二女婿年货办齐了没有。二女婿苦叹道："还办什么年货呀，儿子还光着脚，整天缠着娘要鞋子穿，阿囡不小了，已经要好看了，可还穿着她娘的旧衣服，鞋子露出了脚趾头，她不好意思出门，整天在家猫着。"二女婿说到这，丈人阻止说："你也别啰唆了，我晓得了。"他唉的一声叹了口气。

他转身问小女婿，只因小女婿头脑不太灵光，说话不会拐弯，大家叫他寿头（傻瓜）女婿。丈人问道："过年到了，你还缺点什么东西？"寿头女婿说："阿爹，我什么都准备好了，小孩的衣服一个月前就叫裁缝定做了，前两天裁缝带信说，衣服做好了，叫我去拿呢。过年的鱼和肉我自己不用去买的，隔壁的阿二不是在鱼肉行里当掌柜吗，他会给我顺便带来的，还有糯米呀、年糕呀，这些更不用愁，隔壁邻居是米店老板，他说什么时候去拿都可以，随迟随早由我自己。”

丈人听到这里高兴地对大女婿、二女婿说：“你们俩听听，我看老三比你俩会安排，哪像你俩，这也没有，那也没有，这么多事都没办，还要我代你们去买呀，唉，烦也烦死了。”他说到这便转脸问三女婿：“那么，你今年什么都不缺了？”

寿头女婿说：“阿爹，我什么都不缺了，不过还少一样。”

“还少哪一样？”

“还少银子三两！”

3. 祝寿

王员外有三个女儿都已出嫁，大女婿是个文状元，二女婿是个武状元，独有三女婿是个家境贫寒的务农木头。

这年员外六十大寿，三个女婿都来祝寿。大女婿坐着花轿来，二女婿骑着白马来，三女婿自然靠两只脚走着来。

王员外因嫌贫爱富，看不起三女婿，想让他出出丑，便要求三个女婿各作一首诗。只因王员外爱好骑马，他养了一匹枣红马，跑得很快，因此诗的内容必须是比喻丈人的马跑得特别快。三个女婿要按年龄大小为序作诗，而且每首诗都要体现出丈母娘的举动。

于是先由大女婿作诗一首：

丈人骑马到慈城，丈母用水沉银针。
骑来又骑去，丈母银针还没沉。

众人一听都鼓掌叫好，说这马跑得真够快的。

二女婿的文才虽不如大女婿，但毕竟也是见多识广的人，很快作诗一首：

丈人骑马到余姚，丈母用火点鹅毛。
骑来又骑去，丈母鹅毛还没焦。

众人一听也都说，这马真的跑得再快没有了。

该轮到三女婿了，他想，水呀火呀的能比喻的事物都被他俩先用上了，我还能找到什么题材呀？正在发愁呢，只因丈母娘有点内急，从厨房出来经堂前到内房去方便。当她走到众人面前时实在有点憋不住了，便放了个响屁。三女婿终于找到了题材，便作诗一首：

丈人骑马到上虞，丈母放了一个屁。
骑来又骑去，丈母屁眼还没闭。

第六篇　传统工艺

这一篇要讲的内容分为“非物质文化遗产”“即将消失的歇后语”“节气与习俗”等三个部分。以下分别加以叙述。

一、非物质文化遗产

(一) 怎样腌苋菜头

讲述人：岑惠珍，1945 年 10 月出生，初中文化。1968 年至 1974 年任下洋浦小学教师。下面是她记述的几篇文章：《怎样腌苋菜头》《怎样做豆瓣酱》《怎么制阴凉菜蕻》，这些均被收集在《甬上风物》一书中。

腌苋菜头是早先农村最常见的农家菜之一，20 世纪 50 年代前家家均要腌制。下洋浦村有“茄糊苋菜头，常年老过口(小菜)”的谚语。苋菜头闻起来很臭，吃起来却很香，汁多味浓能开胃，很受人们喜爱。

苋菜头看起来不起眼，腌制苋菜头却很有讲究，需要掌握好以下几个流程。

一是材料准备：按 30 斤苋菜秆，大号黄酒坛(可装 50 斤黄酒的老酒甏)一只，三五片鲜南瓜叶或几张干的毛笋叶，食盐4两，口味重的可适当增加用盐量。

二是苋菜杆整理，把成熟的苋菜秆削去根须，摘去分枝、叶子及顶头部分的嫩枝。把菜秆切割成一寸半左右的长段。

三是把切成的苋菜段放在清水中浸上一天一夜后捞起沥干水分。

四是按30斤苋菜、4两盐的比例，把盐与苋菜拌匀后装入酒甏，并用南瓜叶盖上酒坛的口，让其发酵。南瓜叶表面有细细的刺，可有效防止小虫进入。

五是放水，让拌好后的苋菜头在酒坛内发酵，一般5到7天可以放水。放水时可按30斤苋菜头再加3两盐配成盐水。加水须切实把握好时间，加早了苋菜不易软化，不能及时吃；加晚了，苋菜发酵过度，短时间吃不完，便很快要作空变成废物。

60年代前，一般家都会有两甏以上的苋菜头，其中一甏会及时放水，这是马上要吃的。另一甏先发酵两三天时间再放水，这是下半年吃的。

现在腌苋菜头已不是"老过口"，而只是为了换换口味，所以腌制的数量已大为减少，为了能经常性地换口味，腌制的方法也要灵活运用：一个酒坛内可以同时腌制早、中、晚三个阶段分开吃的苋菜头。方法是用加水的时间来控制。若准备半年后才吃的苋菜头，当鲜苋菜头与食盐拌和一两天后即可加水；想在中间阶段吃的，与盐拌和后三四天加水；打算马上吃的，待发酵七天后再加水，几天后即可以食用。现在酒坛等容器不多了，也可用其他容器代替。

苋菜头的吃法很简单，待腌成后，只要取出来用清水简单冲洗一下，浇上几滴食用油，在锅里一蒸就可以吃了。最好加入一些陈酒糟同蒸，味道更是香喷喷的。

苋菜头的卤汁也很有利用价值。把青菜叶、大白菜根、冬瓜切块后放在苋菜汁中浸上三五天，再取出来蒸着吃，既有苋菜头的美味，又有这些菜固有的味道，真是别有一番风味。

（二）怎么做豆瓣酱

用蚕豆做原料制成的酱，下洋浦的人们称为豆瓣酱，味道很鲜美。

这种酱就地取材，制作也不复杂，很受人们喜爱。是 20 世纪 30 年代至 50 年代这一带农户们常备的农家菜之一。六七十年代尚有不少农户在制作，现在已鲜有见到，只有个别老婆婆仍有晒制的习惯。豆瓣酱的制作要把握好以下几个操作流程。

一是把晒干的蚕豆用清水浸泡 4 至 6 个小时，待蚕豆吸足 7 至 8 成的水分后就捞起，这样蒸出的豆瓣松软，便于下一步发酵。注意浸泡时间一定要把握好，浸泡时间不足时，豆的表皮不好剥离；也不可过长，若时间过长，水变质有了异味，就会影响豆瓣酱的质量。

二是捞起的蚕豆把外层的皮剥去，再在干净水中淘一下沥干表层的水分。接着把豆瓣放在镬(锅)里隔水蒸，蒸熟后出锅晾透。

三是把晾干的豆瓣均匀地摊在竹匾、簟爿等既紧密又透气的家具上，让它自行发霉。一个星期左右，豆瓣通体表面会发出一层像松花粉似的东西。当发现“松花粉”不多时，还可延长一两天时间，让它继续发。这种物质越多，制成酱后的味道越鲜美。

四是把豆瓣连同“松花粉”收起来，放入底小口大的瓷缸里，加入适量的冷开水，水量以不高于豆瓣 2 厘米为宜，然后拿到太阳下曝晒，经日光照射后，豆瓣会渐渐变成暗红色。每天搅动几次，使上下层的豆瓣均能受到阳光的照射。若中途发现酱的水分不足时，可以再加点冷开水。晒 5 天后可以加入适量的咸盐，咸度可根据口味调整，尝一下即可。一般晒 10 天左右就可以食用。

说明：岑惠珍在六七岁时就帮母亲剥豆瓣、烧火、搅酱缸等，母亲的手艺是儿童时期从外婆那里学的，她母亲若在世该有一百零七岁了，这项工艺在她的家族至少已传承了一百年左右。

(三) 阴晾菜蕻的制作技艺

阴晾菜蕻是一种经济实惠的家常菜。当农时进入惊蛰后，油菜苗便开始抽蕻旺长，速度很快。这时农田的油菜蕻一般吃不完，于是割下来制成阴晾菜蕻干。它可以储藏好几个月，到了夏季蔬菜种植困难，市场供应单调时，正好弥补这个不足。因而直至今日，仍有不少农家在制作。制作阴晾菜蕻需把握好以下几点。

一是先把菜蕻剔除杂草后洗净晾干浮水，同时选一个较大的锅把水烧开。旧时农家用尺八镬至少尺六镬烧水烫菜。而今土灶基本不用了，可以找个大点的钢筋锅代之。水开后把整枝菜蕻投入沸水中略烫一下，待菜蕻变色时及时捞出，放在竹篮中沥干。

二是准备一些绳子拴在屋檐下等阴凉处。把一枝枝菜蕻挂到绳子上晾。也可以在空旷的室内铺上芦苇席，把菜蕻均匀地摊在芦席上晾，芦席透气没挂绳子上晾好，故要经常翻动。

三是当菜蕻中的水分基本晾干后，就收起来，并用剪子把菜蕻剪成一寸左右的段即可。

要注意几个细节：

一是有些油菜生长旺，枝条过粗，在下锅前要把枝条剖成两根再烫，便于在同一时段晾干。

二是菜蕻入锅烫时不可烫得很熟，只要五六成熟就行了。过熟会导致营养流失过多，且颜色过深，看上去不新鲜。

三是晾菜蕻开始阶段只能阴晾，不能让阳光直接照射。但菜蕻剪好后在收藏前，应先在阳光下晒几个小时，这样能保证菜蕻干不变质。

四是在打算制阴晾菜前最好听听天气预报，避开阴雨天，使菜蕻一次性晾干，否则会变质。

(四) 怎么腌雪里蕻菜

雪里蕻菜土话叫弯头菜，刚割来的新鲜雪里蕻菜人们不会马上炒着吃的，因为味太涩，所以要制成腌菜后才吃的。雪里蕻菜的收割分冬春两季，以冬季的菜制作咸菜较好，春季腌制的咸菜易变质，放不长。因此冬季腌雪里蕻菜的较多，60年代前村里的人们几乎家家户户都要腌制，少则几十斤，多则一两百斤。

那么腌雪里蕻菜该遵循哪些工序呢？

一是毛菜整理，把鲜菜的块根切掉，剔除黄叶、青草等杂质后在阳光下晒上一天，把潮气驱走。

二是把驱走水气的菜收起来整理齐，找个墙边，把菜一层层地堆码起来。要堆上三五天，使菜叶堆成金黄色。需根据温度高低决定堆放的时间长短，有六成以上的菜叶变成黄色即可。经堆黄后腌制的咸菜味道特别鲜美。注意堆放时不要叠住菜根，要让菜根朝外露出来，否则会使菜根烂掉，整棵菜都得散架扔掉。

三是把堆黄后的菜洗净，再次晒上一天，把表面浮水晾干即可，不必晒太干，否则腌制时不易出卤汁。而初次踩踏时不起卤汁的菜是不好吃的，为了踩出卤汁，不得不增添踩踏过程。若晾晒时浮水没晾干就拿来腌制也不行，虽然很容易踩出卤汁，但咸菜很容易变质，放不长。

四是入缸踩踏，按一百斤菜加三斤盐的比例腌制。先在缸底铺上一层菜，再撒上一层盐，人便赤脚入缸踩踏。当踩到菜梗菜叶都软化时，再次铺上一层菜，并撒上适量的盐，再次踩踏。这样一次次添菜、一次次加盐、一次次踩踏，直至把菜踩踏完毕。开始踩踏时不必要求每次都能踏出汁来，只要把鲜菜踏软化就可。当最后一层菜踏好后要继续踩踏，最好能见到卤汁，如果实在累了，不踏也可，就在菜上压上一两块石头，菜缸里慢慢地会浮出卤汁来。如果第二天还是没渗出卤汁，说明头天踩踏不到位，必须再次使劲踩，直至见到卤汁为止，不可偷懒，否则这缸咸菜的味道一定不好吃。

（五）怎样腌咸鸭蛋

咸鸭蛋是以新鲜鸭蛋为主要原料经过腌制而成的，故也称腌鸭蛋。它煮熟后携带方便，若拷散海或到地里干活时需在露天野外吃午饭，这是最方便的下饭小菜。咸鸭蛋的制作通常有以下几种方法。

一是黄泥腌制法：根据需腌制鸭蛋多少，准备一定量的黄泥（或黏土）和食盐。按每400克黄泥100克食盐的比例，再加入适量的水，接着搅拌成糊状待用。再把鸭蛋洗净，待晾干后逐个放入糊状黄泥浆里，可用手逐个均匀地粘上黄泥后，放入瓦器甏里盖上盖子，也可用食品袋作储存器。一般三个星期就可煮熟食用。

二是盐水腌制法：先将食盐溶于烧开的水中，便盐水浓度达到饱和状态（鸭蛋放入盐水时会浮起来），待盐水冷却后，倒入坛中。鸭蛋洗净晾干，随后逐个放进盐水中，坛口密封后置通风处存放。25天左右即可开坛煮熟食用。此法腌制的咸鸭蛋，蛋黄成深红色，出油多，味道特别好。

三是白酒浸制法：按每公斤鸭蛋50度左右白酒4两、食盐2两备料。腌制时先将洗净晾干的鸭蛋放在白酒中逐个浸蘸，接着滚上食盐。再放入容器内，密封后放置在干燥、阴凉、通风处。约30天即可取出煮熟后食用。

（六）手工包水饺的工序

包水饺有多道工序，分备馅、调和、和面、擀基子、包合、下锅煮等。

备馅，饺子的馅根据各人喜好而定，有全素、全荤、荤素混合，一般荤素混合据多。

若荤素混合馅，蔬菜选择以韭菜、韭芽、荠菜、芹菜、大白菜等较好。荤菜较常用猪肉、牛肉、羊肉等，也可用鱼肉、虾仁、鸡蛋等。

调和，把各式荤素菜切成玉米粒大小，再加入香油、咸盐等调和。调和馅子时有个要领，把切好的馅放入容器内后，用手按顺时针方向搅动，直到混合均匀，这样搅成的馅显得干净、没浮水。注意不要一会左一会右地变换搅动方向，这样会使饺子馅内的水分外泄，造成水分过多，导致包合时困难。

和面，面粉数量根据家庭人员多少，一般每人三两左右面粉即可。用冷水边加水边调和，接着揉成面团，面团宜适当偏软，揉得柔顺些便于包合。

擀基子，就是把揉好的面先切成杨梅果大小的小面团，再用擀面杖把小面团压成碗底口大小、厚薄均匀的圆饼形基子。基子的外边宜薄一些、中心略厚一点，这样包时不易漏底。为防基子与面板黏合，可在面板上撒些干面粉。但要注意防止基子两面都有干面粉，这会导致包合时捏不拢。

包合，即把拌好的馅放在基子上，馅的多少根据基子大小而定，放多了包不住，放少了吃时不够味。

煮饺子，待水烧开后把饺子投入锅内。入锅后用勺子搅动一下，以防饺子与锅底粘连。煮饺子下锅后沸腾时加一小碗冷水，待第二次水开时再加一次冷水，共需开三次锅，才能保证饺子内的馅熟透。如果煮沸的次数过多又易破肚，故以煮沸三次为宜。

（七）怎样做布鞋

布鞋是妇女们靠手工一针一线缝制的。做布鞋是家庭主妇必须掌握的一项基本功。别以为这很简单，其实要做好一双合脚的鞋很费心思，分几道工序。

首先要用竹箬壳或旧报纸剪一只鞋样，根据穿鞋人脚的大小剪好鞋底，再剪好鞋面，要做到鞋面外侧的线总长正好与鞋底外侧的线长度一样。关键是先定好鞋底大小的尺寸。

其次是剪鞋底，鞋底分上下两大层。先做上层，按鞋样大小剪出两层箬壳和两层布料，然后布料放在上下两面与中间三层箬壳叠起来组成一个上层鞋底。再剪一条约 2 厘米宽的长布条把外沿封口裹好缝住。接着做下半层，下半层多是利用旧衣服、破床单等旧布料，但上下各两层需用新的布，叠成厚约 1 厘米高。下半层比上半层需略大 1 厘米。

三是切鞋底，就是把上下两层鞋底用线缝起来。切鞋底是件很精细的活，要求针线脚密，线脚之间的距离一般在 0.6 厘米以内，而且排列要整齐，前后左右的针点要均匀。切鞋底又是件很费劲的活，线要拉得紧，穿针时也很费力，否则针穿不过去，还容易刺破手指。为此专门用一种叫顶针的指环，上面有密密麻麻的凹穴，带在中指上，当针刺进鞋底后再用顶针一顶，针便穿透了鞋底，省力许多。

四是做鞋帮，做鞋帮前先要做绑帛，做绑帛的布一般利用旧床单、旧衣裤等，要烧一盆小麦粉为原料的糨糊。旧布料平摊在木板上，用糨糊刷一层后铺平，待晾干后撕起来，这时旧布料就称为绑帛了，它很平整不会打褶皱。这样会使鞋面挺括，下一步鞋帮与鞋底连接时也易于逢制。接下去在里子布和鞋面布之间夹上一层绑帛，并剪好鞋帮，用小布条把鞋帮沿口封住。

五是绱鞋，就是把鞋帮、鞋底缝制起来，成为一只完整的鞋。

最后一道工序是楦鞋，鞋子缝好后还要用楦头把鞋楦一下，多数家庭备有大小不等的几套楦头，每副楦头有四五块木制模型，合起来像只脚的形状。经过楦以后的鞋立体感强，不但造型美观，穿了也合脚舒适。

(八) 芦苇席是怎么编制的

要理清芦苇席的确切名字有点难，北方不少地方称为苇箔，下洋浦人的土话叫芦掠，这里简称芦席。20 世纪四五十年代，它是农家必备的家庭用具之一，每家每户都有一至三张芦席，因为它是晒棉花、衣被、蚕豆等物品用的。芦席利用本地最丰富的自然资原——芦苇秆编织而成，经济实用，轻巧方便，很受农户喜爱。

编织芦席分以下几个步骤。

一是材料准备：芦苇、小竹、茅草绳等。编芦席的材料以芦苇为主，但不是所有的芦苇都可用来编织的，它有特殊要求。芦苇一般一年收割两次，春天长成后到仲夏收割一次，马上又长出第二茬，到秋末冬初再割一次。这两茬割下的芦苇都不能用来制芦席，因为这两次收割的芦苇一般只有 1.4 米左右，不但长度不够，质地也不够坚硬。制芦席的芦苇需在 2 米以上，须有足够的生长时间。春天长出后，夏天不能割，一直让它长到秋末冬初。这时的芦苇就会长出芦苇花，长度可达到2.5米左右，而且质地坚硬了许多，这才可以用来制芦席。

编制芦席除芦苇秆外，还必须准备小竹竿若干根，竹竿与小手指一般粗细为宜，编芦席时均匀地夹在芦苇间，起中坚作用。还要有两根与大拇指一样大小的竹竿，这是编织芦席时开端和收尾时用的。这是不可少的，有了它们不但便于起头收尾，也便于卷曲搬动。在编织过程中，可根据细竹竿的多少，依次加入芦苇中，使织成的芦席更坚韧，增强负载力。加细竹竿的间隔距离一般以每25厘米加入一根较为理想。

编芦席用的绳子多是用茅草搓成，为增加坚韧度，最好夹入少量麻丝，或者白棕榈丝。绳子的粗细与鞋带差不多，太细了不结实，太粗了又会造成芦秆间隙过大，不美观。

二是编织用具的准备，编织芦席有专用的工具架子，可叫芦席架子，土话叫芦掠省。这个“省”字可理解为制作芦席的夹卡。芦掠宽有2米左右，故架子要长于2米，它是农民自己动手用方形木料制作的，是一个长方形的架子，一般长约2.4米，宽仅仅0.3米。两条长边上各均匀地扎着13道夹卡，是把竹子削成筷子粗细的契子，扎进木架子边上的，编织时利用竹卡的弹性来暂时夹绳子用的。同时还需两条1米多高的马凳，用来搁架子。

三是芦席的编织。把芦席架子搁在马凳上，把编织时连接用的绳子剪成13根长10米左右的绳段，再把两头对折使长短一致，但不剪断，两头各绕成空心绳团，这绳团的要求是：绳能从绳团的里面逐渐向外抽出来。绳团绕好后在夹卡上夹好，这样13道夹卡有13根绳子、26个绳团。织芦席的第一根用料是竹竿，需把它置于架子中间用绳缚住捆紧。但不是13道绳子每次都去捆缚，13道夹卡可分为奇数卡位和偶数卡位两组，如1、3、5，2、4、6……第一次捆缚竹竿时只捆奇数卡位，偶数卡位轮空，接着放上一根芦苇秆后，偶数卡位连竹竿和芦苇一起捆紧，这次奇数卡位休息。随后再加上一根芦苇秆，又轮到奇数卡位上岗、偶数卡位休息。依此类推，循环往复，一直到一张芦席编织成功为止。这样的编织方法，使得上下两根芦苇秆交差着被单、双两方卡位的绳子缚住，从而使芦席互相牵制、更加紧实。

等放好最后一根竹竿收尾前，中间的六七两道绳子中要留一根1米多长的绳子，而且绳子要设法添加些布条等，使绳变得粗一些，也牢固许多，便于芦席卷起后捆绑收藏。

芦席深受农家的青睐，当年家家必备，直至今日仍有一些农家在使用。这是因为芦席有它自身的优势。首先编织芦席的成本很低，材料可就地取材。其次制作工序也不复杂，一般人都可操作。再次用芦席晾晒物品通气透光，比放在地上或木板上更容易晒干。而且利用芦席的芦秆间隙，轻轻敲打芦席，细小的杂物和灰尘会自行漏下。还有一点是芦席搁在马凳上，离开了地面，可有效防止鸡鸭狗猫等家禽家畜的糟蹋。

（九）农夫加渔翁的菜

这是下洋浦人的特色菜肴，尽管这里的人们不识字，但并不缺乏探索精神，他们通过岁月的积累，摸索出了一套有本地特色的菜谱，也知道哪几种菜配对，更能散发出透鲜的美味，起到1加1大于2的效果，而且原材料都是自己捕、自己种的。只要按这些方案配伍，做出来的菜味道一定加倍的鲜美，并且经济又实惠。这些菜肴主要有以下几种：青头韭菜鲜虾子、麦头蛏子豆瓣酱、八月乌（弹跳鱼）炖豆腐、桂花涂涕（泥螺）滚茄丝、剑鳗蒸蒸霉干菜、河鲫鱼炖炖龙头烤（这道菜土话称为暗笃香，确实很入味）、风冻蛤蜊榨菜汤，最经济实惠的一个菜是赤鳝滚滚糟，即使到了现在的市价，两元钱也能做上一盆呢，味道却很好。

最令人难以忘怀的一道菜是黄鱼烧弯头菜（雪里蕻），这道菜味道特别鲜美。现在，野生黄鱼是稀有物，确实很贵。但对60年代前的村民来说，这道菜并不算昂贵之物。汛期的大黄鱼每斤不过1角多钱，约1斤大米的价钱而已，故吃这道菜一点也不奢侈。后来由于动力机船的出现和制冷保鲜设施的应用，捕鱼量大增，接下去又应用现代科技，能探测到大黄鱼的鱼群具体位置，每条渔船都可收到鱼汛，捕鱼量更是成倍增长，这种过度的捕捞导致黄鱼资源的急剧减少，很快接近枯竭。

进入90年代后，别说吃野生大黄鱼，连见一面都不容易了。一条野生大黄鱼的价钱每市斤已达到好几百元的天价。现今市场上见到的大黄鱼其实也不少，价钱并不贵，那是渔民们用网箱养殖的，不仅个头小，口味与野生黄鱼也没法比。如今生活富裕了，下洋浦人菜肴的品种丰富了许多，东南西北中各地的都有，还有不少国外的，但吃来吃去还是觉得家乡菜最入味，因为我们的祖先在村民的舌尖上已留下了抹不去的味道。

二、即将消失的歇后语

随着时代的变迁，不时有新的词汇涌现出来，如网民、微博、电子邮件等过去未曾听过的新名词，而下洋浦人曾经常使用的一些老词汇却在消失或行将消失中，现列举几个并略加说明。

(1) 萤火虫照屁眼——亮对亮，意思是这事明摆着的，骗不了人。过去一到晚上，萤火虫在房前屋后成群地纷飞，便有了这句话。现在村庄里几乎已看不到萤火虫了，故这句话已没什么人再用，只有少数老年人尚在说，消逝是自然的事。

(2) 桐油畚斗——滴水不漏。畚斗是农家用来畚稻谷、豆子、麦子等粮农产品的用具。畚斗是竹篾编织成的，编畚斗的篾很精细，编好后再用桐油涂上两到三次后，畚斗显得很紧实，尽管是竹篾制成的，水却不会漏下来。这句话的意思是某个人很精明，或过于小气，什么事都斤斤计较，一点亏也不愿吃。现在农友们不再用竹篾制的畚斗，已用铁皮、塑料等轻巧畚斗代替。今天这种畚斗没有了，这句歇后语也必将停止使用。

(3) 草鞋耙敲搴袋——自敲自，意思是自己与自己过不去。只因过去的农民通常穿着草鞋去干农活，草鞋是农民自己用稻草及布条织成的，为穿着时能平服舒适些，草鞋编织好后，还要用草鞋耙的一端锤打草鞋底，因草鞋的一端是系在敲鞋人腰上的，人在敲草鞋时如果不小心，鞋耙子会碰到自己的搴袋(阴囊)上，造成自己敲自己的窘况。如今草鞋耙进了博物馆，这条俗语也必将慢慢消失。

(4) 清水粪缸洗手——省省息哉，意思是这件事按你的办法去做还不如不做。20 世纪 90 年代前，农村家家户户都有储存大小便的七石缸，简称粪缸，因多数粪缸没遮没拦地裸露在外，故也叫露天粪缸。一般每家有两只，其中一只是主粪缸，上置有一个木质坐凳，便于大便时坐；另一只是备粪缸，不设坐凳，平时只留了些水，故称清水粪缸，当主粪缸快储满了再把粪便移到这儿去。清水粪缸因较长时间不用，看上去水似乎也清洁，但实际上是很脏的，若去洗手自然比不洗还脏。现在实行三格式厕所后，露天粪缸没有了，再讲这句话年轻人就听不懂了。

(5) 打肿脸充胖子——死要面子。过去生活条件差，三顿饭吃不饱，多数人面黄肌瘦的，于是认为胖的人是营养好，说明家中富裕，故有此说法。现在生活条件好了，很多人身体超重，因而引发多种疾病，人们才认识到体胖并非全是好事，于是积极锻炼身体、努力控制体重，故再也没人会去充胖子了，这句歇后语也就失去了现实意义。

(6) 乍浦斗缸——做(同)套货，指几个人的品质一个样，没什么区别，一般用作贬义。如张三和李四都是游手好闲之辈，就说两人是乍浦斗缸——做套货。乍浦斗缸是 20 世纪四五十年代这一带居民家中普遍使用的厨房用具。斗缸口大底小形状如量具斗，且大斗缸的容量差不多有一斗，故称斗缸。斗缸是论套买的，每套五只，虽有大小之分，品质都是相同的，故说是一样的。如今厨房内有了铝合金、不锈钢等材料制成的轻便厨具，乍浦斗缸已不见踪影，故这条歇后语也必将退出历史舞台。

(7) 介烦杂格——田鸡篮跌翻哉，就是吵闹，意思是某个场合吵吵嚷嚷的过于闹腾，如学生不守课堂纪律，车厢内、会场里大声喧哗等。这源于当时田野里、池塘边青蛙特别多，一到夜间就会听到田鸡(青蛙)的鸣叫声，很热闹。那时人们抓田鸡吃，一会可捕捉一秋笼，若不小心把笼子打翻，田鸡趁机会跳出来逃命，边奔跳边呱呱地鸣叫，故有此比喻。

(8) 江西人补碗——自顾自，这是象声词，这句话的意思是自己只顾自己，不善于与人交往。江西景德镇在出高档瓷器的同时，也涌现出一大批补瓷器的工匠，我们这一带用的碗多是江西来的，而补碗的人也多来自江西，故有江西人补碗一说。补碗时需在碗破裂处两边先用金刚钻钻些小孔以便钉钉子。钻头在碗里钻孔时会发出“自顾自”的声音。现在条件好了，碗破了就买新的，没人再补碗，故能听懂这句话的人会越来越少。

(9) 公给媳妇倒马桶——横竖是自家的活(家务事)，这是一句打趣时说的幽默话，在实际生活中，人们一般是不会这么去做的。旧时倒马桶虽是每家每户不可不做的家务事，但毕竟男女有所分工，况且翁媳之间有代沟，公公帮儿媳照看孩子是情理中事，但不能去倒马桶，若代媳妇做了这件事，必然遭世人贻笑。如今马桶没有了，更没人再说这句话了。

(10) 剃头担子——一头热，这句话的意思是两人对办理某件事的态度不一样，一方很热心，而另一方却不太积极甚至反对。剃头就是理发，四五十年代，有剃头师傅挑着担子走街串巷给人剃头，担子一头是烧木炭的炉子、铜脸盆等，另一头是剃头用的工具和一把顾客坐的椅子，这就构成担子两边一头热一头冷的状况。人们以此比喻两种不同的心态。如今上门为人剃头的人没有了，再用这句话已过时了。

(11) 生只背后眼——好吃纯米饭。背后眼指的是有预见，能估计到今后某个时期的情况。如市场行情、气候变化、作物生长等信息能提前预测到，自然可以发财。纯米饭是指全是由大米做成的米饭。过去由于长期战乱等原因，劳动人民常常处于“糠菜半年粮”的半饥饿状态，绝大多数的家庭做米饭时要加入许多青菜、番薯，甚至米糠、野草等，故难得吃上一顿全由大米做成的纯米饭。如今已进入小康社会，再不用为温饱担忧，一日三餐都在吃纯米饭，许多人反而认为吃点杂粮或者糙米对健康有益呢。

(12) 表姊妹当老人(老婆)——亲眷省二户，这句话反映了60年代前，农村中存在的一种婚姻现象。当时不少男人往往会娶表姐或表妹为妻，以为这样亲上加亲，会使婚姻关系更加稳固，生活更加甜蜜，但实际上这种婚姻隐藏着忧患，由于表亲双方的血缘过近，不利于优生优育。实践也证明，表亲通婚，他们的子女中患各类疾病的比例，比没有血缘关系的男女结婚后生的子女要大得多。因而国家新的婚姻法明确规定，禁止近亲结婚，因此，也没什么人会这么做了。

三、节气与习俗

(一) 立夏的习俗

立夏本是二十四个农时节气之一，但与其他节气不同，这一天有几种不同的习俗在村民中保留着。

首先是吃立夏蛋。立夏这一天，各家各户都要煮蛋吃，说是吃了立夏蛋就可防疰夏，所以大人小孩都得吃。传说这个风俗与女娲娘娘有关，是她叫人们吃的。上古时有个瘟神，每年立夏时到人间来传播疫病，女娲娘娘得知后训诫瘟神说：“立夏那天，凡是胸前挂蛋的孩子一律不许伤害。"瘟神不敢违抗女娲的旨意，只好遵照执行。所以，每当立夏前一两天，大人们便为孩子织盛蛋的网袋。立夏时小孩子的网袋里装上熟鸡蛋，挂在脖子上。后来有的孩子在衣袋里也会装两三个熟鸡蛋或熟鸭蛋，这是拿到学校去与同学之间比赛用的，看谁的蛋大。他们还要进行碰蛋比赛，看谁的蛋壳硬。这一天校园里充满了欢乐的气氛。

大人们立夏也吃蛋，只是不吃囫囵蛋，而是把蛋打碎后放在碗里，再用筷子快速搅打，边搅打边加少量的水，使蛋液与水均匀地混合在一起，接着放进饭镬里蒸熟，蒸好后的蛋像豆腐脑，一只鸡蛋可以蒸成一大碗，够全家人共同享用。

女娲下旨的传说是否确有其事我们没法验其真假，但立夏吃蛋防疰夏是有一定道理的，因为不管鸡蛋或鸭蛋，本身具有很高的营养价值，而立夏前的蛋营养更丰富。清明与立夏相距近一个月时间，鸡鸭在清明后下的蛋是新春后的第一批蛋，而且这个季节里，草丛中鸡鸭吃的小生物特别多，因此蛋的质量最佳，吃这种蛋对身体的滋补作用大是自然的，故山里人有"立夏不吃蛋，上坡跌下坎"的说法。

(二) 吃五样米饭的习俗

还有一个与立夏有关的习俗是吃五样米饭，这个习俗约从清代开始。三北地区不少地方有这个习俗，因为在立夏以前，农田里的麦子、蚕豆等作物还没成熟，而上一年的粮食已吃尽了，这一时段叫青黄不接，大多数农友往往过着有一餐无一餐的日子。立夏后田里的庄稼成熟了，再不用挨饿了，为了改善一下生活，也要庆祝一下，开始时人们把大米、竹笋、蚕豆(蛋黄豆)等几种食物合起来，做成混合饭，以后又加入芥菜、豌豆等，就称作五样米饭，并渐渐形成了一种习俗。直至今天，老婆婆们在立夏这一天仍会做一些与平时不一样的饭菜，其中竹笋是少不了的，据说立夏吃了竹笋后，这一年能使人的腿骨长得很健壮，有"立夏吃健脚骨笋" 之说，这天家家户户都会买些竹笋吃。所以临近立夏这两天，市场上竹笋的价格往往比平时要高出许多。

（三）端午节

端午节是民间一个重要的传统节日，一般人都知道这一天要吃粽子、赛龙舟。不过我们这里却不一样，没有赛龙舟的活动。在60年代前，只有吃粽子、喝雄黄酒、送节日礼孝敬父母等活动。

首先是喝雄黄酒，在这三项活动中，喝雄黄酒是最普遍的一项活动，雄黄拌入老酒中搅匀，成为两种物质的混合液后，让人喝上一些即可。不但过程简单，制作也很容易，老酒和雄黄都是现时从商店里买来的，不必自己动手费神即可办到。

老人们说，喝了雄黄老酒后可以避邪，故有此举。现在人们都知道这一习俗源自屈原投江事件。据传他投入汨罗江后，有个老中医，为毒死江河中的蛇和龙，不让它们去吞吃屈原的躯体，把一坛雄黄酒倒入江水里，果然一会就从江水中浮上来一条中了雄黄酒毒的蛟龙，于是端午节喝雄黄酒避邪的习俗就传了下来。

不过人们也知道雄黄酒有毒，不能多喝，只象征性地喝一些。就是平时爱喝酒的大人也只少量喝一点，给小孩子喝时，只用筷子蘸点雄黄酒后，往舌尖上点几下就算喝过了。

其次是端午节包粽子，这是孩子们最高兴的事，吃粽子比喝雄黄酒复杂许多，因为那时粽子是家家户户自己包的。包粽子需在端午节前四五天开始准备。包粽子用的粽箬壳要提前在水中浸泡四五天，才能使箬壳平整并增加其柔韧性，便于包粽时随意扭折而不会裂开。有时若忘记提前浸泡粽箬壳，那也有补救办法：用水煮。先把箬壳用水煮开，再用文火慢煮，煮上一两个小时，用手摸一下，感到箬壳已较柔韧时即可动手包。粽子的主料是糯米，可再加少量的豇豆、绿豆、赤豆等，不但增加了色彩，吃起来也更加芬芳有味。

包粽子时，六七岁的小孩子也会主动来帮忙，其实他们并不是真心诚意来帮忙，只不过是图新鲜、凑热闹而已。不过大人们还是喜欢孩子们参与，即使包砸了也不会责骂，而是告诉他们纠正的方法，尤其是小姑娘来了，做妈妈或阿婆的会手把手地教，一遍又一遍，很有耐心。粽子包砸了会引来大家的阵阵哄笑，包好了则会得到声声赞叹，一家人热热闹闹地围在一起，欢声笑语不断，正是“端午粽子香味浓，还是农家欢乐多”。

端午节还有个女儿给娘家人送礼的习俗，就是出嫁的女儿给娘家送礼。礼物一般有大鲤鱼、猪肉、鸡、鸭及果品等，选用鲤鱼作礼品是为了应“鲤鱼跳龙门”的吉祥语，六种东西（果品分水果和糕点）是为了应“六六顺溜”的彩头。

节日礼品需用重篮（每只篮分三格）挑着去，叫常（重）篮担。重篮里还特意系着红绒，有意显得张扬点，希望知道的人多些，这才有面子。但多数家庭讲实惠，不刻意追求形色，也用板篮甚至簟箩等普通用具装载。但不管怎样，节日礼是不会忘的，尤其是出嫁后的第一年，这个礼是少不得的，不光是父母有期待，邻居们也关注着呢。若女儿女婿没来送礼，做父母的没收到礼是小事，失面子却是大事，没法向左邻右舍交代。

（四）穿五毒鞋

端午节后气温迅速升高，各种虫类也繁忙起来，它们不分昼夜四处觅食。有些小动物会给人们带来意想不到的伤害，尤其是对小孩子威胁更大。其中有五种小动物出没更频，甚至会偷偷地跑到房间来，即使足不出户也难免被咬。这五种动物是蝎子、蛇、壁虎、蜈蚣和蟾蜍，被人们称为五毒。

为了防五毒的侵袭，大人们常教孩子如何识别和防备的知识。主要是告诉孩子们，看到后要及时告诉大人，不要用手去抓。或许是为了给孩子们传授识别五毒虫的知识，说不出从何时起，母亲给孩子做鞋时会绣有五种虫的图案，叫五毒鞋。它们在鞋上的位置安排是这样的：蟾蜍占的面积最大，且排在鞋面前端，占满整个前端空间，两条后腿伸向鞋口两侧；鞋帮两侧，一侧是蛇和壁虎，另一侧是蜈蚣和蝎子。这种绣有五种有毒动物的鞋，既能装点鞋面，使鞋子显得鲜艳美丽，也能起到看图识物、增长知识的作用。

穿五毒鞋并不适合所有孩童，一般是三岁以下的孩子才穿，大孩子就不穿了。

（五）重阳节

重阳是乡间很重要的节日，是出嫁女儿孝敬父母的日子。一般重阳节前一两天，女儿女婿便带着鸡鸭鱼肉到岳父家送礼来了。这是省不了的，有的女儿还没当家，送什么礼物自己没主权，甚至送不送也要看婆婆的脸色。而有的婆婆并不希望送，媳妇见她故作会意不到，便会旁敲侧击提醒婆婆该送礼了，于是就产生了“去年重阳九月九，今年重阳有没有”的谚语。

第七篇　春风化雨

1949年新中国成立后，随着新生政权的建立，人民政府出台了许多政策，改变了农民的命运。许多新事件不断出现，既新奇又令人振奋，像习习春风，使人们身心舒展、扬眉吐气。对下洋浦的村民来说，影响较深的具体有这样几件事。

一、解放军来了

解放军第一次到下洋浦村，是1949年5月下旬的某天上午。一支解放军小分队从洋浦西塘路由北向南走进村庄，约八九个人，背着背包、带着枪。他们边走边唱着："解放区的天是明朗的天，解放区的人民好喜欢，民主政府爱人民呀，共产党的恩情说不完，咿呀哎嗨咿呀嗨……"

他们走到农民陈坤水家歇脚，借他家的锅灶做饭，吃的是大米饭。他们并没有借用陈家的桌椅板凳用，而是在陈家屋外门前的道地上，用自己背上的背包当凳子，席地而坐吃饭。他们吃完饭、打扫完卫生后，便沿着洋浦西塘路向南走，然后过桥，沿着洋浦东边的路向沙蟹庙方向进发，估计是到新浦方向去的。

当时不少人来看热闹，多数是小孩子，解放军面带笑容，边走边向村民们招手，这是下洋浦的村民第一次见到解放军。解放军在村里停留的时间约两个小时，尽管他们没有向村民们发表演说，待的时间也不长，不过人们对他们的总体印象不错。

以往村里的老人们见过不少带枪的人，有旧政府的军人、和平军（伪军）、小枪帮（土匪）。只因这里太偏僻，民国政府的军人很少到海边渔村来，他们通常是真人不露面，一露面大多是抽壮丁来的。1937年的一天，一个乡丁带着个穿黄衣裳的军人找到保长陈坤林说，要来下洋浦抽一个壮丁。他们事先已有目标，指名道姓要范永泉去。范家有三个儿子一个女儿，可是作为顶梁柱的范家父亲不幸在前几年西归了。范家妈妈只好出远门帮他人做些洗衣、担水等家务杂事，赚点小钱养家，日子艰辛已不必细述。一天范妈妈打算出去几天，临行前特意托邻居、时任保长的陈坤林，要他多照应一下自己的儿子。陈表示一定会尽力，请她放心。

听乡丁要范永泉去当兵，陈坤林心中一个寒战，抗日的烽火正旺呢，当兵的人是把脑袋拴在裤腰带上过日子的，前途险恶。陈坤林知道这不是好事，他回答说"这个人今天不在家"，试图让范永泉逃过一劫。然而旁边一个姓杨的年轻人说："他正在自己的屋里牵磨。"这么一说，陈坤林为难极了，不得不硬着头皮带路，一看范永泉果然在家牵磨。结果他被抓了去，抓去后过了一个多月，范妈妈收到儿子的一封信，说是去江西了，但以后便再无音讯，至今也下落不明。

从此以后，凡听说黄衣裳（国军）来了，村里的青壮年会赶紧钻进芦苇丛里去躲藏。来的还有和平军、土匪等武装，多是为敲诈钱财。人们听说后，家家户户会关上门、插上门栓，大人不敢大声说话，连孩子们也吓得不敢哭。

而解放军来的这一天，整个村庄显得很平静，既没有像影视镜头里描绘的那样，成群的人们兴高采烈地敲锣打鼓欢迎他们，也没有人慌慌张张地东躲西藏。尽管解放军穿的也是黄衣裳，因为早有消息传来，解放军就是当年的"三五支队"，是共产党领导的队伍，专门为贫苦农民打天下的，他们不会找老百姓的麻烦。

二、修塘路

新中国成立后，余姚人民政府做的第一件大事就是修建保底塘。因为七塘后面便是大海，因而人们把七塘称作保底塘。若保底塘被海潮冲破，塘内大片农田和村庄就会受灾被淹。1949 年 7 月 24 日，余姚解放才两个多月。这一天，一场特大风潮正面袭来，保底塘多处被冲毁，潮水淹灭了很多地块，已挂满幼桃、花蕾的棉花地成了泽国一般。这次台风中全县有 17 名沿海民众死亡。下洋浦村是重灾区，虽没死人，但庄稼大面积被毁，许多草舍被推倒。眼泪汪汪的灾民们叫天天不应，叫地地不灵。

转眼到了青黄不接的时候，往后的日子可怎么过？正当人们陷入绝望之际，忽然传来好消息。那是 1950 年春，余姚县人民政府决定，拨出 32 万斤大米，用以工代赈的形式修建七塘，凡参加修塘路的人，每天发给 10 斤大米代替劳务费。这在当时可是很优厚的报酬了，人们听到这个消息奔走相告，纷纷参加修塘队伍。不但有七塘附近的农民参加，连逍林、胜山等二三十里外的农民也有不少人赶来修海塘。下洋浦就在七塘边，凭借近水楼台的地理优势，参加的人特别多，除个别病人外，几乎所有的男劳力都出动了。通过以工赈灾修复七塘，灾情造成的困难得到了缓解。

七塘修复以后，比原先的增高增宽了许多，有效防止了海朝侵袭的再度发生。以后人们把七塘改称为解放塘。

三、建立农民协会

1949年5月以后，原国民政府在乡村一级的行政机构已不复存在，村里的保甲管理体制自然解体。

为维持社会秩序，根据上级有关精神，首先建立村农民协会，简称农会。凡是参加全年种地的农民（包括渔民）都可以加入农会。

加入农会是自愿的，也没说加入一定有什么好处，但没有哪家农户不愿加入的。当时的社会氛围是，加入农会是光荣的，而不加入农会的家庭，说明这个人或这个家庭存在这样那样的问题。因为上级规定，常年不参加或很少参加劳动，主要经济来源靠雇工耕种和收取地租的人不能参加农会；还有横行乡里，敲诈别人钱财的人，没有资格加入农会；另有一种人，虽然家庭生活也不好，但因为是不参加劳动的懒汉，也不能吸收他入农会。

农会设主任一名，主持村里日常事务。农会主任当时还没法通过选举产生，而是乡政府派员到村里听取一些老人的意见后任命的。农会主任的人选有个基本要求，即必须是从受压迫最深重的人群中选择。1950至1954年，由孙张友、沈炳渭两个人先后担任农会主任，他们两人都是"车长年"出身，就是为别人当过长工。

农会主任负责村里的各项工作：传达上级指示精神，反对封建迷信；组织民兵进行夜巡，维护社会秩序；调解民事纷争，号召发展生产等。除农会主任外，还有民兵连长、治保主任、妇女队长等干部。紧接着产生了村主任，第一任村主任也是乡政府指定的，名叫周长云。1954年后，村主任由全村每家派一个代表开会选举产生。

需提及的一点是，当时的农会主任、村主任、民兵连长等基层骨干，参加会议、组织夜间巡逻等活动时，既没工资报酬，也没有生活补助，只是尽义务。但他们做事却很认真负责，积极性很高。当时有句顺口溜“积极积极，镬盖不热”，指的就是这些人和这些事。

他们的这种积极性并非无源之水，应该说动力来自于内心深处。因为他们原本是社会中最底层的一群人，是最被人看不起的。如今被新的政府委以重任，让他们当“村干部”，这是他们做梦都没有想过的事。昨天的“路边草”今天成了依靠力量，旧时的奴隶变成了新社会的主人，能抬起头走路了，他们感到无比激动和兴奋，因而不计较个人得失，只想着如何把上级政府交代的工作做好。

这种主人翁的责任感，也被下洋浦村的人们渗进了自己的血液中，一代代地传了下来。

四、分土地

1950 年冬，上级派来土地改革工作队，召开村民代表大会，每家每户均有一人参加。工作队在会上宣传了土改政策，着重讲明了以下几点：一是组织农友开展“地主与农民谁养活谁”的讨论，通过讨论，找到农民了“没饭吃、没衣穿、没房住”的根源，就是受地主阶级的剥削，受土匪、强盗等恶势力的欺压。提高了觉悟的农民，纷纷举报邪恶势力。全县对土匪、强盗、有血债的地主进行镇压，没收财产，烧毁契约。

二是没收地主的土地，分配给无地和少地的农民，但地主家庭按人口的多少，也可保留自己耕种的土地数。富农自己种的土地不予没收，仍让他们自己种。中农的土地更不会变动，允许多于贫雇农的平均水平。

三是明确参加土地分配的人员，凡是1948年12月31日前出生的，同时世居在下洋浦村的人员，不管年龄大小，不分性别、民族及受教育程度的差异，只要平时是以务农为主，包括渔民及短时间在外做生意的，都可以分到土地。

四是各农户的土地持有数按平均计算，平均持有量不足的，补满为止。一分地也没有的全额分给土地。每人分得一样多。

划为地主的标准之一是：余姚地主占地45亩以上（慈溪40亩），1947至1949年连续三年不参加劳动，靠地租或顾工耕作为生活来源的农村住户。当时地主的土地占全县土地总数的26.5%，土改后地主占地数量下降到1.36%。

根据这些政策，光靠下洋浦本村范围内的土地拥有量搞土改是没法进行的，这会造成很多农民仍分不到土地。因为下洋浦村多数家庭平时以拷散海为业来维持生活，是个穷村，全村连一户地主也没有。下洋浦村四周的土地大多属于逍林、三管等地的人家。为此，县政府决定以区为单位统一调剂。从逍林、三管等地拨土地过来，分配给下洋浦人，保证了每个村民分到一亩五分土地。

1951年12月中旬，土地改革任务完成，每家农户都有一本土地证，证上写明持证人的姓名、家庭人口、土地总面积。每家的土地不会在同一地段，所以还指明了每块土地的数量、具体位置和四邻姓名。

农民拿到土地证后高兴极了，多少年的梦想终于实现，有些老人捧着土地证激动得眼泪都流了下来。

人们手持土地证，立刻到各处查看自己名下的地块，核对完毕后，他们埋上地界石做上记号，筹划作物种植计划。土改极大地调动了农民的生产热情，解放了生产力，与1949年相比，1952年全县棉花增产了13.13%，粮食增加了145.9%。

农民深感现在的政府好，那时几乎家家户户的门框上都挂着一副对联“听毛主席的话、跟共产党走！”这是翻身农民共同的心声。大家踊跃交公粮（农业税），第一担新棉出售后，第一件事就是交公粮，认为交“皇粮国税”历朝历代如此，是农民应尽的责任。以后整个50年代，除个别因病等原因确有实际困难的农户，政府给免除农业税的外，没出现一个人不交“皇粮国税”的。当时农友们提出了一个口号：“不欠国家一分钱，不欠政府一粒谷。”

1951至1958年，除1956年受台风影响棉花减产外，其余七年年年大丰收，群众的生活逐年得到改善，不少农户有了节余，于是人们开始拆草舍改建瓦房，全村掀起了一个建瓦房的小高潮。

五、成立海防队

新中国建立后不久，社会上还存在种种不稳定因素，土匪也没完全肃清，国民党军队撤到台湾去时还有些特务人员被留下来，浙江沿海还有大陈岛、一江山岛等岛屿尚未解放。因此常有些敌特人员、土匪等搞破坏，散布谣言，企图扰乱社会。于是在1951年，县里决定在下洋浦建一支民兵队伍，称为海防队。开始是洋浦乡各村轮流，1954年开始组成固定的队伍。海防队共30个人，每人一支枪。人员以当时洋浦乡几个村的人为主，也有三管、桥头等乡的人员。他们的任务是白天搞生产，夜间站岗巡逻，又以站岗为主，并发给每人每天3角钱生活补助费。以后治安形势有明显好转，从1956年开始，海防队的任务转成以种地为主，耕种70亩土地，实现了自食其力，政府不再补助生活费。并且县里对海防队实行优惠政策，一是不交农业税，二是不参加做水利等义务工。

随着土匪、特务等残余分子的彻底肃清，社会治安处于良好状态，已不再需要进行夜巡，海防队已失去存在的必要性，1964 年前后它们被撤销。海防队首任队长是罗德万。

六、选村主任

刚解放时，下洋浦村村委只有村主任一人，首任村主任周长云是乡政府领导直接指定的。到 1954 年，村主任改由村民代表选举产生。这年上半年的某天，洋浦乡政府领导到村里指导选村主任。这天晚饭后，召开了村民代表大会，全村每家每户派一个成年人参加选举会，参加的人员全是男性村民。当时确定了两个候选人：沈炳渭和龚生月，二选一。

根据以上精神选村主任，可以看到每个家庭都有人参加选举会，又实行差额选举，按理说确实广泛发扬了民主。但具体执行时并不是人们想象的那么容易，操作起来具体困难就来了。因为当时全村人几乎都是文盲，分不清候选人的名字，所以就不能使用选票，通过投票的方法进行选举。那么就采用直接举手表决的办法吧，但这也不妥当，这会使参加举手表决的人有心理负担。因为大家对两个候选人都很熟悉，且他俩平时给人们的印象都不错，举谁的手、不举谁的手都不合适。

于是，人们发明了一个别出心裁的土办法：让两位候选人到台前并排坐好，每人背后各放一个饭碗代替票箱；又找了两块黑布把两人的头分别都包裹起来，蒙住双眼，不让他俩看到经过自己身后的人是谁；每个参加选举的人发给一粒大豆代替选票。选民排着队依次经过候选人的背后，觉得谁当村主任更合适，就把大豆投入谁的碗里。最后数一下谁碗里的豆子多，谁就确定为村主任。当时沈、龚两人旗鼓相当，龚生月碗里略多了几粒大豆，被选为村主任，沈炳渭仍任农会主任。

只是不久以后，龚生月因到沿海太平闸种地去了，村里的事顾不上，所以仍有沈炳渭两副担子一肩挑。

七、办学校

1949年前，村里没有办过正式学校。曾有两个人来办过私塾。1941年有个叫钟静田的先生办过一次私塾。他借用天主教堂作学校，当时有10多个学生。钟先生的生活很艰苦，轮流在学生家吃饭，时间不长私塾就停止了。还有个姓杨的先生在1947年也办过一次私塾。私塾借用陈坤仁家的住房作学堂，也有10多个孩子，总共才办了几个月也停止了。两次私塾因时间短，效果自然有限，这些学生仍没扫除文盲，不过比没进过学堂门的人还是要好许多，能在长凳、扁担、箩筐、草帽等物件上写个名字作个记号，仅此而已。

1950年，县人民政府号召各村都要办学校，乡政府决定建立下洋浦小学。村农会主任沈炳渭、村主任周长云，对有学龄儿童的家长挨家挨户地进行访问，动员他们送孩子去上学。

这是件大好事，有些家长早有这个打算，便很高兴地同意了，但也有些家长并没答应，原因不是不想让孩子去上学，而是因为家里实在太穷，连买纸墨笔砚的钱都没有，怎么去读书？因此第一年才动员到十二三个人上学，其中女孩子只有两人。

村里没有现存房屋可用作学校，也没有建学校的经费，只好又一次借用天主教堂做临时学校。村里入天主教的才几户人家，故教堂本身也很小，幸亏学生也不多。

第一位老师是胜山头来的，叫徐乾林，只教了一年多书。第二位老师是谢德尧，新浦西街人，来了后一直教到1964年。

1954年村里造了一所新的学校，整个学校占地面积有两亩多，是四间草舍，不过比一般农居草舍宽敞了许多，墙壁刷了石灰，亮堂了不少。其中两间作教室，一间是活动室，还有一间是老师的宿舍兼办公室。除校舍外还有半亩多地的操场，使同学们有了做体操和游戏的场地，其他还有两三分地的园地。在老师的指导下，同学们在园地里种了不少花花草草，有凤仙花、蔷薇、一品红等。这些花卉均是谢德尧老师从外面引来的，同学们感到很新鲜。

八、“捐献飞机大炮”

1951年抗美援朝战争进入第二年，前线战事激烈，美方军队凭着财大气粗，每天向中朝军队发射炮弹达数万发，在上甘岭战役时，其中一天就发射了30万发炮弹。

中朝两国军队可没这么厚的资本。中国上一年全年的钢产量总共才61万吨，全部用来做炮弹也打不了多少时日。6月1日，中国人民抗美援朝总会发出号召，要求全国各行各业、各界人士以实际行动捐献飞机大炮，有钱出钱，有物献物。这一号召得到了全国人民的积极响应，到 1952 年 6 月 24 日，一年的时间里总会共收到人民币达 55650 亿元（旧币，1 万元等于 1 元），可买飞机 3710 架。

在这个运动中，下洋浦的农民也积极参与其中。只是解放才两年，绝大多数农户还没摆脱贫困，确实没有现金可捐。农会主任沈炳渭专门召开了村民代表会进行动员，告诉大家说："我们多数家庭虽然没多少现钱可捐，但不要泄气，因为我们还可以用另一个渠道为抗美援朝做出贡献。"具体的做法是：每家每户总会有一些铜、铁、铝、锡等金属制成的旧用品，这些东西有不少已不能用了，把这些旧器具翻出来，交给上级政府，就是在支援抗美援朝。乡长周长岳说："别看这些东西陈旧破烂，送到兵工厂以后却可以造飞机大炮和弹药，让志愿军同志去打击侵略者。我们只要这样做了，就是以实际行动在支援反侵略战争。"

大家听后很激动，散会后马上翻箱倒柜，搜寻铜、铁、锡、铝等金属制成的旧器具，家家户户都有旧器材交上来。

上交的物资中，属铜质制品有破火熜、水烟管、铜锅铲、饭勺、铜锁、铜圈、鞋拔等；属锡铝制品的有锡瓶、铝勺、蜡烛盘、酒壶等；铁质制品更多，有破菜刀、废锄头、旧秤砣、漏底镬、废旧的豆锹、河泥锹、茅刀、火锹、火叉等，真是五花八门，应有尽有。村里把这些物资集中后，分好类别，马上派民兵撑船送到洋浦乡乡公所（政府）。

在这个运动中，下洋浦的村民们，家家户户都为抗美援朝尽了力，没有一户交白卷的。有一个叫王文良的农民，因家底薄，找不出上眼的器物，便把当时埋在灶膛里正在用的铜汤罐挖了出来，送到村里。可以说，村民们确实尽了自己最大的力。

在"捐献飞机大炮"的同时，有些热血青年还积极报名参加志愿军。经村里初选后，孙张朝、周长友两人到道林区政府报名参加了体检，后孙张朝体检合格参加了志愿军。

九、组织互助组

农民分得土地后很高兴，但是很快暴露出了新的问题，因经济基础太薄弱，有些农活只靠一家一户耕作很难经营。像耕地、卖棉花、掘河泥、运柴草等，最好由几个人合起来经营。1951年9月，中央发出《中共中央关于农业生产互助合作决议(草案)》，号召农民组织起来，走互助合作的道路。根据"典型示范，逐步推广，由小到大，由少到多，由低级到高级"的要求，全县掀起了组建互助组的热潮。下洋浦村由农民陈志尧、许张田、郑杏堂等人带头发起，成立了两个互助组。互助组试行后效果不错，第二年又成立了几个。

互助组有临时和常年两种，临时互助组有季节性，只在抢种抢收时相互帮帮忙，平时各自干自家地里的活，而且人员组成也较松散，不太稳定。常年互助组多数情况实行合力生产，只在农闲时各人去自己地里干活，组成人员比较稳定。

不管临时还是常年的互助组，生产进行过程中会有用工多少的差别，这就需要有人记账。只是当时大家都不识字，大部分人连1、2、3、4都不认识，很难找到记账人。为此村民们想了个土办法：削制了一批竹签作底码备用，每户发10根或20根竹签，今天我叫张三帮一天工，就拿根竹签给张三；明天我帮李四干两天活，就向李四要两根竹签。竹签在组内可以转换通用，每过一段农时便结算一次，以当时劳动工值，竹签少的农户付报酬给竹签多的农户。

互助组的作用不小，弥补了部分农民缺少农具和劳动力不足的困难，因而得到农民的欢迎，到 1953 年春，全村大部分农户都参加了互助组，促进了生产发展。1954 年 8 月 11 日，新浦乡召开互助合作代表会。陈志尧、许张田、郑杏堂出席了代表会。

十、办夜校扫除文盲

50 年代初，村里的成年人多是文盲和半文盲。以郑如德家庭为例，据 1964 年第二次人口普查可知，他家 10 个人，一个小孩正在上小学，另一个不是学龄儿童，其余 8 位成年人全是文盲。郑如德的家庭只不过是当时众多农村家庭的缩影。这种文化基础极其薄弱的情况，严重阻碍了社会各项事业的正常进行。

1956 年秋，乡政府号召各村办夜校，组织青壮年农民学习文化，开展扫盲运动。这一号召受到村民们的热烈响应。为使扫盲运动切实有效的开展，新浦乡成立了扫盲领导小组，对各村扫盲做出具体安排。

首先是召开各村村主任会议，传达上级指示精神。1956 年 3 月 29 日，国务院发布关于扫除文盲的决定，强调扫除文盲是我国文化上的一场大革命，也是国家进行社会主义建设的一项极为重大的政治任务——“共产主义是天堂，没有文化不能上”。农民的识字标准为 1500 个字，并要求 14 岁至 50 岁的农民都要参加学习。

其次对各村夜校教员进行培训。由于许多村有文化的人都不多，需先组织担任教员的人进行学习，以熟悉课文的文字，同时培养教员的素质。村干部确定让钟钊宏、何长贵两人做夜校老师。当时两人均是小青年，本身文化基础也有限，但两人的热情很高，责任心很强。参加培训学习后，他俩不负众望，回村讲课时有板有眼，出色地完成了自己的任务，为扫除村里青壮年文盲做出了积极贡献。

最后是做好物资上的支持，课本、作业本等是乡政府发给村的，每个夜校还发了一盏汽油灯和一定量的煤油。全村青壮年几乎都参加了夜校学习，大家的积极性很高，吃完晚饭后便早早地来到教室。

第二次全国人口普查登記表(居民戶)

新浦公社洋闸大队3生产队 戶号 1

与戶主关系	姓名	性别	出生年月日	周岁	籍貫	何时由何地迁来	本人成份	民族	文化程度	职业	备考
戶主	鄭如德	男	1909年 阴历11月28日	54	慈溪	久居	贫农	漢	不识字	农民	
妻	胡琴花	女	1916年 阴历1月9日	48	慈溪	久居	贫农	漢	不识字	家務劳动	
长子	鄭仁夫	男	1932年 阴历6月15日	31	慈溪	久居		漢	不识字	农民	
次子	鄭仁良	男	1939年 阴历10月21日	24	慈溪	久居		漢	不识字	农民	
三子	鄭仁大	男	1945年 阴历1月17日	19	慈溪	本宅生		漢	不识字	农民	
四子	鄭仁渭	男	1948年 阴历2月13日	16	慈溪	本宅生		漢	不识字	农民	
女	鄭仁珠	女	1950年 阴历7月17日	13	慈溪	本宅生		漢	不识字	农民	
五子	鄭夫仁	男	1953年 阴历4月13日	11	慈溪	本宅生		漢	初小	在校学生	
六子	鄭仁忠	男	1956年 阴历6月4日	7	慈溪	本宅生		漢	不在校	兒童	
大媳	俛光娣	女	1944年 阴历2月4日	20	上虞	1959年12月27日 上虞小越迁来		漢	不识字	农民	

64年6月30日止全家 人。男 人女 人 填表人 樊光长

郑如德家庭成员受教育情况

夜校坚持办了三年，大多数青壮年自始至终参加了学习，不少人基本扫除了文盲。他们中的一些人后来成了各种基层组织的骨干，成了各项工作和各种组织里的中坚力量，担任了农业合作社的社长、民兵连长、治保主任、生产队长等。其中罗德万、张钊友两人后来都担任过下洋浦村的党支部书记，罗德万还成了乡政府的行政干部。他们原本都是一字不晓得横划的人，通过夜校学习，扫除了文盲，才在工作中得心应手。

办夜校的效果确实不错，给大家留下了良好印象，以至于到了70年代又办了一次夜校，不过这次叫政治文化学校，参加的都是青年人，学习的内容有政治时事、

写作(写报道)知识、植棉技术知识等。这次学习也很受青年人的喜爱,每逢每月上课的日子,青年们吃过晚饭便自觉来到教室。

大家还善于把学到的知识应用到实践中去。一次讲了棉花栽培技术知识后,团支部书记胡方加组织了“青年突击队”按学到的理论知识来指导棉花种植。胡方加是个事业心很强的年轻人,为做好棉田管理工作,晚饭后常在棉地里转悠,结果棉花夺得高产,他带领的青年植棉组获得浙江省“新长征突击队”的光荣称号。第二年胡方加赴杭州出席了省表彰大会。接着,第四生产队的孙忠明带领青年们按学到的知识搞试验田,又一次获得成功,亩产皮棉超过 200 斤大关。孙忠明代表下洋浦的小青年又一次登上了省级领奖台。

十一、办农业生产合作社

1954 年开始办农业生产合作社,由沈炳渭、钟钊友等人组织,开始由条件较好的互助组转为合作社,互助组与合作社不同的是,互助组在生产时通常是每家每户自己干,遇到自己家完不成需旁人帮时才请组内的人去帮助,合作社则是分工合作、共同劳动;互助组是以近为原则自愿组成,往往某个家庭主要劳动力是病人或者寡妇、鳏夫等缺少劳动力的人们,最需要帮助的农户却没人愿意吸收,而合作社有责任把缺少劳动力的农户也吸收入社。1955 年春,村里成立了两个初级农业生产合作社,称为八社和九社。八社正副社长分别是钟钊友和郑杏堂;九社正副社长分别是沈炳渭和龚生育。

合作社开始时称为初级社,1956 年转成高级生产合作社,简称高级社。初级社与高级社的区别主要是土地的性质起了变化，初级社各家的土地仍属农户个人所有，土地以入股的形式存在，年终时可参加分配。有的家庭即使没参加一天劳动生产，年终仍可以分到一定量的土地红利。

现在高级社土地已归集体所有，取消了土地分红制。

自建立高级社后，社里的财务账目多了起来，需有专门管理财务账目、及时核算财务的会计。可是当时全村人中还是找不到一个会做会计工作的人，最后只好到二十多里外的胜山头去找了两个人，分别担任九社和十社的会计。

到1957年秋天，全村98%以上的农户都参加了高级农业生产合作社。当时因向苏联学习，办集体农庄，1957年开始改称新浦乡十二庄（见表7-1、表7-2）。一个庄（村）分成9个生产队。

大队农庄与农业生产合作社名称虽然不同，其他方面并没有实质性改变，农业生产资料也没有什么增添。农庄里并没有像拖拉机等农业机械，也没有公共资金积累可利用，连耕牛、农用船等较大型的农用物资也没有，仍依靠铁耙、锄头、扁担、铁锹等简单的工具，用手工操作搞生产，生产力与生产关系并不协调。

农庄具体分为九个生产队，以每个队为一个经济核算单位，事实上相当于九个农业生产合作社，平均每个队（社）只有十几家农户。这样的规模比较容易管理，大家对利害关系也能分得清，知道农作物增产与否与自己的经济收入多少息息相关。这样既发挥了集体作用，能做个体农户办不了的事，又可以直观地看到经济利益，因而农民的生产积极性很高，生产发展很快。从1953年开始至1957年，除1956年遇到台风减产减收外，一年比一年增产增收，农民群众基本实现了衣食无忧，过了几年比较好的日子。而且社会安定，人与人之间和睦相处。1949年以前普遍存在的一些社会陋习，如赌博、嫖娼、抽乌盐（鸦片烟）等污泥浊水一扫而光，小偷小摸的现象几乎断绝，村民平时白天离家去地里干农活，甚至去拷海，也用不着锁门，只要把门轻轻一掩，告诉来访者主人不在家就行了。晚上，大姑娘、小媳妇出门走夜路也不用顾虑安全问题。

表 7-1　新浦乡十二庄基本情况调查表①

1957 年 12 月 8 日

全庄户数	总人口	男	女	男劳力	全半	妇女	现有	生猪情况				周围单干情况			目前已入社
108	468	227	241	121	78/43	98	26	公猪	母猪	大猪	小猪	户数	土地		
								0	1	5	20	1	11		

表 7-2　新浦乡十二庄土地种植和产量调查表

年份	总地(亩)	棉地(亩)	三包产量(公斤)	预估产量(公斤)	大豆地(亩)	三包产量(公斤)	实收产量(公斤)	大麦地(亩)	三包产量(公斤)	实收产量(公斤)	小麦地(亩)	三包产量(公斤)	实收产量(公斤)	油菜(亩)	三包产量(公斤)	实收产量(公斤)	草子地(亩)	计划产量(公斤)	实收产量(公斤)
1957	596.73	557	330	336	543.37	110	147	36.6	280	350	2.53	200	200	12.67	120	80	13	3000	3250
1952	600.94				525.72	160		65.12	300										

统计：冯银根

① 表 7-1 和表 7-2 是目前能找到的反映十二庄基本状况的仅有的两张原始表格。表中的格式、项目和数据基本保留了最初的形式，未作删改。

十二、建立党支部和青年团支部

自从 1950 年分到了土地，村民们便知道了共产党这个名字。但村里没有人参加过共产党，也没人见过共产党员。村里的第一名共产党员是陈志尧。

1953 年春，余姚县委按照中央严肃、谨慎、积极的方针，决定在城镇农村吸收一批工人农民中符合党员条件的优秀分子入党。陈志尧 1949 年前以给人家做长工为生，土改后有了自己的土地，生产积极性很高。1952 年，他家的棉花亩产量最高(村)，被评为洋浦乡劳动模范，且平时做社会工作很热心，故于 1953 年被吸收为中共党员。他后来担任治保主任、大队长，直到 1965 年，勤勤恳恳工作了 12 年。

1954 年，共产党员罗德万任海防队的队长。当时整个洋浦乡总共才几名党员，全乡只建了一个党支部，按洋浦乡党支部的分工要求，罗德万在下洋浦村里发现和培养了一些积极分子，引导他们加入了共产党。1954 年，沈仁富、张钊友、俞桂花、余如敖(海防队队员，洋龙村人)等人也加入了共产党。还有个志愿军士兵孙张潮 1953 年在部队入的党，抗美援朝战争结束后复员回乡。于是全村就有了七位党员，已具备了单独建立党支部的条件。1956 年，上级党组织决定，正式成立下洋浦村党支部。首任书记是罗德万，但他需要同时顾及洋龙、上舍、上洋浦、下洋浦等多个村庄的行政事务，故不久就把书记的担子交给了余如敖。可余如敖没担任多长时间，上级把他作为骨干调回本村——洋龙村工作，于是由张钊友担任党支部书记。

村小学的少年先锋队是 1955 年建立的。

村里的妇女组织是一解放就建立的，只有妇女主任一个人。当时对各种组织的负责人村民们都习惯称作大队长，如治安（主任）大队长、民兵（连长）大队长、妇女（主任）大队长等，因此妇女主任的称呼是以后的事。第一位妇女主任叫范仁姑，是一位性格开朗、待人真诚、受人尊敬的农村妇女。范仁姑于2010年12月14日谢世，享年99岁，是至今村里最长寿的一位老人。

1956年，村里建立了青年团组织，第一批青年团员有钟钊友、陈岳传、龚生月、许荣华等人。这些人在当时的青年人中是积极向上的一批人。不久以后，青年团更名为共产主义青年团，简称共青团。首任团支部书记是钟钊友。自共青团组织建立后，村里该建的各类组织全都建立起来了。

十三、又遇台风

1956年8月1日，第12号台风从象山港登陆，对下洋浦村这一带的影响极大，风力达11级，瞬间达12级，降雨量达141.4毫米。[①] 台风从7月31日夜至8月3日离去，整整三天的破坏，给慈溪棉农带来了极大损失。下洋浦村紧贴海沿线，自然首当其冲，灾情更严重。当时棉花正进入现蕾开花的关键生长期，本来长势喜人的棉花地一片狼藉，满地是落下的花蕾，棉叶破碎不堪，棉株大多倒伏，有的棉秆被连根拔起。

所幸的是这次台风并没有冲垮塘路，村庄里没有咸潮入侵，因为7月底气象站事先已做了有强台风登陆的预报，县乡两级政府组织2000多干部职工下乡，发动

① 关于台风来袭的有关数据摘自《浙江省慈溪县农业自然资源调查和农业区划》一书。

群众抗台，做好防范措施，使损失减少了很多。村里虽有几户人家的草舍被推倒，但没有人员伤亡。

那时的人们还说不清那次台风的级别，只感觉它的威力跟1949年7月的台风相比，应该还要大一些。幸亏1950年修好了保底塘，要不潮水也会像上次那样冲进村庄，那样损失一定会更大。

还有件事给人们留下了深刻的印象：当台风退去后的第二天，乡干部来到村里，在村干部的引领下，挽起裤腿赤着脚到棉地查看棉花受损情况，跑遍了角角落落。

台风造成的灾害对村民来说已不陌生，反正每隔四五年总会来一次。因此，村民们已准备好过勒紧裤带的日子。

然而不久，村主任从乡里开会回来告诉村民们几个好消息：

一是上级政府认定下洋浦村是受台风灾害的重灾村之一，免去全年的粮谷；

二是对家庭生活特别艰难的农户发给救济款；

三是立即开展生产自救，凡被台风破坏造成的空地，都要种上秋六谷（玉米）或十月黄豆等晚秋作物，把台风造成的损失降到最低限度；

四是买不起种子的农户，凭村主任的证明，由信用社借给种子款。

这四条具体措施，极大地滋润了村民的心田，他们终于展开了紧锁的眉头，露出了笑容。这一年全年的收入虽没有上一年多，但还算不错，至少温饱是不愁的。大家认为在大灾之年能有这么一个结果，已经很满足了。

台风侵袭三北平原是常事，从1956年往后的27年中，三北平原有44次有影响的台风。三年困难时期（1961和1962年两年）更是雪上加霜，遭受了5次台风侵袭。[①]

不过自从新中国建立后，再没出现过潮水侵袭村庄、淹没庄稼的事，而且随着科技的进步和经济实力的增强，抗击风灾的能力已今非昔比。由于气象预测功能

① 关于台风来袭的有关数据摘自《浙江省慈溪县农业自然资源调查和农业区划》一书。

的加强，能提前几天测得台风正面登陆杭州湾的具体时间，这样便可提前做好抗灾准备。

现仅举一例。2005年有两次台风在慈溪登陆，分别是8月上旬的9号台风和9月中旬的15号台风。两次台风登陆慈溪前，气象部门提前四五天作了报导。接着市、镇、村三级干部召开紧急会议，提出“严防死守，不死一个人”的口号，同时部署抗台的具体措施：

一是查危房，发现危房后，要动员相关人员撤离到安全区域。

二是防隐患，可能会倒塌的临时棚架设施、特别危险的住房该拆的拆、可加固的要加；窗口、阳台、墙头等放置的花盆等杂物要移走，尤其是通电设施要细查，破损的电线要更换，电线杆防倒掉，靠近电线的树枝要砍掉。

三是察地块，重点是丝瓜棚、葡萄架要防吹倒，要做好加固措施，以增强抗风能力，尽全力使损失减到最低限度。

根据市领导的指示精神，村三套班子发动群众，认真地做出安排：9号台风到来前，全村查出8户人家为危房户，一方面帮助加固房柱，同时动员他们晚6点前撤出。

9月11日在抗击15号台风时，市委黄建钧副书记及镇党委书记等亲自到村视察防台工作。当村干部汇报到：共查出20户（含外来打工人员）危房户后，黄建钧强调，要派专人到每家每户动员撤离，并落实好临时安置地，天黑前一定要完成。干部们分工上门动员当事人员撤离了原居住点，当晚7点22分，刮起了十级大风，有的危房果然被大风推倒，因人员撤离及时，并没造成人员伤亡事件。

在两次台风光顾期间，慈溪市市长、市委副书记、市级机关有三位局长及镇党委书记、镇长等领导来到抗台前沿的下洋浦村，检查布置抗台风工作，了解受灾情况。

台风过后，市镇两级政府还对风灾造成的损失做了调查评估，并尽力给予帮助。两次台风给村里农户种植的丝瓜络造成最大损失，根据实际情况，市政府拨款，每亩丝瓜络补助120元。全村550亩，共获补助款66000元。

第八篇　乍暖还寒

20 世纪 50 年代末开始，社会出现了较大的变化，在“大跃进”口号的推动下，各行各业提出了自己的奋斗目标。与此同时也涌现出许多新鲜事物和新的做法，有些反映了人民的愿望，有些脱离了实际生活，有些甚至显得很荒唐，有些因违背了社会发展的客观规律而造成了极大的损失。不管属于哪一类，都是当时的人们曾经历过的事，现摘录几件具体事件。

一、除四害

四害是指老鼠、苍蝇、蚊子和麻雀。

老鼠是四害中危害最大的，不但传染疾病，还与人们争粮食，因而人们争相捕杀，花费的精力较多，积极性也很高。

当时还没有灭鼠药，捕杀方法主要有两种：一是用鼠夹，主要放在住宅内外，对付村庄内的老鼠；二是对付田野里的老鼠，采取用水灌鼠洞的办法。在野外，找到老鼠洞后，先在洞口罩上网，接着向洞内灌水，老鼠在里面受不了时便向外逃窜，于是被抓住。

抓住老鼠打死后要把尾巴割下来上交，上交鼠尾的多少均要记录下来。哪个生产队上交的鼠尾多就会受到上级表扬，不但要受表扬，还会给记工分，每条鼠尾都值几分钱。因而村民们灭鼠的自觉性很高，人人都会参与其中，连小学生也不例外。因此灭鼠的效果不错，老鼠造成的损失减少了很多。

麻雀因为要吃稻谷、麦子，因而也被列入四害之一。除麻雀的办法是采取“人民战争”的战术，全乡各村规定某个时间统一行动，男女老少齐动手。整个过程像在玩游戏：一部分人拿着长竹竿赶麻雀不让它落地停息，只能在空中飞翔；另一些人拿着锣、鼓、破旧洗脸盆等器物进行敲打，还有放鞭炮的，一起发出响声让麻雀不敢停下。时间一长麻雀没劲了便一只只掉了下来，人们把麻雀拣来拔毛、剖肚去肠后炒了吃，既除了害又尝了鲜，一举两得。

不过这样的除雀行动只举行了一次，因为后来有专家研究发现，麻雀虽也吃粮食，但以吃农作物的害虫为主，两者比较功大于过，因而为麻雀恢复名誉，摘掉了四害帽子。

四害少了一害，后来这个位子由臭虫顶替，所以仍叫除四害。不过对臭虫并没有像对其他三害那样，也没有专门组织人力物力去消灭它。

对付苍蝇、蚊子两害较简单，除发动小学生拍苍蝇外，大人们主要是清理垃圾、污水沟，以消除蚊蝇的滋生源。

除四害的效果是不错的，所以一直坚持了下来。不过方法在不断改变，如随着科技进步有了鼠药，灭鼠方便了许多，不再采用向鼠洞灌水的土办法了。

二、安装有线广播

1958年，下洋浦村有线广播第一次接通，但全村只有一只高音喇叭，安装在村公所面前。第一次广播时，一拉上闸刀开关，便听见喇叭里有人在说话，现场的人们惊呆了！大家感到太神奇了，有点不可思议：没有人怎么会有人说话？后来喇叭里竟然传来了杨柳青调，这更让人们激动不已。

“喇叭会说话，还会唱戏！”这爆炸性的新闻一下子传到全村每个人的耳朵里。从第二天起，每当广播开始时，村公所（办公室）前便坐满了人。为了能占个好的位子，孩子们一吃完饭便提前把凳子椅子放好了。

有线广播设施是下洋浦人接触到的第一个“现代文明的窗口”，在这里大家听到了很多过去从未听过的新事物，从而了解了不少新的知识，也改变了一些旧的认知。原先老人们都认为，天下不下雨是不可预知的，全凭龙王爷高不高兴，雷鸣闪电是雷公雷婆在作法，随着气象预报的准确报道，人们逐渐改变了这样的旧观念。

听有线广播节目也是一种享受，越剧、绍剧、滩簧调等让人入迷；故事、谜语、笑话等让人乐不可支，也改变了村民枯燥单调的生活状况。

三、插红旗，拔白旗

当时下洋浦的9个生产队，根据上级指示开展“插红旗、拔白旗”生产竞赛。具体做法是：对某一时段的生产任务提出要求，再根据完成任务的进度和质量开展评比。评比结果分成四个不同等级，并制作了红、黄、蓝、白四种颜色的旗帜，获得优胜的队送红旗，获得良好的队发黄旗，及格的队持蓝旗，不及格的队持白旗。

每次评比时都会各有一个队被评为红旗和白旗，其他多数队被评为黄旗和蓝旗。上头还规定，白天到地里去干活时，各个队都要扛着旗帜前进，像少先队员进行队活动一样，到了地里干农活时，还必须把旗帜插在那里。

这一规定对评上红旗的队多少也是一个鼓舞，可对评为白旗的队实在有点放不下面子。白旗队的大人们谁也不愿意像日本鬼子投降似的扛着白旗走路，于是就找个小孩扛着。到了地里劳动时也会把旗帜扔在一边，根本不插在地上，等干部来检查时临时插一下，应付应付，干部一走又把旗子放倒不插了。

得了白旗的队要想拔掉白旗有两个办法：一是做好新阶段的工作，争取下次评比时摘掉落后帽子；二是突击完成一项额外任务后，上工时就可以不扛白旗走，到了地里也不用再插了。有一次第九生产队被评为白旗，为此全队的主劳力晚饭后开夜工到12点，挖了一个抗旱用的水井，就算拔掉了白旗。

因为每次评比都要有个队被评为白旗，人为制造后进，反而损害了群众的感情，故这个“插红旗、拔白旗”的所谓竞赛活动开展不久就停止了。幸亏时间不长，没造成更大的损害。

四、片面强调以棉为纲

当时我国已有近6亿人口，如何解决这么多人的吃饭问题是头等大事，所以政府提出“以粮为纲”的方针。慈溪是产棉区，这个“以棉为纲”的方针是很符合本地区实际的。

但是在推行这个方针时却出了偏差，许多干部好大喜功，什么生产项目都提出“放卫星”。所谓放卫星就是某种作物产量比通常高出特别多。稻区提出亩产万斤稻，棉区提出亩产千斤棉，比常规产量要多10倍。为了实现“千斤棉”之类不切实际的高指标，就强调边边角角的所有土地只能种棉花，别的作物似乎都不可以种植。其实，有些河边地头的零星坡地并不适合种棉花，而更适合种些瓜果、蔬菜、豆角等，农民习惯上都是这么做的，并且产生了良好的社会效益。自片面贯彻以棉为纲的方针后，这类作物都不让种了，已经种好了的也不行，有的河塘黄豆已开花结荚，再过半个多月就可采摘了，那也不行，只要发现都要铲除。于是第二年市场上豆制品买不到了，原先的普通瓜果反而成了珍品，农民自己想吃些瓜果倒成了奢望。

一切着力点都是为了提高棉花产量，这出发点似乎也很难说不好，但仅凭主观愿望违背客观规律是不会有好结果的。比如季节已过了白露，还发动群众搞棉花后期培育，继续给棉花施肥，结果棉花生发了不少无用的嫩枝叶，影响通风透光，虽也结了几个嫩棉桃，但已不能吐棉絮。这类劳民伤财的事，效果比不搞后期培育还差。

更为可笑的是，为了保棉花这个“纲”，其他副业生产都不要了，都要为“纲”服务。有的群众到海涂里去拾泥螺，回来时干部在海塘路口守着，看见后就要求大家把泥螺倒到棉地里去充当肥料；有人牵小长鱼回来，干部也要求他们把小长鱼拿去当肥料撒到棉地里，这些做法弄得人们哭笑不得。就这样，只强调“纲”，却忽视了“目”。这种脱离实际的做法引起群众的极大不满，一段时间内拾泥螺、牵小长鱼的人没有了，自然资源白白地流失，人为造成了社会物资供应的品种和总量的大量减少，以后什么物资都需凭票购买。

五、瞎指挥风

有一阵子，“人有多大胆，地有多大产”等极“左”的口号被传扬得漫无边际。在

“一大二公”思想的指导下，经济核算单位被认为越大越好，于是核算单位由生产队改为大队。由于个人劳动多少与报酬多少不挂钩，人们生产的积极性受到伤害，集体的农具也没人管理，出现农用船没挂好，随水漂走无人去管，甚至农民连地也不想种的情况。1959 年，立夏已过多时，人们发现五书院有整整十块土地没耕种过，地里长的全是春草。这是上舍村的，约有七八十亩地，连一枝棉苗也没有。“看样子他们不要了”，于是下洋浦人“捡”了过来。种棉花已过了农时，来不及了，大家就在上面种了很多蔬菜。土地的所有人也不管，直到第二年才要了回去。

六、办公共食堂

1958 年下半年开始，“大跃进”运动开展起来了。在“跑步奔向共产主义”的喧哗声中，村里办起公共食堂，说是可以解放家庭主妇们的家务束缚，使她们专心参加生产劳动。各家各户不再自己做饭，全村总共办了三个大食堂，统一做饭，每个食堂平均约有 300 人。吃饭时间一到，各家派一个人来领取烧好的米饭即可，真的吃起了名副其实的大锅饭。

那时还有个“鼓足干劲生产，放开肚子吃饭”的口号。当然“放开肚子吃饭”人人都会做到，只是“鼓足干劲生产”就很难落实了。开始时大家感到还不错，因为可以吃饱饭了。对当时的人们来说，能吃饱饭就算到了共产主义，这可是件大喜事。可是很快就粮食不足了，于是食堂的大米饭改成了大米粥，接着粥也越做越稀，后来粥桶都可以当镜子用了。曾发生过小孩来食堂打饭，路上不小心把粥桶打翻了，导致全家人饿了一顿的事，可把人们害苦了。棉区农民的粮食、食用油等物资的供应，享受与城镇居民一样的待遇，也是由国家按定量供应给每个人的。但“大跃进”后供应标准下调了很多。煤油、棉布、烟酒、红糖、糕点等生活必需品和副食品也统一规划，凭票证供应。

粮票

三年困难时期，农作物产量多数呈下降趋势。以 1961 年为例，棉花亩产籽棉量高的队 331 斤，低的队才 242 斤，折成皮棉亩产约 84～115 斤，正常年景亩产 140 斤左右，每亩低了 25～50 斤。大豆(蚕豆)正常年景在 200 斤以上，这年最高的队亩产虽也有 213 斤，但低的队只有 169 斤。大麦一般在 300～400 斤，但这一年大麦丰收，亩产 497 斤，小麦一般在 300 斤左右，而这年只有 170 斤。减产幅度最大的是油菜籽，往年油菜籽平均亩产 200 斤左右，而这年只有 40 斤。

集体财产积累很薄弱，根据 1962 年年报，全大队集体农业生产资料为：喷雾机 27 架，农用船 4 只，稻桶 5 只，粪桶 44 只。五百多亩农田，六七百个劳动力，仅靠这些农具去耕作，显然是远远不够的。

棉农的供应粮本身就不够吃，加上前几年瞎指挥造成的后遗症，使得蔬菜、瓜果、豆类等其他副食品来源枯竭，更加剧了人们的饥饿状况。人们饥不择食，不得不以苜蓿草、荠菜、马齿苋、马兰头、狗葱子、蕨菜根等野菜、野草充饥，许多人被折腾得面黄肌瘦。

从1961年下半年开始，国家的方针政政策做了调整，大食堂解散了，各家各户又冒起了炊烟。公社干部开始号召社员们在房前屋后种植蔬菜豆角，自留地生产的农副产品也允许上市出售了。由于政策对路，社会很快恢复了生机，一年后人们的温饱问题就得到了解决，接下去的几年又连续大丰收，人们才笑逐颜开。

七、四清工作队

1965年冬，村里来了“社会主义教育”工作队，简称“四清”工作队。“四清”就是要清政治、清思想、清组织、清经济。工作队人员有刘玉巨、史光顺、王汝芳（女）等七个人。

刘玉巨是队长，他是东海舰队航空兵某部的一位团级军官。工作队员都住在当时比较困难的百姓家里，一点架子也没有，他们有的只是一颗真诚为群众服务的心。工作队先是召集大队干部开会，传达和讲解上级关于“四清”运动的目的、政策和具体工作步骤，以及对干部的要求。接着召开老农、青年、妇女等各类不同人员的座谈会，还深入到户向社员了解对大队干部的意见。

他们还亲临田间地头，与社员们一起搞农业生产。通过半年多的工作，了解了大队干部的基本情况，肯定了成绩，指出了不足之处及改正方向；理清了大队多年的财务账;发展了一批新党员,培养了一批后备干部;处理了个别不合格党员。通过“四清”,工作队在村干部队伍中没发现大的问题,说明支部书记张钊友、大队长陈志尧等村里主要干部是经得起检验的,他们政治方向明确,思想信念坚定,经济上也没有贪污行为。

从总体上讲,工作队是一批办实事的人,取得的成绩是明显的,培养了一批青年,他们后来成了村里各项事业的骨干。这年10月,“四清”工作队完成既定任务撤走,许多人相拥送行。多少年后,有些社员还到刘玉巨等人的家里去看望他们。

“四清”进行过程中,下洋浦大队改名为朝阳大队,意思是像早晨的太阳一样充满生机。

下洋浦人对“四清”队员的印象是作风踏实、心系群众。但从现在的角度看,“四清”队员多少还是受极“左”思潮的影响,对个别的人与事的处理操之过急,有点绝对化,缺乏循循诱导。四清工作队队员对下洋浦的村民的印象是勤劳、纯朴、善良,以至于后来提倡知识青年上山下乡“接受贫下中农再教育”时,刘玉巨把自己的大儿子送到了朝阳大队。他对儿子说:“那里群众基础好,人特别实在,对党的感情最深,你俩要好好学习,这对今后有好处。”

八、“文革”的冲击波

在中国,十年“文化大革命”的负面影响,任何地方都避免不了。相比之下,在下洋浦的影响不算很大,但也使村民的生活发生了一系列变化。

先是党支部的功能被中止了,支部成员都靠边站,干部人人自危,不能管也不敢管。1967年和1968年，大队处于无政府状态，投机倒把和赌博趁机盛行起来，当时流传着一首顺口溜："村里人山人海，雕船来来回回，木头堆积如山，赌博通宵达旦。"

诚然，即使是造反的人，也并不都是坏人，或者蓄意要把事情搞坏。但由于受大气候的影响，出偏差是必然的，如大队的小学里提出"要想红旗飘万代，重在教育下一代"的口号，这话并没错，但说的与做的不一样，学生虽然仍在上学，但并没有使用原有的语文和算术课本，只是学习毛主席语录，孩子们初中毕业了，连个平信都不会写，教育质量可想而知。造反派只强调阶级斗争，革命口号喊得很响，村里的具体事务却无人过问，成了无政府状态，以致聚众赌博蔓延开来，已经销声匿迹17年的铜宝、沙蟹、牌九、三粒子等赌博项目又死灰复燃。

大队一级组织瘫痪了，不过生产队的功能还继续存在，因为农民不像职工那样每月发工资，要靠双手劳动才有粮吃。农村的经济核算是以生产队为单位的，生产队还是和往常一样，由生产队长根据季节农时的变化，适时安排农活。参加生产队劳动的人，报酬以工分多少衡量。工分基数在每年年初就定好了：男正劳力每天记13分，女正劳力每天记10分。男女社员中，年龄较大或体力较弱、技能较差者据情减少工分基数。定好基分后，平时只记某人某天是否出席，只要参加了，便在他的花名册上划上一竖即可，叫作工分"一直头"。不管你是否是造反派，当天不参加劳动，队长就不给你划"一直头"。而且每年根据情况变化和上一年的实际表现，会重新评估、调整每个人的基分。因为每年要评定，也防止了出勤不出力、散漫偷懒等不良行为的滋生。

正因如此，这些年里，下洋浦大队（朝阳）各个生产队棉花产量年年保持高产。因为队长们的头脑很清醒：农民是靠种地吃饭的，棉花、麦子不会自己从天上掉下来，必须用汗水去浇灌。谁若不想流汗，即使口号喊得震天响，也坚持不给他划"一直头"。大队的书记、大队长都靠边站了，而生产队长对本队的事务却仍有拍板的权利，他们为什么敢这么做？因为当时农村中抓走资派只到大队主要干部一级为止，小队长没有当走资派的资格。

1969 年春，“文革”进入到在基层建立领导组机构的阶段，4 月 24 日朝阳大队革命领导小组成立，小组共有 8 个人组成，他们是：贫协主任冯长春、贫协委员冯永金、大队长沈仁富、民兵连长陈岳尚、副连长王先尧、民兵指导员胡尧芳、小学教师谢招芬和大队会计徐品华。

领导小组成立后，无政府状态得到纠正，村里提出了“抓革命、促生产”的方针，社会秩序有所改变。领导小组把原有的 8 个生产队合并为 4 个生产队。

当时国际风云变幻不定，美国的航空母舰封锁了台湾海峡，退守台湾的蒋氏政权常派特务人员来沿海地区搞破坏活动。因此，各级政府对民兵组织很重视，朝阳大队民兵连配有加拿大机枪 1 挺、五六式半自动步枪 9 支、五六式冲锋枪 1 支和六三式自动步枪 3 支。民兵连组织健全，纪律严格，每天坚持值班制度，夜间会组织民兵巡逻。

民兵连分基干民兵排和普通民兵排。基干民兵平时要经常进行枪支瞄准、扔手榴弹等军技练习，按照中央“招之能来，来之能战，战之能胜”的要求，认真做好备战，只要祖国需要，随时准备上战场。

每年的四五月份正是海涂上及浅水中的小生物生长繁殖的旺季。各生产队队长们根据人多地少、劳动力过剩的实际，适时抽出十几个社员去拷海，到海涂去挖蛤蜊、拾泥螺、取沙蟹、牵虾子等。这些社员每月要上交一定数额的钱，作为生产队集体收入，交完定额任务后的超出部分，才归个人所有。而且与干农活的社员一样，拷一天海给记上一天的工分。这项措施既使剩余劳力找到了出路，又增加了生产队的集体收入，搞副业的社员个人也得到实惠，又可缓解部分物资供应不足的状况，因而深得广大社员的拥护。有的生产队抽出十几个社员临时组成虾子队专门牵虾子，牵回的虾子另外派人去卖，钱归生产队，牵的人员和卖的人员分开，防止了漏洞，牵和卖的人工分也照记。年终生产队可分红的资金增加了，社员们都很高兴(见表 8－1)。

表 8-1　朝阳大队 1966—1968 年社员经济收入分配情况登记表

（一）1966 年　　（单位：元）

队别	户数	人口	总收入	支出	农业税	公积金	公益金	分配金额	人均收入	备注
大队	136	667	173794.96	21543.46	7052.03	8489.85	3396.13	72713.49	260.56	
1	39	205	37809.05	6839.45	2333.05	2834.63	1134.27	24667.65	184.43	
2	35	165	87839.48	4683.03	1645.84	2038.96	817.18	18054.47	532.36	
3	32	173	26456.99	5362.15	1645.11	1984.00	794.00	16671.73	152.93	
4	30	124	21689.44	4658.83	1428.03	1632.26	650.68	13319.64	174.91	

（二）1967 年　　（单位：元）

队别	户数	人口	总收入	总支出	农业税	公积金	公益金	分配金额	人均收入	
大队	136	684	121421.26	20736.90	7053.03	2711.94	1502.07	89408.32	177.52	
1 队	39	217	40269.38	6953.11	2333.05	805.00	402.60	29765.62	193.87	
2 队	35	160	28480.23	4848.32	1646.84	565.60	284.80	21135.67	178.00	
3 队	32	175	28804.67	4884.79	1645.11	864.00	576.00	20834.77	164.60	
4 队	30	132	23866.98	4050.68	1428.03	477.34	238.67	17672.26	180.81	

（三）1968 年　　（单位：元）

队别	户数	人口	总收入	总支出	农业税	公积金	公益金	分配金额	人均收入
大队	144	709	140045.57	20025.68	7052.03	8678.80	3918.90	100418.71	196.97
1	40	224	46613.75	6923.31	2333.05	2796.44	1398.00	33167.05	208.10
2	38	172	32395.06	4517.94	1645.84	1943.70	971.85	23365.73	188.34
3	35	181	33391,58	5151.58	1645.11	2003.50	1001.70	23589.69	184.48
4	31	132	27645.18	3432.85	1428.03	1935.16	547.35	20296.24	209.43

（制表人：徐品华）

从以上数据可以看出，社员们的人均收入是有限的，每年在 100 多元，加上拷海、饲养牲畜等副业所得的收入，一年也就 200 元左右。不过当时的物价也很低，一斤泥螺三四分钱，生产队自己种的瓜类，出村去卖也就三四分钱一斤，本队社员自己买还特别优惠，每斤西瓜才 5 厘钱，5 角钱可以挑回 100 斤。

第九篇　扬帆起航

下洋浦村本是个偏僻的村庄，人口至今仍在1000人左右。1949年以后，由于生活有了逐步改善以及卫生与医疗条件的进步，出生人口的成活率大幅上升，政府在50年代时鼓励多生孩子，因而人口发展很快，短短十余年人口增加了一倍多，导致全村人均持有的土地锐减。至60年代末，人均土地由土改时的一亩半以上，下降到不过半亩多些。大家都围着这么点土地做文章，单位面积产量虽逐年有所提高，但幅度有限，各项事业的发展似在原地踏步。单位面积产量的增长跟不上人口增加的速度，越来越满足不了人们日益增长的物质、文化生活的需要。那么该怎么办？是得过且过随波逐流，还是通过艰苦奋斗去改变自己的命运？村民们选择了奋斗，决心真抓实干，用自己的智慧和汗水改变落后的现状，一步一个脚印地走出一条适合本村实际的阳关道。

一、艰难探索

其实村民们无时不在探索脱贫致富的门道，早在20世纪60年代，人们便开始做出种种尝试。

(一) 立足农业生产,想方设法提高单位面积的产量

自1950年分到土地的那刻起,村民们都把农业当作主战场。这里一年两作,夏秋种棉花,冬春种豆麦、油菜籽等作物。村民们精耕细作,努力在提高单位面积产量上下功夫。从60年代初开始,政府提出了“农业八字宪法”,即水、肥、土、种、密、保、管、工八个字,人们根据本村实际,重点抓了水、肥、土、种、密五个字。

水。针对储水条件差、水源严重不足的现状,1965年村民在“四清”工作队的帮助下,在五书院开掘了一条长450米、宽4米、深1.8米的人工河,取名朝阳江,缓解了农业用水的需要。

肥。村民们深知“庄稼一枝花,全靠肥当家”的道理,很重视肥源的培育和积聚。肥料可分基肥和追肥两类。

基肥的来源有三种渠道。首先是种植绿肥,几乎所有的豆麦地,冬季都要套种草,这称作绿肥,是专为培育棉花准备的基肥,春播时把草割起后直接埋在棉地里,这是最主要的基肥。其次是掘河泥,棉地两边都有深、宽各1.5米左右的小水沟,每年冬季都要把水车干,把沟底的淤泥掘起来作肥料,这也是一种很重要的肥源。三是积攒狗粪等野外动物的粪便。生产队常派个别老人专门背着篮子起大早到野外去拾狗粪、牛粪等,日积月累也能积到不少好肥。狗粪中磷和钾的含量很丰富,这也是获取基肥的一条补充途径。

第二是追肥。50年代还没化肥,平时村民把人粪、草木灰等聚积起来,根据棉花生长需要,在关键时刻作追肥。人粪含氮量特别多,做追肥见效很快,一个星期即可见效,且肥力持久。平时生产队把各家各户的人粪尿收集起来储存在窖池里。这种肥自然越多越好,但总量是有限的,因此生产队还常派人撑着农用船到集镇居民中去收集(购买)粪便,收集来后也储存起来,需要时再用。

土。土地是农民的根本,人均占有土地的多少,直接关系到收入的高低。随着人口增多,人均占有土地量在不断减少,为此人们想尽各种办法增加土地面积。60

年代后期，村民把原先不被重视的塘边河角等荒地都开垦起来种上了农作物。但这里是平原地区，能利用的荒地也有限。70 年代村里再次深挖潜力，采用填沟平整土地的办法，把小河沟变成耕地。据记载，仅在 1978 年秋冬，村民利用农闲时节平整土地，全大队共平整土地达 86 亩，其中一队最多，在南横江平整土地达到 35 亩；二队在南横江后平整土地 16 亩；三队在塘南平整 20 亩；四队在七塘后平整 15 亩。

种，指的是作物的种子。农民很注重对作物种子的选择，不管豆子、麦子或棉花，都会挑选最壮实的作种子。当然种子的品种更重要，以棉花品种为例，解放初种的叫本花，产量很低，亩产 30 多斤；后改成老洋花，产量提高了两成左右；后又改成岱字棉，是外地引进的，产量又提高了两三成。1982 年冬，有个叫 861 的新棉种，在科验所产量较高，需找个村试种，时任大队党委书记的王先尧争取到了试种机会。

1983 年 4 月播种开始。种子很少，每亩只有 5 斤，比通常条播时所需种子量少了一半。大家把每粒棉籽都当作宝贝，一粒也不敢浪费，用点播的方法，把每颗棉籽都种到地里。在乡种子站技术员何宇先的热情指导下，试种获得成功。这一年亩产皮棉达 204 斤。要知道，在当时的技术水平下，一般年成中，亩产皮棉很难超越 150 斤大关。有个数据可以粗略反映当时棉花产量的大致水平。洋浦东侧的附海乡，通常棉花单产与新浦乡会略高几斤，但 1983 年亩产皮棉 131.5 斤，比下洋浦村的新棉种亩产少了 72.5 斤。因此，这确实是惊人的记录。这一年下洋浦亩产皮棉获得了全县第一。不但种棉花的效益大幅增加，下洋浦的棉籽也成了宝贝，被四邻的农友们抢得一粒不剩。

密。在适当密植的同时，主要采用套种的方法，可间作的就见缝插针，充分利用土地，可提前收获的就早点收，让后茬作物能充分享受阳光雨露。最难处理的是菜籽地种棉花，麦子、豆子作物可套作，油菜籽是密集型作物，不能套作。而它的成熟期要到 5 月下旬，等收起菜籽再播种棉花，比豆麦要推迟近一个月，没有足够的生长期自然会影响产量。为解决这个矛盾，人们就采用异地育秧的办法，就是留些空旷地，用营养钵集中育棉苗的办法，先把棉籽按季节及时下地播好，当油菜籽收起后，营养钵的棉苗已有了两三片的真叶，再移到菜籽地去栽，这样就不会影响棉花生长所需的周期了。

为反映70年代农业生产经营情况，这里摘录一次会议记录。

时间：1979年4月23日晚。

会议主题：关于棉花播种问题。

参加人员：大队党支部委员、生产队正副队长、各队植保员。

主持人：大队长沈仁富。

沈仁富发言(摘要)：

今天开会有两个内容：一是讲一下棉花播种情况，二是冯书记传达上级会议精神。

关于春播情况，总的看是正常的，普遍采用边开沟边播种，有的播下后用刮子满沟，比较仔细。我还是强调，种子关要扣牢，要晒干、带肥、带药。河塘要利用好，能种的都种上。从具体进度看，第三生产队速度较快，其他队要跟上。下面请冯书记传达上级会议精神。

书记冯长春发言：

同志们，刚才大队长讲了春播情况，我同意他对春播工作的评估。现在想结合区里会议精神讲几点具体意见。

关于春播，大家准备充分，进度快，大头(多数)已落地，成绩显著。但也存在进度不平衡，落后的队在保质量的同时要保进度。“十年早，九年好”是多年实践的总结，动作一慢就不能保“四月苗”了。故有播种尾巴的要抓紧扫除，要做到三坚持：坚持早苗，坚持一次保全苗，坚持有病早防。

关于区委召开的会议精神，其实还是对前段时间指出过的一些倾向性问题做些强调。社会上出现一些模糊认识和不良行为，表现在政治上的动摇性，要划清坚持党的领导与反对瞎指挥的界线，划清坚持民主集中制与长官意志的区别。在思想上存在片面性，认为提倡发扬民主就是"我说了算"，自己的意见没被采纳便以为是不民主。在行动上存在自由散漫现象，有的搞投机倒把。以上这些问题，我们朝阳大队还不是很突出，但常敲敲警钟是有好处的。

最后还要回到我们当前的生产上来，我们这里属于一年两熟地区，就是春花（豆、麦、油菜籽等）和棉花，但两熟所需日子共395天，可一年只有365天，这短缺的30天就需要用套作进行调节，而套作又在收与种交替的一个月中，两种作物接受光照时相互遮挡，对春花成熟、棉苗生长不利。为此要抓好两点：一是菜籽地的营养钵要抓紧种好，到菜籽拔起后，便于及时移栽；二是棉花播种结束后要及时缚好豆脑，尽量减少豆秆对棉苗的遮阴幅度。

上面的会议记录说明，当时村干部对农业生产是很重视的，指挥也是有力的。尽管这样，但总收入增长还是有限，且随着人口的不断增加，人均收入原地踏步。人们在思索新的致富门路，大队干部觉得全村千把人都围着五百多亩土地转，无论怎么努力也没法过上好日子，必须寻找新的出路，于是就想到了搞副业生产。

（二）发展副业生产，开辟经济收入来源

副业搞什么项目呢？村民首先想到的是利用离海近的优势，就是拷海，于是决定办渔业队。

1. 成立大队渔业队

60年代初，为增加收入，受生产队抽出富余劳力拷散海搞副业并取得明显效益的启迪，大队组织了一批有拷海经验的社员组成渔业队下海搞副业。

渔业队经营的项目不少，分为活水船、串网、插钩、牵泥螺等四个小组，由渔业队长根据各人特长安排具体工作。网、钓、船等所需渔具由集体筹办，资金由渔业

队统一支付。这样做是必需的，因为有的项目可在海涂上作业，有的需到浅水区，而像活水船捕捞等项目需到深水区域去，所以不能一锅端。

但这样也给管理工作带来难题，只能靠各组成员的自觉性。然而失去有效管理手段和相关制约措施，仅仅靠人的思想觉悟是不够的。开始时大家信心很足，劲头不小，经济效益也不错，可随着时间的推移，各小组间开始互相猜忌：怕别的小组偷懒，怀疑别人出勤不出力。还有个问题是计酬的方式存在弊端，各成员的基本报酬“一律平等”，像活水船等虽有少量补助，但区别也不大，各组产量的多少、经济效益的好坏与操劳者的报酬没有挂钩，这自然影响了人们的积极性。于是消极因素不断滋生，如活水船抲上来的鱼、蟹，捕捞者拣最好的自己吃，还有人把青蟹、海鳗等贵重海鲜私下送朋友……这样办渔业队自然不会有好的经济效益。果然，渔业队年终结算时出现亏本，连成本都扔了进去，最后只好不欢而散，解体了事。

2. 办泥螺加工场

办渔业队不成功，大队干部接着又办了个泥螺加工场，就是利用身边的海涂资源办企业。他们吸取办渔业队时因多种项目并举、不易管理的教训，专门进行泥螺腌制加工。当泥螺旺发的季节，干部们让社员们下海去拾取泥螺卖给大队加工场。又抽了几个有腌制泥螺经验的人，专门制作腌泥螺，腌制成后销售到外地。

干部们认为，办泥螺加工场赚钱是可行的，因为是利用本地的自然资源办企业，技术力量也不缺，依靠的是本大队社员的劳动力。为加强力量，他们还把深受群众信任的老书记张钊友请来当场长。为保证销路，他们又派人去上海联系，并签订了合同。

泥螺加工场风风火火地办起来了，大家都以为赚钱是板上钉钉的事。但是人算不如天算，这一年在本该泥螺旺发的季节却天公不作美，不是连绵阴雨，就是持续大风，这一年的泥螺特别少，完不成合同任务，年终一结账自然又亏了本。加工场关门了，更重要的是，人们心中的希望被浇灭了。

3. 大队办养蜂场

办养蜂场的投资较大，大队没积蓄，只能向农民伸手，于是要求各生产队按比例投资，生产队长已有点犹豫，经再三动员后才按规定比例拨出了资金。

办养蜂场的目的自然是为了赚钱，然而似乎一开始就注定会赔钱，原因有三。

一是经验不足。本村无人养过蜂，只听旁人所谓的经验介绍，连一知半解的程度都没有达到。而养蜂是个很精细的活，中间一个环节处理不当，就会造成无法挽回的损失。

二是管理困难。养蜂看似自由自在，其实是件很辛苦的活，要做好需有强烈的责任感。但养蜂人表现如何、是否尽责不好管控。大队不好监督，表现好没法表扬，表现差也看不到，全凭养蜂人自己。

三是经济效益难核实。养蜂场有没有利润、效益好不好，大队干部们是没法知道的。即使有了效益，集体也不一定就有利润。因为蜂蜜、蜂王浆等蜂产品的价格是随行就市的，不同的时段、不同的地域价格差异也很大。再说到底获得多少蜂产品，大队干部也没法去核实，全凭养蜂人自己说。

所谓正人君子难找，也许确有客观原因亏了本。两年后养蜂场因赔本停止运作。

(三) 大队兴办工厂

农民集体搞副业生产，拷海、养蜂、办泥螺加工场，全都赚不到钱，那怎么办？

三次办企业均以失败告终，确实让社员们有点接受不了，牢骚是免不了的，不少人骂干部是败家子。而大队干部也是有苦难言，本是一片好心却付诸东流，有些人也有点心灰意冷。但是挨骂归挨骂，作为大队的当家人，干部们还得考虑如何带领群众走出困境。

时光已进入到 1975 年，干部们坐不住了，便到宁波等地去取经，但几次都空手而归。几经周折虽无具体收获，他们的头脑倒也充实了许多，眼界也扩大了，觉得城里工人们在做的许多活，其实农民也会做，那么为什么不自己办一个工厂呢？于是决定自己建一个队办厂。

大队干部们经反复推敲分析，决定办一个废花厂。可办废花厂不比办泥螺加工场那么简单：一无资金，二无厂房，三无机器设备，四无技术人员，五无业务渠道，一切都需白手起家。

支部书记冯长春对支委们说："不管有多少困难我们都得试试看，慢慢摸索。不摸索不试试，就一点希望也没有，六七百个劳动力都围着这点土地转，这样下去一点前途也看不到，只会永远受穷。只要试了，就有可能找到药方，不成功至少也会有教训可以吸取。"支委们觉得他说得有道理，大家就齐心协力寻找解决的办法。

为了解决资金问题，党支部再次决定由各生产队出资，从历年的公积金中抽取一部分，每亩土地投资 18 元。社员们对办集体企业已经吃够了苦头，一听说又要办集体工厂了，全大队一片哗然。几乎没一个社员支持的，有人说："只有再一再二、没有再三再四，无论怎么说，也不能再上当。"连有些生产队长也不愿投资。大队党支部首先召集生产队长等骨干开会统一认识，讲解办废花厂的必要性，分析办厂的可行性，取得了大多数人的理解后，便按地亩集资，共筹集资金一万元，作为办厂的启动资金。

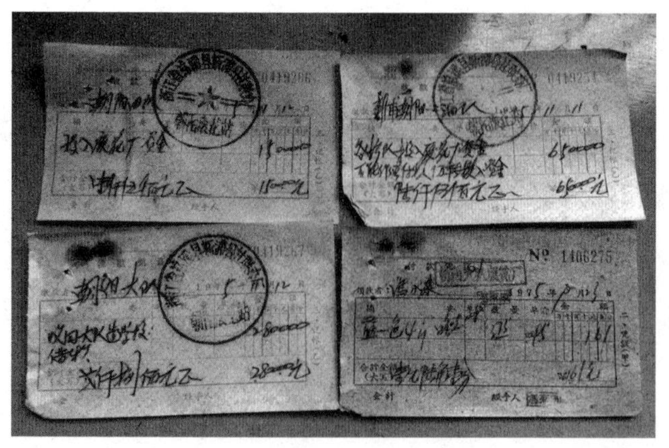

生产队投资办废花厂的发票

资金问题基本有眉目后，其他准备工作就开始了紧张的筹划。针对一个个具体问题，大家一起寻找解决的具体办法。

关于管理人员和工人的选择，吸取了前几次的教训，对这次招用的人有个先决条件，就是一定要热心集体事业，私心严重的人即使有再大的才干也不录用。

熟悉废花业务的供销人员，本村不好找，便从胜山请来一位师傅跑外勤。没厂房，又没造厂房的资金，梳棉机买来后放在露天自然不行，便给第二生产队一位社员做工作，借他的家做了临时厂房。没加工生产所需的业务和原材料，便发动群众走亲访友找关系帮助解决。后来大队长沈仁富通过在坎墩的亲戚，借到了几吨原材料，使梳棉机先转了起来。

1976 年农历正月初八，"朝阳大队废花厂"正式开门营业。

开业不久，外勤便发来了第一批原材料，使废花厂的生产得以正常进行。废花厂是废物再利用的工厂，就是把国有企业的服装厂、棉纺厂等废弃的边角布料廉价买来，重新轧成棉絮，纺成纱、织成布后，再做成劳保手套、劳保服等成品，随后卖给城里的工人用。

令人们意料不到的是，由于价格上有优势，废花厂生产的产品很快就打开了销路。因原材料极便宜，职工报酬又低，所以利润也很可观。这下废花厂站住了脚跟。

从边角布料变成劳保服装的过程中，要经过轧絮、纺纱、织布、缝纫等多道工序，需要由大量的人工去完成。这就为全大队的女人们提供了大量的工作机会。许多家庭自己筹资添置了大车(纺纱)、布机等工具，几乎家家户户都有女人在家里加工废花厂的产品。

废花厂有了盈利，不但还清了生产队的集资款，还有了几万元的集体积蓄，这几万元钱在当时可办了些大事，同时群众的加工收入也增加了不少。

第二个厂是塑料厂。废花厂走上正常轨道后不久，迎来了改革开放的春风。大队支部一班人有了新的思维，认为步子要再迈大一点，决定办一个塑料厂。由于办废花厂使大家都受了益，这会听说要办塑料厂，就没有反对的声音了。

办塑料厂的步骤与废花厂已大不相同，因为有几万元的集体资金作筹码，一开局大队便从舟山买来了五台100克的塑料压机。当时村子周围已有不少加工塑料件的小厂，那些厂里多是些20至50克的小压机，100克压机算是个大力士了。接着，大队从公社农机厂招来了塑机技术人员、模具师傅等。不过因为刚开始，业务不多，只能到观城、附海等地的厂家拉些横线业务做，大多是些瓶盖、内塞等小型零部件，数量不多，利润也有限。而且这么一点零星“食物”，五台大压机根本也吃不饱。

为提高效益，厂里自己选了些头脑敏捷的人作外勤，到外面去联系直线业务。虽有些收获，但业务量不够，一线职工常常需要轮流休息。

塑料厂的转机是由冯长春书记抓的，当时他去嘉兴王店联系业务，正好碰到上海化工研究院的人员要把一批阶梯环业务给王店做，可王店厂里刻制模具的水平不高，怕完不成。冯长春马上推荐自己村的模具师傅施水龙，并保证有把握及时交货，如果不合格不要对方一分钱。于是上海化工院就把图纸交给了冯长春。施水龙果然按期刻好了模具，并一次试压合格，院方很高兴，把一批较大的业务交给了朝阳大队塑料厂。有了成功的开端，极大地鼓舞了外勤人员，他们底气十足地去叩各家化工企业的大门，厂子渐渐地出现转机，不时有新的业务合同进来。

至于在外的推销人员的报酬，厂里有规定：任何人都可以去跑外勤，外勤人员的补助按所接业务量的3%～5%支付。这下到外面联系业务的人越来越多，专职供销员由开始的2人逐年增加，村里总共有286户人家，最多时有103人在外面联系业务。业务量增加后，塑料厂实行三班制，息人不息机，即使这样也经常忙不过来。于是下洋浦做阶梯环的名声传了开来，原先村民要去观城、附海等地的兄弟厂家拉横线业务，这回反过来了，他们挽亲攀友到下洋浦来拉横线业务。

下面是反映当时企业发展情况的两则会议记录。

大队厂管理委员会会议记录

时间：1978年10月27日下午。

参加对象：厂管会全体成员及大队干部。

主持人：厂长许荣华。

许荣华首先汇报两个队办厂经营的情况。

一、关于塑料厂问题，今年由于冯书记亲自抓，业务量还好，时间短，利润好。下一步充分发动群众，关心企业，注意质量，塑料产品要做到只只验收，减少次品。模子师傅施水龙兼外勤，担子很重，他也很尽力。到会的人要靠质量吃饭的，毛主席教导我们，“抓而不紧等于不抓”，我们一定要抓住不放。当前利润比去年有所减少，就看第四季度如何抓！

二、关于废花部门，土布问题也要想办法推销出去。土纺(产品)同样要抓住质量关，防止吃退票。布颜色不统一(染色不匀)，密度不够，要攻破难关。下面请冯书记讲话。

冯长春发言：

根据华主席和党中央指示，思想再解放一点，胆子再大一点，办法再多一点。对废花厂走下坡路，厂方人员不要担心自己的工作怎么办，人员是要抽(减少)的。对队办厂要回忆对比办厂前后的变化，证实大队办厂大方向是对的，我们克服了资金少、人才不足、设备落后的困难，取得了一定的成绩，但我们不能骄傲。抓质量问题，领导要重视，员工操作要认真细心，专职人员要把好关。对贫下中农在自己家里的纺纱织布，厂技术人员要主动抓，就是上门走访查看，发现技术问题辅导一下，一定要从源头抓起。关于海口的布角款退转来，现在采取只出不进的办法。内勤(人员)要多联系，(争取多)出售土布，周转资金。

明天塑料厂开始生产了，搞好定额管理，取消月补贴，不能出次品。次品控制在5%，超出者倒扣超产部分，每只扣0.03元。正品定额8小时1200只，超出部分每只(奖)0.03元，但到1500只止，超过1500只的要计件，月底适当奖励。

修剪女工跟男的压机人员走，当班完成。完不成者扣补贴。

压机损坏，在(修理停工)1 小时以上者，按时间降数量。临时断电计时，全日断电要补足。

队办厂总结大会

时间：1978 年 10 月 30 日晚上。

地点：大队会议室。

出席会议人员：厂管会成员，党支部委员会成员，大队管委会成员，共青团、妇代会、民兵等组织负责人，各生产队队长。

会议主持人：冯长春。

会议议程：

1. 队办厂一年情况总结汇报；

2. 年终有关人员经济补助问题；

3. 其他相关问题。

一、厂长许荣华汇报队办厂工作情况

关于塑料厂情况，我们依靠自力更生，大家想办法动脑筋，冯书记亲自出差收获不小。王店(方向)业务达 26000 多元，利润可观，接近 20000 元，(仅这一笔已)在全公社列第二名。其他方向也都有不少业务，当前正在忙于组织生产。第四季度还有两个月，预计第四季度可超过 30000 元。关于布的问题，当前做好经济汇拢工作，不进布角，搞好推销工作，如布能推销(一部分)，全年利润可达 40000 多元。

二、年终经济补助问题

根据年初的有关规定，厂管委对有关人员一年来的具体执行和表现情况汇总后报支部审批，经支部集体把关，现公布如下。

年终补助：施水龙补助 170 元，胡吉棠 100 元，冯长尧 70 元，胡尧芳 40 元，许荣华 70 元，冯长春 150 元。

月补助：胡正棠6元，徐云华6元，胡尧芳6元，胡吉棠7元，施水龙15元，冯长尧7元，龚钊来8元，许荣华7元，高杏见5元，鲁长华6元，胡秋珍4.5元，梳棉机（员工）3.5元，许张田补8月份10元，徐品华25元。

三、其他相关的几个问题

一是以上人员补助的理由。

施水龙模具兼外勤，交际多。胡吉棠出差多。冯长尧联系土布，交际多。胡尧芳到舟山、宁波等地，交际也不少。许荣华接待来客出差。冯长春王店业务接得多，接待客人，交际支出。徐品华（会计）是按历年做法，每年给补助的。

二是民兵、青年组织（指队办厂内）：排长范洪山，副排长孙国权，女排长鲁凤彩，组长孙国权、郑富顺。

三是根据塑料厂业务，模具已刻好，人员要适当增加。12月底前要生产20万只产品，再加四男两女共六个人。

四、俞桂花汇报出席省第六次妇女代表大会的概况

俞桂花说：

出席省妇代会的代表共有1512人，省委领导作了动员报告，省妇联主席作上届妇联工作报告。内容很多，我是黑眼（文盲），也记不住。

回来后，县妇联召集我们开会，研究如何落实省妇代会会议精神，与我们关系密切的是计划生育问题，这项工作现已列入国策，不能动摇。为实现华主席关于人口出生率要降到10‰以下的指示，要大力提倡（一对夫妻）只生一个孩子。对只生一个孩子的夫妻要表扬、鼓励，在入党、提干、进社队办厂时，同等条件下，优先考虑；对已（违规）生育两个小孩的，所扣的粮票，落实避孕措施后还给他；生三个小孩的，所扣粮票不归还；今后生两个小孩要有间隔，参考夫妻年龄大小，一般需三到五年；对生了两个小孩又不绝育的仍要扣粮票的。

五、冯长春最后发言

告诉大家一个好消息，今年我们朝阳大队棉花产量高，丰收已定，估计由去年

的每亩78斤皮棉增加一倍多(当时还没收摘完，年终实际亩产皮棉164斤，当年全县平均每亩120斤，高出县平均44斤)。

关于落实贯彻计划生育问题，妇代会成员和女队长要专门开个会，分析一下形势，有漏洞及时补上。

关于土布，由新胜支部讨论决定，叫周建福代为朝阳大队推销20000米，若能成功，我们的形势就很乐观了。下一阶段，我们要制订明年的生产计划，总的方向是，废花厂要逐步收(缩)，塑料厂要花大力气办好。大家有什么好的意见建议，欢迎给支部或厂管会提出来。

从这两个会议可以看出当时工农业生产发展形势是很好的。这一时期由于全县各地生产生活用电量增速快，电不够用，电力部门不得不经常拉闸断电。为了保证生产生活用电需要，塑料厂买来发电机自己发电，不但保证了厂里的生产需要，也保证了群众生活用电。

随着集体经济的积累，福利待遇多了起来，60岁以上的老人发给生活补助费，男社员每人每月10元，女社员每人每月8元。这一福利待遇在当时是很高的。因为那时公社干部的工资每月才35.50元，人们戏称为“眯沙沙”。为用上清洁水，要求每户社员挖一口灶头井、一条水渠，费用均由大队集体支付。为改善学生学习环境，大队造了新的小学，占地面积1000余平方米，建筑面积达500平方米左右，其中两间是两层楼房，这是村里出现的第一幢楼房。在村里几条主要道路旁装了路灯，每当夜晚降临，村庄内外灯火通明。当时，在全县是唯一能达到这个生活水平的一个大队。连续几年，每当农业生产相对空闲时，村里便从上虞、嵊县或上海等地请来演艺剧团演戏，一般要演上一个多星期，以丰富群众的精神生活，因而引起周围村庄人们的羡慕。

至此，村里的农业生产连续几年保持高产丰收的态势，工业生产的业绩更不错，一切似乎很顺当。然而，任何事物都在发展变化中，时光进入到80年代初，废花厂生产的再生劳保用品已不受人们青睐，效益不断下行，只好渐渐收尾停业，塑料厂也出现种种变数。个体企业的蓬勃兴起，对集体的乡村企业冲击很大，队办厂受到了严峻的挑战。个体企业不但跟乡村企业争业务、争技术人员，更严重的是有些人挖集体的墙脚。在经济利益的驱使下，集体厂里派出去的一些外勤人员，在集体厂里报旅差费，而把接到的业务中利润高的合同转给了个体企业，把利润低的给了集体厂。有时集体厂里所赚回的利润甚至还不够给他们报销旅差费的。企业没法承受，效益越来越低，勉强支撑到1983年，两个队办厂不得不转制解体。

（四）规章制度建设

以下是至今能找到的下洋浦村第一份内容较广、规定较具体的规章制度。制度制订的时间是在十一届三中全会召开之前，对了解改革开放前夕人们的认知及社会形态有参考价值，故特记录在此。[①]

新浦公社朝阳大队规章制度

在英明领袖华主席为首的党中央一举粉碎了"四人帮"反党集团，提出了抓纲治国的伟大战略决策，提出了新时期的总任务。为在20世纪内把我国建设成为农业、工业、国防和科学技术现代化的伟大的社会主义强国，为了坚决贯彻落实华主席和党中央的各项方针政策，把被"四人帮"颠倒了的路线是非重新颠倒过来，拨乱反正，建立合理的规章制度，为全面完成新时期总任务的宏伟目标，朝阳大队在工作组的帮助下，经研究决定订立以下规章制度。

一、认真学习马列主义、毛泽东思想和华主席党中央的指示

1. 党员规定每逢十号（日），团员、民兵、青年每逢三、六、九（日），社员每逢一号（日），各单位参加生产队活动外，组织政治和业务学习。不断提高党员干部和贫下中农的政治文化水平和业务水平，为完成新时期的总任务而奋斗。

---

① 全文除对个别错别字作必要的更正外，没增删一个字。

2. 坚持干部参加集体生产劳动的制度。根据华主席指示，大队干部逐步做到(每年)300天，现确定支部书记65至70天，企业人员40天，大队会计50天，检查生产也算。电工70天，抽水、装黑光灯也算。赤脚医生亦农亦医，积极为贫下中农防病治病。教师在不影响教育质量的前提下，适当参加农业劳动。如不按规定做到，要照比例扣工分，同时工分按生产队同等劳力计算。保证各级领导和贫下中农的密切联系。

二、加强治安保卫工作，维护人民生命财产安全

治保战线有权对民事纠纷做出批评、教育等适当的处理。重者上交上级机关处理。

民兵要做好站岗放哨工作，严防阶级敌人的捣乱破坏。在民兵连部和上级有任务站岗时，每人每岗补贴0.2元。但一定要有连长和财经队长审批盖章后方可领取补贴费。

三、加强党对社队企业的领导

社队企业是伟大的、光辉灿烂的希望。厂成立企业管理委员会，由厂长、副厂长和若干委员组成。各级领导对企事业人员要做到政治上关心，经济上支持，组织上加强，措施上落实，任务到车间，责任到人。

1. 外勤人员每月补贴15元，内勤每月(胡)吉棠10元，(冯)长尧7元。出差县内补贴0.5元，县外0.8元，省外1.2元。一类地区1.5元，途中加半，晚上通宵加倍。大队抽临时工男子1.4元，女子1元。用船到余姚，(运货量)3000斤以上18元，3000斤以下14元，时间2.5天。浒山10元，时间1天。观城、逍林、胜山(等地)7元。新浦4至5元。时间内船(过)坝费由厂方支付，时间外厂方不负担。其中一切事故由运输者负担，船只损坏，厂方负担40%，运输者负担60%。特殊情况由领导批准。大队搞基建，拨给生产队非包工，补贴由厂方支付。抽人时取得队委、党小组同意，绝不能营私舞弊。

2. 社队企业人员工资由厂方支付，男子每月为30元，女子21元，一年一次或两次下拨。生产队到企业人员，各队大致做到按投资大致平衡。一队：许张钿、徐

云华、胡尧芳、施水龙、陈银岳、鲁长华；二队王先尧、王兰芬、苗世根、龚钊来、冯长尧；三队钟家龙、高杏见；四队许荣华、胡正堂、胡吉堂、胡秋珍、冀柏康。其他人员按具体日子下拨工资到队。

3. 企业外客用膳补助：每来一个客人，一餐 2 元，两人 3 元。陪客大队两人，每人 8 角。特殊情况由领导批准。用膳发票一定要做到领导批准，三印六有（证人）。对内外勤、模具师傅的补助，根据业务多少、表现好坏，年终由支部、贫协、管委会和上级机关批准，做适当的补助。

4. 朝阳商店购买物资，一定要先领款开发票报账。反对记账，否则拒付款子。

四、财务管理制度

1. 各单位办公费要一次打报告，根据节约的原则，提出一定的数目，经领导集体讨论决定。发给一定的办公费，这种办公费下发后，一定要用在正常的事业中，并定期给大队结账。如果用不完，要上交大队，不能吃掉。否则谁出主意谁负责。

2. 大队、企业各单位要增添财产，要由本单位报告，经批准后可添置。

3. 大队财经队长经济审批权限为 20 元，超出 20 元要集体讨论决定。

4. 干部开会、出差，工资交队，每天 4 角，如社员休息，记工分 9 分，女子 7 分。

5. 各队非包工要做到相对平衡，在年终分配时，按四个生产队的平均数找补好现金，在年终参加生产队分配。

6. 自行车修添问题。根据企事业的不断扩大、工作需要和节省开支的原则，大队一辆公车，厂里一辆公车，专人负责，进行必要的修理。以后一般不增添新车。为了工作起见，大队采取个人买车，补助每月每辆自行车修理费 3 元。大队支委、大队会计、内外勤，各人可买一辆。医疗站、学校负责人、电工，可买一辆，可报修理费。但要经过领导批准。本人使用车子当天能回来的，不能报车票，更不能报修理费。干部因公出差借用其（车子持有人——编者）车子，要取得其同意，也不付给租费，如损坏由借者负责修理，否则以后拒绝，不能见怪。公家用车特殊重大损坏，由领导批准修理完善。根据宪法（应为“法律”——编者）规定，车子永远归本人所有。

7. 大队要定期检查财务制度的执行情况，积极培训生产队财会人员，对违反财务制度，投机倒把，贪污盗窃，损公利己，保管不严，有权做出批评教育、罚款等项处理措施。

五、建立财产登记册

各单位财产登记册为一式两份，单位一份，大队一份。做好价格专人负责。损坏或失窃要追究责任，直至追回或照价赔偿。各单位互借财产要互出收条，否则一律拒绝。

六、合作医疗站报销幅度和投资办法

1979年元旦起，本大队的社员投资每人0.5元，各队每亩1元，其他厂方负担。报销幅度：一九七九年本站50%，新浦、逍林、浒山、宁波、上海、杭州为40%。超出50元以上的一次医药费，特殊病号经领导批准报销全部药费。赤脚医生要做好预防注射，注射费归赤脚医生。星期天尽量轮流休息。

七、认真搞好计划生育

根据毛主席、周总理(历来)指示，和华主席人口出生率要下降到10‰以下的指示，凡结婚男子25岁，女子23岁生小孩规定两个，间隔五年。如不(到)间隔要采取政策与措施相结合的办法。特殊情况另行照顾安排。

八、坚持社会主义方向，批评资本主义倾向

生产队农闲时社员可参加正当的副业生产，农忙要经队长、副队长同意。每人交队0.13元，未经队长同意的倒扣工分4天。如长期劳力外流，不参加生产劳动，根据“不劳动者不得食”的原则，扣住其个人口粮和杂物。

九、关于补贴费的规定

1. 生产队用船外出，规定补贴：新浦、高桥0.4元，逍林、胜山、观城0.5元，浒山0.8元，余姚1元，第一夜不补贴，第二天0.5元，晚上如特殊情况需工作者，补贴夜餐费每人0.3元。用船外出不能住旅社。

2. 做区、社水利，每人每天补贴0.5元，粮票半斤。大搞农田基本建设一律不能补贴。搞农田基本建设要发扬共产主义风格,顾全大局,又要合理负担,反对一平二调。

此规章制度于一九七八年九月十三日起生效。

以上规章制度发至各单位、生产队,望宣传、贯彻执行。

新浦人民公社朝阳生产大队革命领导小组

一九七八年九月十二日

二、立志绘新图

集体企业没有了,村里原定的一些福利待遇成了无源之水,不得不中止。

但村里有许多事是不能中止的,如对五保户、困难户的照顾,军烈属的慰问等,要做这些事还是少不了钱的。集体企业解体,个体企业却多了起来,于是,村里就向个体企业征收管理费。具体做法是按用电量的多少上交一定比例的管理费,这不属于乱收费,但上交的数额有限,不够正常支出,出现了寅吃卯粮的被动局面。

问题并没到此为止,一个新的问题摆在了人们面前:有些村民只考虑眼前的经济效益,不顾及环境保护,乱扔垃圾,随处焚烧废品。日积月累,随着时间延伸,问题越积越严重。河水是黑色的,空气是浑浊的,河边路旁垃圾成堆。村干部们也想着治理整顿,可由于资金短缺,巧妇难为无米之炊,一时束手无策。

此外,由于当时还没有一条通向国道的公路,在本大队办企业,产品外销要用农用船运到新浦,甚至运到余姚车站去发货。由于交通不便,加上环境又太差,一些个体企业纷纷外迁,这自然又流失了一部分管理费,造成村里的可用资金日益枯竭。就这样，曾经鲜亮一时的大队，竟演变成了集体经济捉襟见肘的村庄。

面对这个情况，1998年2月28日，以楼国相为书记的党支部召开了支部扩大会议，决定积极响应慈溪市委、市政府的号召，开展环境整治大会战，会议成立了以楼国相为组长的环境整治领导小组，由19人组成。

可不久，楼国相的身体出现疾病，他虽仍努力坚持工作，后因病情不断加重，不得不住院治疗。为了让楼国相能安心治疗，副书记王先尧默默地挑起了主持全面工作的重担，为减轻同事的压力，他能办的事不推、不等。在村三套班子的共同努力下，村民对村内两条主河道进行治理。洋浦江共1200余米长，七塘江700余米长，通过清淤、砌坎后放水养鱼，同时推行垃圾袋装化，环境得到初步改变，为下一步的发展打下了坚实的基础。

1998年10月，村党支部进行了换届选举，由余小冬担任党支部书记，她结合当时的实际，制定了村庄建设新的规划。1999年，胡尧芳被村民们选为第五届村民委员会主任，他也立志要为村民办点实事，为集中精力做好村里工作，还毅然辞去了慈溪市工商联副会长的职务。于是党支部、村委会、经济合作社三套班子成员进行了一次次的认真研讨，最终统一了思想认识，决定从当前的实际出发，制定了村庄建设的长远规划。他们决心从抓集体经济收入入手，对其他河流继续加强整治，防治环境污染，在修建道路的同时，植树种花美化村庄。争取通过五至七年时间，使村庄面貌来个大变样，成为环境优美、治安良好、空气清新、河水清澈的美好家园，让生活在这片土地上的人们生活无忧、心情舒畅、和谐相处。为实现这个美好的理想，他们表现出壮士断腕的决心，一步一个脚印地向前走，不达目的绝不罢休。

他们不计较个人得失，考虑的是如何彻底打翻身仗，团结协力领着大伙向既定目标前进。经余小冬、罗志棠、龚建焕、冯先焕等一届届支部的接力拼搏，取得了一个个骄人的战果。下面描画的是下洋浦村的干部群众走过的一个个脚印。

（一）新世纪第一天：绘图

2000年是21世纪的第一年，人们充满了新的希望。一年之计在于春，开局的几步棋如何布局尤为重要。那么在21世纪开始之际，村干部们是怎么谋划的呢？

1月1日是21世纪的第一天，也是下洋浦村向新的目标前进的第一天。这一天，村干部们做出了一个决定：外出考察学习。

他们组织村三套班子成员、村民小组长、党小组长、生产队长及民兵、共青团、妇代会等组织的骨干负责人共42人外出考察。大家参观了奉化滕头村、龙山西门外村、附海花塘村及尚在建设中的杭州湾大桥等地。两天时间共开支费用5300元。

与那些"聪明人"把集体资金当作"唐僧肉"，借考察、开会、培训、学习等种种名义大肆挥霍的做法不同，下洋浦的村干部们是一群"呆头鹅"。鉴于村里年收入不过2万元左右，且当年已负债5千元的现实，故这次村里外出考察所需的经费，由村干部们自己掏腰包支付，由党支部、村委会、村经济合作社三套班子的负责人余小冬、胡尧芳、王先尧、罗志棠等四位同志平摊。

考察回来后，组织大家对照先进单位找差距，结合本村实际提建议，就如何创建文明村这个主题献计献策。在听取大家意见的基础上，党支部制定了三年任期目标，村委会制订了创建文明村的具体规划，合作社确定了农田基建的主攻项目，提出"一年一个样，三年大变样"，在此基础上，再花三到五年时间，把下洋浦建成文明村。

规划制定后的关键在于落实，为此三套班子把实施项目分作两步走，即当年的具体建设项目和今后几年的大致构想。

首先列出当年的建设项目：一是春季开展绿花村庄活动，植树栽花，美化环境。二是改变村庄道路，决定浇灌一条长420米、宽3米的村内水泥路。三是治理脏、乱、差，彻底消灭露天粪缸，同时建造6座公厕。四是建设健全村民活动阵地，建立青年之家、老年活动室、党员活动室和室外活动场地。

其次是关于近几年需开展的项目，主要是利用冬春农闲时节，大搞农田基本建设。对地间小河沟进行清淤，共需治理小河沟209条，总长25098米；疏通加宽10

条排灌渠道，总长 4800 米；建泵站两座及管道等附加设施，改善农田灌溉条件。

以上项目预计所需资金约 34 万元，原则上是全民动员，出钱出力，先易后难，逐步推进。

打算当年投入农田建设的资金有：一是每对劳力出资 50 元，计约 17850 元。二是每亩承包地投入 30 元，估计约 16800 元。三是向厂长经理集资，约可集资 6 至 8 万元。四是规定每个劳动力做义务工两天。村里有劳动力 700 人左右，按每人每天 20 元计算，可顶资金 56000 元。五是向市、镇两级政府要求，争取一部分资金用于农田基建。

如果市、镇两级政府一时不能资助，仅从前四项分析，第一年可筹集资金 16 万元，以后每年再适量集些资，分几年时间完成这个规划，也是可能的。

蓝图绘好后，村里便召开各种会议，向村民们进行宣传，使村干部做出的规划做到家喻户晓，要求人人为创建文明村做贡献。在落实筹资、做义务工的过程中，村民组长、共产党员等成了带头人。

2000 年的最后一天验收。

12 月 30 日晚，村三套班子召开了 2000 年总结表彰大会，由支部书记和村主任先后对一年来的工作做了概要总结。通过一年的努力，年初制定的几项工作目标基本得到了较好落实。主要成绩有以下几点：

一是村庄绿化成果明显，种植了桧柏、龙柏、女贞、月季花、三角桐等 13 种花木，达 10907 株，四季青草坪 1800 平方米，麦冬 1000 棵，超额完成了原定目标。

二是环境面貌有了较大改变，新建和改建公厕 4 座，村庄的露天粪缸被全部消灭，实现了垃圾袋装化，门前垃圾实行三包制度。每季度全村搞一次卫生，进行大扫除，每次有 20 多人参加义务劳动，因而这一年村庄被评为“慈溪市环境卫生示范村”。

三是认真听取群众意见，广泛发动群久。一年内召开 5 次村民代表大会，15 次村民小组长会议。在广泛发扬民主的基础上，做出了符合本村实际的“两个文明”建设规划和具体实施办法。由于上情下达、下情上传做得较好，村干部做出的规划得到绝大多数村民和共产党员的支持。

四是农田水利建设取得较大进展。除少部分项目仍在进行中外，年初制定的大部分项目已完成。其中，挖掘横沟 330 米，完成土方达 862 立方米，疏通西直塘河 691.6 米，完成土方 2697.24 立方米。在七塘公路两侧等处埋排水瓦洞 80 个，改善了农田排水条件。在建设过程中对农作物的损失做了适当补偿，支付资金 11093 元，群众比较满意。

五是当年用电量有所增长，达到 106236 度，其中油泵用电 73250 度，每度收费 0.1 元，计 7325 元；冲床用电量 23410 度，每度收费 0.2 元，计 4682 元；农用、路灯用电达到 9576.81 度。

六是新建村庄田间道路 2300 米，拓宽道路 1700 米；浇水泥路 700 平方米，在村口建造门头一座，提升了村庄形象。

七是精神文明建设取得新成就，完成了“六个一”工程建设，即一个广播室、一个图书室、一个室内活动室、一块黑板报、一个宣传橱窗、一个室外活动场地。

八是治保调解、计划生育、土地管理等几项工作都较好地了完成任务。治保、调解组织发挥了积极作用，调解成功率达百分之百，全年没有矛盾上交。计划生育符合率达百分之百。按规定做好土管工作，无乱搭建、无违章建筑，受到镇政府有关部门多次赞扬。

一年来各条线涌现出许多先进人物，好人好事层出不穷。

冯先康在年底前送来捐款现金 10000 元，用于村公益事业，照顾五保户、慰问军烈属等。

5 月 5 日，为实施村道路硬化工程，资金有缺口，沿途受益村民参与集资，捐款者如下：

胡吉棠 500 元，罗志棠 500 元，陈忠权、陈忠华、许爱国、冯长桂等四人各 200 元，陈玉利 100 元，岑建飞 300 元，徐维权 1500 元，徐国安 500 元，杨永焕 700 元，陈岳海300元，沈方贵200元，郑尧法300元，杨永庆500元，胡建炳300元，胡建定300元。17位村民共捐款6800元，解决了资金短缺问题。

年末共评出各类先进人物72位。

有18户村民被评为五好文明家庭。他们是：陈国荣、徐维权、杨永焕、施水龙、冯忠国、施水科、沈保惠、许伟法、赏国万、岑恩乔、陈国郎、钟宝春、姚岳飞、许爱加、何文权、钟宏法、胡菊堂、何建孟。

15位同志评为先进工作者：冯先焕、冯国夫、徐央萍、王彩珍、章连华、孙爱道、郑富仁、杨永强、孙忠明、李涛、张小芬、阮聪梅、胡聪珍、杜秀春、许爱加。

10位同志被评为先进党员：何长庆、张钊友、施永仁、胡芳加、钟小永、钟钊贵、凌张安、孙张先、施孟炯、沈仁富。

12位同志被评为先进村民：钟义、孙金国、苗国芳、岑正章、钟宝春、冯忠国、施水科、徐维权、陈国郎、许伟国、冯凤先、钟钊宏。

6位同志被评为公共场所先进人员：冯长龙、杨永岳、龚炳夫、冯碗尔、徐品华、许伟法。

11户村民被评为用电大户：钟达春、龚建国、沈宝惠、王先尧、胡尧芳、施水龙、冯先康、许加正、胡建定、陈岳伟、陈永权。

大会对以上各类人员进行表彰，颁发了证书、奖状，并发了脸盆、热水瓶等纪念品。

总结表彰议程结束了，只是支部书记余小冬在总结中"忽视"了一个问题：没有向大会披露村干部一年的工资收入情况。因此在这里交代一下。

一年结束了，余小冬、胡尧芳、王先尧、罗志棠等村里三套班子的四位当家人，与往年一样，一元钱的报酬也没有发，因为年初本来就没有这个预算。与往年不同的是，在年初的第一天，率40多人去滕头村等地考察学习时，用去了5300元，这笔款由四位村干部共同支付，为此每人负担了1000多元。由此看得出，他们四个人忙忙碌碌一年，个人经济收入却是"负增长"。

村主任胡尧芳也没有交代一年内村里的招待费支出情况。其实，有点招待费也是免不了的，下洋浦村偏僻，上级领导及有关部门的客人来了，吃点肚饥饭也是人之常情。但是一年下来，村里的招待费一栏却是空白，零支出，因为客人们来后，都是在对口的村干部家里用的餐。

1983年前，村干部是对照村里同等劳力记工分付酬的。1983年9月后开始实行包产到户，不再集体经营，各家种自己的地，不计工分，村干部的工作就只是尽义务了。从1983年王先尧任书记开始，到张利员、张钊友、楼国相、余小冬、罗志棠等六位书记及其他村主任、社长等村干部都是不领工资的“义务工”。这种情况一直持续到2002年，前后长达20年。

此事被市领导获知后，他们感动之余觉得不能让村干部们长期尽义务，便出台了一个政策：根据村庄人口的多少，每个村设三至五名专职干部。专职干部的报酬由镇财政统一支付。故从2003年开始，下洋浦村的书记、主任等村干部开始领工资。但是2003至2007年的五年里，鉴于集体经济仍较弱，村干部又私下“违反”规定，把50%的工资交给了村里，作为村日常支出使用。

诚然，他们同其他人一样，上有老下有小，也要吃饭穿衣，故也各有自己的事业，或办企业或种地，必须兼顾。为此，村干部们凡开会研究工作，包括各种座谈会、调解民间纠纷等事，多安排在晚饭后进行。这里有个数据：1999年村干部召开各种会议24次，其中利用晚饭后召开的就达19次；2000年开会25次，晚上进行的21次；2002年开会31次，晚上进行的30次。

总结表彰大会最后号召31日全村大扫除，要求与会人员参加义务劳动。出席会议的人们都表示会积极参加。

第二天一大早，人们手持各类清扫工具来到大桥集中，村主任做简单分工后，人们便热火朝天地干了起来。大家把全村路旁、河边等公共场所的环境卫生打扫了一遍，干干净净地迎接2001年。

（二）治理母亲河

1983年以后的几年中，人们把精力集中在经济建设中，只顾搞生产，却忽视了环境保护。有些人随意倾倒垃圾，在江河内浸泡丝瓜等，使村里的两条主要河江遭到严重污染，河面布满漂浮物，河水散发着阵阵刺鼻的气味，住在河江边的家庭常常连窗户都不敢打开。

针对这个情况，党支部于 1998 年年初召开支委会扩大会议，商讨如何治理洋浦与七塘江这两条河，下决心清除河道淤泥，再在两岸砌上石坎。当时工程预算在 20 万元左右，村里打算从四个渠道筹措资金：一是由沿洋浦江居住的村民出资，按所占河边距离每米出资 120 元，总长 577 米，计人民币 69240 元；居住七塘江边的居民每米出 100 元，七塘江长 425 米，计人民币 42500 元。二是发动全体村民尽义务，参加义务劳动，可节省一部分人工的工资支出。三是动员全村的厂长经理自愿捐款支援治理工程。四是村里支付一部分。

支委扩大会议的决议首先得到了龚建福厂长的热烈响应，他表示会尽全力支持河道治理，并带头捐款 28000 余元。全村另有 41 位厂长经理纷纷解囊，捐款的金额达到了 90317.6 元(见表 9 - 1)。

表 9 - 1　为治理母亲河捐款人登记表

(一)　　　　(1998 年 3 月 12 日)

姓　名	捐捐款金额(元)	备　　注
胡尧芳	5000	
陈国权	5000	
罗志棠	3000	
胡芳春	2000	
何文福	2000	
陈忠权	2000	
王先明	2000	
何定岳	2000	
冯先康	2000	
龚建焕	2000	
钟宝加	2000	

续 表

姓 名	捐款金额(元)	备 注
王先尧	2000	
楼国华	2000	
楼国相	2000	
施水龙	2500	
天主堂	2000	单位
陈仕华	2000	
龚建富	2000	
钟宝春	2000	
徐维权	1600	
施水科	1500	
冯忠国	1500	
钟钊宏	1000	
王坚强	1000	
陈国郎	1000	
龚建国	1000	
钟钊银	1000	
沈宝惠	1000	
岑建飞	600	
许爱国	600	
施孟炯	500	
高杏见	500	
何旭锋	500	
杨爱国	500	
胡菊棠	500	
杨云海	500	
胡忠强	500	
冯先焕	500	

续　表

姓　名	捐款金额(元)	备　　注
岑建茹	200	
钟　义	100	
钟　厚	100	
龚建福	28617.60	
合　计	90317.60	共有41人、单位1个

(二)

(1998年7月18日)

姓　名	捐款金额(元)	备　　注
胡尧芳	2000	铺石子用
施水龙	500	
罗志堂	500	
钟宝加	200	
楼国相	500	
施水科	500	
合计	4200	

后来，沿江边居住的23位村民按规定上交了砌石坎的资金38448元。还有9户村民自己砌石坎164米，减少砌石坎投资款30840元。以上三项合计资金达159605.6元。再加上七塘江可集资的4万余元，资金有了保障，使两条江的治理得以顺利实施。

治理从3月中旬筑堰抽水清淤开始，到7月中旬结束，用了四个月时间，共投资214127.6元，砌石坎总长达1002.5米；清除了两条江的淤泥，两岸植树绿化；建造了两座节制闸、一条土坝，把外来污染物挡在了域外，还增设了泵站等抽水排灌设施。

在治理工程从筹划到竣工的整个过程中，出现了许多动人景象：首先是龚建福的带头作用起到了一石激起千层浪的效应，成为美谈，说明下洋浦村"先富起来"的"一部分人"，不但有善于经商办企业的聪明才智，还有一颗乐善好施、报效桑梓的美好心灵。

工程开始后，许多人积极参加义务劳动，最多时一天里有一百多人，其中义务参加清运垃圾的拖拉机就有六辆，就连50年代的老书记张钊友、老大队长沈仁富等老同志，也一次次地参加义务劳动。

河江治理好后接下去就是放水养鱼，当年投资了19000元，放养了银鲫、花鲢、草鱼等七种鱼类。村里也制定了鱼资源保护条例、垃圾清运规定和河道管理制度，做到制度、人员、经费三落实，对河道垃圾实行动态管理，有专人负责及时清除，并利用多种方式对广大村民进行宣传，进行环保意识教育，提高了村民的环保意识，自觉做到不乱丢果皮纸屑，不乱堆放杂物，不乱涂乱写乱贴广告，使洋浦江、七塘江的水质从此得以保持洁净的状态。

2005年7月7日，对洋浦的治理工程从七塘向北又延伸了500米，直至八塘。与上次一样，打堰抽水、清淤砌坎，到8月21日第一期工程完工，至此村庄东侧长达1000多米的洋浦恢复了当年的生机。阳光下，河底的水草缕缕可数，不时有小鱼小虾穿行其间，那些节俭的村妇又可以在河埠头洗菜淘米了！

河埠头又见淘米人

新浦镇下洋浦村村民正在门前的河埠头淘米洗菜。近年来，新浦镇不断加大生态河道建设力度，三年累计投入2900余万元，用于9条生态河道和5个生态河道示范村建设，使河道水质和农村人居环境明显改善。

（陈邦强　卢巍　徐群华　摄）

2010年5月13日《慈溪日报》对洋浦水质的报道

当有些地方的人们，眼看着身边的河流一条接一条地变成"黑龙江"，并为此发愁时，下洋浦这段河道却旧貌换了新颜。这生机勃勃的景象，不但让人心旷神怡，更让人感想连连。

此事忙坏了新闻记者，《河边又见淘米人》《淘米水就是政绩》等一篇篇通讯报道和评论文章在《慈溪日报》《宁波日报》上与读者见面，接着慈溪、宁波两级电视台又运用影像手段做了传播。就这样，下洋浦村的名声又一次传了开来，这次比80年代初做阶梯环时的名声传得更远些。一些兄弟村前来参观，连镇海区的村干部们也特地组团前来考察。

下洋浦人的母亲河成了人们考察、垂钓、淘米、洗菜的好去处，儿女们对母亲河更加百般呵护。2009年6月，村里再次投入资金97820元，在岸边装上了447根、长达730米的栏杆，并把洋浦上原来那条老朽的竹桥拆去，改成了钢架桥，不但保障了安全，也使自己的母亲看上去更加风姿秀逸。

(三) 建设康庄道

下洋浦村是建在原海涂地上的，土地里连一块石头也没有，全是黏土组成的，世代走在黏土路上。这种路有个特点，下雨后走在上面，会有一层表土粘住鞋底，使人走不利索，人们称这种路叫"脱壳路"。

人们羡慕乡政府周围的石板路，希望有一天村里的路也能铺上一块块的方石板，这样走路多利索！实现这个梦想的机会真的来了，1958年全县掀起了开荒种地的热潮，把旧时的义塚地、坟基及荒山野岭的破旧无主坟墓拆除种地。村里组织了一支拆坟队伍，撑着船到它山岭、五里韩家等地的山上去拆无主破落的旧坟。旧坟的石块也有限，不足部分由支部书记张钊友派人撑船去慈城买。石板运回来，铺了一条近1000米长的村中路，改善了行走条件。

可这石板路并不像人们想象的那样完美，用了几年后，越来越不讨人喜欢。石板有的因本身风化严重而破碎，有的因地基不实而或下陷或上翘，人走路不敢分神，特别是天黑后，更得小心翼翼地防绊倒。于是人们想到了大塘（329 国道）的汽车路，那种用沙石铺就的公路多平坦！希望有一天村中的主路也能铺得跟大塘的汽车路一样。这个梦做了二十多年，直到 1983 年，村庄内的主路才铺上了沙石。

人们在村内行走时再也不用担心摔倒了。不过人们很快又发现了这种路的缺点，它也需要经常维修护理，得不断地铺填新的沙石，否则会变得坑坑洼洼，不但麻烦，还需要不断投入人力和物力。于是人们把沙石路硬化，改成水泥路。1993 年 6 月，历时 33 天，这条沙石路终于改建成了水泥路。水泥路从七塘路往南通到村民章银华的屋南，全长 1000 多米。七塘大桥到村小学路宽 3 米，往七塘宽 2.5 米，大桥往南宽 2 米。共投入工本费 124000 元，其中村民集资 27000 元、镇政府补助 30000 元、胡尧芳个人捐助 67000 元。这是村内第一条水泥路，这条路拉开了下洋浦村建水泥路的帷幕，后来村里陆续有新的村道硬化，只是节奏慢了点。

进入 21 世纪后，村内道路硬化工程开始加快。经余小冬、罗志棠、龚建焕等三位书记的接力奋战，村庄内各条道路全部硬化。其中罗志棠任书记的两年任期内，道路硬化工作开展得可谓神速，这位从部队回来的退伍军人把人民军队雷厉风行的传统作风带了回来，仅仅两年时间，就把 22 条泥沙路均改建成了水泥路，水泥路入户率达 90%以上。至 2005 年 6 月，水泥路未通到家的只剩下 8 户村民。龚建焕书记果断决定来个统一扫尾，并于年内完成了道路硬化工程。龚建焕在三年任期内建了一座综合楼、65 间厂房和农贸市场，完成了外口公寓二期工程，全村家家户户都有水泥路相连，当时的总投入达 280 万余元。

村里的道路是建好了，美中不足的是并没与脱壳路彻底告别。因为村道至观附公路间有两百多米的黏土路，雨后进出很不方便。村民们希望把从村出口到观附公路间这条村外路也改建成水泥路。根据群众的这个愿望，村干部们决定造通到观附公路的水泥路。具体走向是，从大桥往南至王字号凉亭，再拐弯向东与观附公路相连。水泥路于2005年6月上旬开始建造，7月中旬基本完成，共投入资金66287元，全长246.4米，浇灌路面达1230.64平方米，路面平均宽5.5米。这条路一接通，表明下洋浦人终于与走了114年的“脱壳路”挥手告别了。

慈溪市观附公路北延(七塘——十塘)工程

慈溪市观附公路北延工程南起七塘公路，沿正在建设的观附公路直线向东北延伸，在八塘横江南侧路线折向北，跨越八塘横江继续向北延伸，在约K1+900处向东北折回，路线跨越老九塘江后与规划中的滨海线相交，然后一直向东北延伸，最终讫于十塘，路线全长5.237公里。

按照交通运输部《公路工程技术标准》规定，采用双向四车道一级公路标准建设，设计时速为80公里/小时，路面荷载为BZZ-100，桥涵设计汽车荷载为公路-I级。设计安全等级为大桥一级，中小桥二级，结构物耐久性II类环境条件。本地区地震动峰值加速度0.05g。

本工程路基宽度为24.5米，路面结构采用沥青混凝土路面。全线共设置大桥155.0米/1座，中桥233.12米/3座，小桥108.16米/4座，涵洞18道，桥梁与路基同宽。工程概算投资为19140.4万元。计划工期24个月。

2011年12月10日《宁波日报》对观附公路北延工程的报道

至此，村里有两条水泥路直通外界，一是南北向的双向四车道观附公路，宽24.5米，属一级公路，设计时速为80公里/小时。另一条是东西向的七塘公路。在七塘公路与观附公路交叉处，由红绿灯实施交通管制。2015年11月，266号城乡公交车正式通到了村里，一天八个班次向南直通观城，向西通到马潭路，极大地方便了村民外出办事。20世纪70年代前，村民若去一次上海，从天蒙蒙亮便出发，到太阳下山后才能到达，一路上还时时在为能否到达目的地而担忧。而今去上海只需两个多小时，这也是村民们当初连做梦也不敢想的事。

(四) 第二轮土地承包

土地是农民的根基，搞好新一轮土地承包，是稳定人心、发展农业生产的基础工程。为此，三套班子认真组织、精心策划、保质保量地完成了第二轮土地承包任务。

首先是制订了实施办法。村里在制订过程中多次召开各类人员座谈会，广泛听取意见，多处做了修改，最后在社员代表大会表决通过，为具体实施提供了依据，并打下了思想基础。

新浦镇下洋浦村经济合作社第二轮土地承包实施办法

我村从1984年土地承包到1999年期满，为了稳定和完善以家庭承包责任制和统分结合的双层经营体制，根据中共中央办公厅中办发〔1997〕16号《关于进一步稳定和完善农村土地承包关系的通知》，省委办〔1997〕70号文件精神及慈溪市委、市府〔98〕47号文件《关于搞好第二轮土地承包工作的实施意见》，联系本村实际，提出新一轮土地承包实施办法。

一、承包期艰

承包期为30年。从1999年9月30日至2029年9月30日止。

二、承包对象

原则为户粮关系、居住都在本村的村合作社社员及子女。对某些具体、特殊情况做如下处理。

（一）下列人员可享受全部承包权

1. 正在服义务兵役的战士。

2. 户粮在本村的在校大、中专学生。

3. 经批准领养的子女。

4. 达到法定年龄结婚而未迁入户口的女方（包括事实婚姻）及男方到女方落户和子女，尚未领结婚证的，要在1999年7月31日前办好登记手续。

5. 还在劳改服刑的人员。

（二）下列人员不享受承包权

1. 已在部队提干及已转入志愿兵的现役军人。

2. 户粮关系已迁入院校的大中专学生及毕业生。

3. 农转非人员及戳社户。

4. 农嫁居户粮在本村且居住不在本村的人员。

5. 出嫁可迁而未迁户粮关系的人员。

（三）下列人员可享受部分承包权

1. 1985 年以来，计划外生育第二胎的和不符合条件领养的小孩，小孩按规定享受底分，但扣除其父母总底分的 7 分。

2. 不到间隔年限生育的小孩，按规定享受底分，但扣除其父母总底分的 2 分。

3. 农嫁居，居住及户粮在本村的及其子女可享受 50%的承包权。

4. 户粮在本村，经市劳动人事部门批准，在大集体以上单位招工和聘用人员可享受 30%承包权。

三、劳动底分测算办法(按虚岁计算)

1. 男 20 岁至 50 岁为 30 分；女的按七折计算。

2. 男 51 岁以上，增加 1 岁减少底分 1 分；女的按比例计算。

3. 75 岁以上保底分 5 分。

4. 男 19 岁以下，每减 1 岁减底分 1 分；女的按七折计算。

5. 1 岁保底分 11 分。

6. 男婚女嫁，男子到达晚婚年龄(25 周岁)而未婚者，增加一个女劳力底分；女孩到达晚婚年龄(23 周岁)减去底分。

7. 单身汉，35 岁以下加一个女劳力底分，35 岁至 50 岁增加 50%女劳力底分。

8. 已领独生证的独女户，到晚婚年龄者，增加一个男劳力底分，符合生育条件，已生两个女孩的，按第二个女孩达到晚婚时增加一个男劳力底分。现已全部出嫁的不在此例。

9. 测算各户劳力底分截至 1999 年 7 月 31 日。

四、土地承包面积计算办法

（一）土地属集体所有，按各生产队土地劳力计算承包面积。

（二）以现有人口为基础，结合年龄底分，先算出每户的总底分，然后根据全队的总面积，分别计算到户。

（三）各户原有宅基地（包括屋旁杂地）自留地数量不变，政策不变，对各户新占用集体承包地的情况做一次清理，占用耕地的宅基地（包括杂地）自留地的总面积超过部分，用承包地抵扣，抵扣不足的，按每亩3000元上交集体。

（四）第一轮土地承包时，土地被征用的户，已有30%的经济归社员分配的，该户可享受30%至50%的承包地。如私下转让的，全部扣除，扣除不足的按每亩3000元经济补偿，经济收归集体。

五、预留机动地

1. 按各生产队土地总面积的5%留作机动地。机动地留在村主要道路两旁或整块地提留。机动地用于承包期内人地突出的矛盾、规划内的农田设施及村庄建设。机动地使用前“队有村管”。如被征用，劳力安置费归生产队所有。

2. 村海涂地（各生产队抵扣面积的除外）收归村，由村统一管理。

六、调整办法，政策处理

1. 土地调整以1984年承包户进行划分。

2. 土地调整期为1999年8月30日。

3. 种作多年生作物的土地，原则上以原承包户为主，必须调整的由生产队协调、新老承包户协商解决，限定时间。

4. 前一轮承包期间，如长期抛荒的，原则上不予承包第二轮土地。经教育改正的，允许继续承包。

5. 前一轮承包期内，如未上交农业税或其他规费的，不予承包第二轮土地，经教育愿意补缴，待缴清后，允许继续承包。

6. 买卖土地或者以其他形式非法转让的，没收其非法所得，并收回其承包权或使用权（包括自留地）。

7. 在前一轮土地承包期内，土地与他人调换的，凡手续齐全的，予以承认。私自调换的，不予承认，如土地调差的，先由本户及子女承包。确需调整的，给予适当的经济补偿。

8. 土地调整时，大户划出与大户划入对号，尽量减少土地块数，原则上划出大户保持最大的地块不动。

七、坚持土地三权分立的原则

1. 明确所有权。农村土地为集体所有，这是党在农村的基本政策，也是加强土地承包管理的基本原则。对掠夺地力、弃耕抛荒、破坏地貌、买卖土地的，按土地法追究处理。

2. 稳定承包权。在承包期内，严格按合同办事，不能随意改变合同性质。

3. 搞活使用权。在坚持土地集体所有和不改变土地用途的前提下，经村经济合作社同意，允许退包、转让，允许土地使用权入股兴办股份合作企业，鼓励土地向种地能手集中。村经济合作社帮助农户签订转包合同。

4. 加强管理权。根据《浙江省经济合作社组织条例》，村经济合作社是集体所有土地的发包方。今后，土地承包实行"队有村管"，由村经济合作社统一行使全村土地的管理权、发包权。

农户承包土地必须缴纳承包款。承包款收取额度为国家农业税每亩地金额的30％，每年与农业税同时上交。

土地承包以后，将签订土地承包合同。根据权利和义务对等原则，明确发包方和承包方的责、权、义，对无故不履行规定义务的，经教育仍不改正的，村经济合作社有权终止承包合同，收回承包权，对故意违规造成重大损失的可诉诸法律。

新浦镇下洋浦村经济合作社

一九九九年八月三日

下洋浦村第二轮土地承包工作总结

根据浙江省、慈溪市政府关于搞好第二轮土地承包工作的要求，我们从 1999

年7月14日至8月28日，认真贯彻落实。经过全体干部社员的共同努力，在全镇率先完成了这项艰巨的工作，受到上级领导的好评，群众反映也比较满意。现将有关情况总结如下。

一、基本情况。全村拥有参加土地承包权资格的人口总数1008人，312户，分8个村民小组。劳动力总数663人，其中男劳力343人，女劳力320人。共有耕地面积593.51亩，其中承包地560.35亩，机动地10.618亩。

二、具体做法。7月13日听取镇领导关于第二轮土地承包精神后，第二天村三套班子成员开会，学习有关文件精神，研究实施方案，接着召开队长、村民小组长等座谈会，在此基础上于16日召开社员（村民）代表大会，宣读实施办法，征求意见，最后表决通过了《新浦镇下洋浦村经济合作社第二轮土地承包实施办法》。

7月18日召开了社员大会，并利用广播、黑板报等多种形式向社员宣传第二轮土地承包的重要性和具体办法。7月27日召开了45人参加的社员代表会，推选土地计算丈量小组人员，7月29日各生产队召开社员大会，充分发扬民主，讨论根据本队情况实施办法。

为了能让每位社员都了解第二轮土地承包中的有关精神，先后共召开各种会议23次，其中请镇领导辅导讲解4次，召开社员大会3次，村民组长会议12次。由于事先宣传发动工作较充分，大家对实施的办法、方案都较熟悉，使许多具体疑惑事先得到解决，具体操作时比较顺利。在8月22日到8月28日集中丈量，七天时间丈量全部结束，顺利完成了第二轮土地承包工作的关键一道程序，达到预期目的。

三、关于机动地现状。我村按总面积的5%作为集体土地提留，归村管队所有。总面积为31.872亩，其中七塘公路占用土地6.23亩，新建和扩建田间道路及开掘中心河用地12.849亩，现尚有机动地12.793亩，折包干面积10.618亩。全部通过招、投标由本村社员承包，并备案在册。

四、经营规模略有扩大。我村主任任期以来以种植棉花为主，随着农业产业结构的调整，以种棉为主逐步向多种经济发展，但至今尚未形成特色农业，适度经营规模进度不大，8亩以上种植大户从原有的12户发展到18户，但仍不够理想，今后应加大这方面的工作力度，为农业增效、农民增收多想办法。

五、效益明显增大。承包工作结束后，我们抓住这个时段做了一些有利于农业增产增收的基础建设工作。

一是对全村做了统筹规划，新建三条长2300米、宽4米的田间公路，扩建五条2000米公路，解决农民运输难的问题；新开河道50米；种植花木2万棵。初步做到田成方、树成行、排灌顺畅，为农业增效、农民增收打下基础。在完成以上各项任务时，主要依靠全体社员尽义务完成，全村(社)农民为此共投入义务工1230名，保证了修路、掘河、植树的用工需要。

二是农民签订新的承包合同后舍得长远投入，今年新种植丝瓜30余亩，新增收益20多万元。

三是适当调整后，减少了零星地块，方便了耕作，节省了工本。

四是为今后村庄建设留了机动地，为进行新的公益建设提供了土地保证。

六、存在问题及下一步对策。一是各生产队为单位土地承包地形图尚未全部登记造册完毕，我们将抓紧落实，争取12月前完成此项工作任务。二是农田水利长年失修，欠债过多，群众有意见。打算于今冬大搞农田水利建设，使农民满意。

新浦镇下洋浦村经济合作社

2000年8月28日

第二轮土地承包后村留的机动地

1队：乾法西邻头，17.13米长，0.306亩。乾法屋前西邻头，166.6米长，2.776亩。四书院永仁屋前，43.4米长，0.416亩。共3.498亩。

2队：五四院，1.031亩，补张安造路0.029亩，余1.002亩。五四院五沟头0.235亩，平整畈0.436亩。共1.673亩。

3队：无。

4 队：五四院平整畈，0.17 亩，已补陈文权母造凉亭。

5 队：长友屋西，0.797 亩。塘南西直塘，1.54 亩。四书院，0.804 亩，补孙国正 0.04 亩，余 0.766 亩。共 3.103 亩。

6 队：四书院 1.023 亩；余 0.69 亩。共 1.713 亩。

7 队：五四院江西，1.387 亩，五四院西直塘 0.487 亩，补郑加万 0.304 亩、应建兴 0.065 亩、掘河 0.109 亩。

8 队：永康屋西，0.323 亩，五四院平整畈，0.249 亩，补郑加万 0.193 亩、郑加明建路 0.056 亩。

(五) 建立股份经济合作社

2009 年 12 月 8 日，下洋浦的村民又迎来一个值得纪念的日子，这一天村股份经济合作社成立。在农村建立股份经济，让农民做股东，这是一件新事物，新浦镇选择下洋浦村作试点(见表 9－2)。

下洋浦村股份经济合作社 1～8 队农龄底分测算表及人口汇总表

人口股 4000 股				农龄股 6000 股	
队别	户数	人口数	人口股	农龄测算	农龄股
1	70	164	631	40886	986
2	53	122	470	29079	701
3	49	129	497	31005	747
4	32	90	247	22525	543
5	70	184	708	42791	1031
6	52	117	450	28336	683
7	54	132	508	31583	761
8	37	101	389	22716	584
合计	417	1039	3900	248921	6036

注：每一人 3.85 股，每一分 0.02 股，保留两个小数点。

市农经委领导、镇党委书记来村作具体指导。他们对农友们说，新中国建立后，党和政府对如何带领农民走上康庄大道进行了不断的探索，可以说至今迈出了三大步。一是1950年实行土地改革，让每个农民有地种，实现了耕者有其田。二是1983年土地承包到户，克服、纠正了吃大锅饭的弊端，调动了农民积极性。现在是第三步：实行股份经济。自实行土地承包后，生产发展了，但村集体经济反而削弱了，修桥铺路等公益事业很难推行，削弱了村级组织的功能作用，保一方平安会成为一句空话。社会不和谐，农民个人有再多的钱也是不满意的。不仅如此，农户各自承包土地的效益已接近极限，再各自奋斗，该统的统不起来，便难于再大步前进。实行股份制后，土地实行永久性承包，使农民进一步定了心，也有利于发展集体经济。具体有四大好处：一是有利于地方安定，让股民吃上定心丸。二是有利于集体资产再分配。三是有利于集体资产的保值增值。四是有利于合作社内部经营，使管理规范化。

实行股份经济的几项具体政策有：

1. 时间界限及计分方法

以1962年为界，1962年男子年满16周岁，到70岁，每年底分10分，71岁以上减半；女子16周岁到70岁，每年7分，71岁以上减半。中途人死了按实际年数计算，如：某人1963年死了，有两年计20分，如正好到2009年，计480分。

2. 下列人员可享受部分底分

(1) 1962年后的出嫁女，按实际在村年份计算。

(2) 离婚后离开本村又无再婚的，连子女可享受50%底分；离婚后子女都迁入的可享受50%。

(3) 多女户、纯囡户可有一人享受上门女婿底分，若有一人已定居在本村的，不再享有上门女婿底分。

(4) 1997年以前包分配的大中专人员不愿去的，照顾50%。

(5) 服刑人员扣除服刑期年限。

3. 全额享受人员

(1) 户粮在本村的世居农民。

(2) 在校大中专学生。

(3) 正在服兵役的军人。

(4) 留在本村的上山下乡知青。

(5) 残疾人。

4. 不享受人员

(1) 知青已回迁的。

(2) 买农村房来农村居住的外来户。

(3) 非法收养、领养的子女。

(4) 五保户。

(5) 在军队已提干的军人;已在大集体以上有固定职业的人员。

下洋浦村股份经济合作社于当日下午成立,有关情况如下:

(1) 合作社有股份净资产 2339 万元。

(2) 董事长:冯先焕;董事:陈仕华、应仕锦。

(3) 监事:王先尧、冯忠国、许爱国。

(4) 股东代表:胡尧芳、龚建焕、杨永庆、章连华、杨永强、许爱加、龚炳夫、岑恩乔、钟钊庆、孙忠明。

第三产业协会于 2007 年 10 月 28 日成立,会长为冯先焕,副会长为胡尧芳。当年从事三产的人员构成情况为:从事建筑业的有 10 人,从事运输业的有 7 人,从事农副产品购销的有 6 人,从事餐饮业的有 4 人,做漆匠的有 3 人,做商店服务员的有 6 人,另有技术人员 3 人,共 39 人,分 7 个不同行业。

(六) 合作医疗暖人心

合作医疗起步于 20 世纪 60 年代,由于受经济条件制约,报销比率有限,优越性体现得不够明显。2003年12月4日，推出新型合作医疗政策，提出“住院统筹、大病救助、小病得惠”的十二字方针。具体规定：

(1) 每人每年统筹资金60元，其中，个人负担20元，慈溪市政府、新浦镇政府各负担20元。

(2) 医疗费报销比率，500至2000元可报销30%；2001至5000元报40%；5001至10000元报50%；10001元以上报60%，限额20000元。

(3) 实行大病救助：超过20000元，经个人申请，可酌情提高报销比率。

(4) 享受平时医疗服务，在医疗站享受免费打针、包扎和简单的体检。

按照上级政府有关政策，进行宣传发动，当年有935人参加保险，参保率达90%以上。

从2003年12月1日至2004年11月29日，全村从合作医疗中报销医药费37947.92元，最多的一位村民报销了7843.90元。

2004年9月，宁波市对合作医疗投入资金为每人15元。以后投保人数和投保额逐年提高，到2008年，投保金额提升到每人200元。市、镇两级政府及宁波市也同步增加了投入资金，使农民医保报销比率额度大幅增加。如2010年7月，有两位村民被列入大病救助行列，其中胡某某因病获救助款10880元，周某某获救助7700元。

村里建有新型的合作医疗服务站，医疗设施也得到较大改善，一般的病可以不出村就得到治疗。镇卫生院每年会来村里，免费为全体村民检查身体，而且对老年人、婴幼儿、妇女等不同群体实行单独检查。2008年5月7日，镇卫生院与市协和医院联合来村里检查妇女病，180位妇女参加了检查，其中10人是外来打工的妇女，结果查出4人乳腺炎，1人需动手术，4人甲状腺，1人需手术，得子宫肌瘤、盆腔炎的各20多人。医院帮助这些人对自己的病做到了早发现、早知道、早治疗。2010年村里合作医疗参保率达到了99.8%。

2011年起，70岁以上的老人只需交30元，农民个人医疗投保每人也只需交

120 元，比往年减少了 80 元，而报销比率却提高了。一般的病在镇卫生院治疗，报销比率达 70%；需在市人民医院住院治疗的，也可报销 70%。如属于大病救治的病人，救助额大幅提高，最高可达 15 万元。2013 年，村民陈某航，因病获救助金额达 20880 元，华某花因病获救助金 15350 元。这些惠民举措使农民的心里像吃了“安定丸”。

由于医疗条件的改善和生活水平的提高，人们的健康状况也有了明显的提高，人的平均寿命延长了许多。1949 年前村里人能活到 60 岁就已经很知足了，因为活满了一个甲子，70 岁更是古来稀有，如今村里耄耋老人比比皆是。2015 年村里健在的 90 岁以上的老人就有 7 位，其中女性村民 5 位，男性村民 2 位。他们分别是：章杏梅、丁杏珠、苗棠英、朱秋冬、俞彩调和王忠泗、沈仁富。

（七）为壮大集体经济而努力

80 年代初那几年，下洋浦村曾因集体经济雄厚而辉煌一时。只可惜因为种种原因，这种优势不但未能保持，而且沦落为集体经济薄弱村。为了扭转这个局面，村干部们进行了反复研究，最后统一了认识，集中精力办了三件具体的事。

一是建设农贸市场。农贸市场于 2005 年 10 月竣工，建有十间店面，连带十间小房，出租收费。每套房每月房租为 200 元，年收入为 24000 元。另有摊位 30 个，每个收摊位费 60 元，每月就是 1800 元，年收入为 21000 元。两项合计每年最多可收入 45000 元。

二是于 2006 年 8 月开始筹建标准厂房 65 间，面积达 2485 平方米。厂房出租给个体企业，村里收取出租费。2007 年出租费达 167000 元。不过厂房出租费的收入不是固定的，每年会有所变化，平均可收入 20 万元左右。

三是建设外口公寓。公寓于 2005 年 11 月开始建造，有 11 间两层楼房，面积为 3602 平方米。当时投资了 478747 元。这项出租收入也是动态的，虽不稳定，但每年也有几万元。

正常情况下，这样几项加起来，年收入当在三四十万元上下。村集体可用资金人均超过400元，与当初年集体经济收入只有两万元左右相比，已向前迈进了一大步。

村里有了一定的可支配资金就比较好办事，兴办集体公益事业也有了资金保障，可以办很多一家一户办不了的事。现在村庄道路两旁共安装了52盏电灯，遍布全村，解决了夜间照明的需要。为防断电，村里备有发电机，一旦断电可以自己发电。村里备有一辆消防车，针对村里水源分布不匀，易造成消防死角的问题，特意在洋浦江、七塘江岸边及灌溉渠道内确定了固定的抽水点，保证了消防用水所需。

村里出台了助学补助措施，对有困难的在校学生给予补助。2013年徐佳红等10人获得资助金额达16700元，2014年杜梦涛等11位学生获得资助金额达20880元。

此外，老年活动室、文体活动室等公共场所配有5台电视机，满足了相关人群的休闲需要。为使大家能收到最清晰满意的图像，还配置了有线电视解扰器，保证了影视图像的质量。室外活动场所硬件设施较全，有各式健身器材、一个篮球场，还有一个3000平方米的小公园。

与此同时，村里还出台了一系列尊老爱幼、关爱弱势群体等相关规定和多种优惠措施。以2010年春节为例：对60岁以上老人发节日费，每人100元；对10户生活较困难的农户发放生活补助费7700元，少的600元，多的2300元；对8个队的男女队长，每人补助1200元，以褒奖他们一年来兢兢业业的工作；对50年代的老党支部书记张钊友、老团支部书记钟钊友、99岁的寿星范仁姑、外来打工者姚燕燕等12人进行了上门慰问；对评上好党员、好村民、文明户等各类先进人物60余人进行了表彰。仅以上这些支出都在6万元以上。

对五保户、困难户等一般是分上、下半年两次照顾，对一些因突发事件造成困顿的农户也需要照顾，这些都需要经济支出。只有有了一定的经济力量，才能够从容应对。

第十篇　社会和谐

根据上级关于加强民主管理，建设和谐社会的精神，村党支部、村委会以创建民主法治示范村为契机，健全各项规章制度。做到依法依规行事，加强村民自治建设，实行村务、财务公开，民主管理，营造政通人和的社会氛围，努力创建和谐社会。

曾经何时，下洋浦村也有诸多的社会问题存在，新老村民间隔着一道墙，村民中少数人损公利己、偷鸡摸狗的现象也时有发生，夫妻之间、婆媳之间等家庭成员之间的关系处理不好，干群关系也不够融洽。通过几年的努力，民风有了明显的改变，新老村民之间、家庭成员之间、干群之间的关系均有较大的改观。下洋浦村成为市镇领导可以放心的一个村。

为什么会有这样的变化？回顾走过的道路，主要是村里从实际出发，有针对性地抓了建章立制、实行普法教育，并注重理论联系实际，落实到实践中去。

一、全面推进各项制度建设

村里健全了党支部、村委会、经济合作社的各项制度，对以往的制度做一一审核，根据新的形势进行了修改补充，使之更加完善健全。

（一）党支部建设的相关规章制度

下洋浦村党支部三年任期目标

为使我村各项工作有序经营，明确任务，带领村民以创建文明村为目标，推进两个文明建设，特制订党支部三年规划。主要抓好四个方面的建设。

一是经济建设。坚持以农业为基础，充分发挥本村填料行业优势，鼓励发展个体经济，开发第三产业。

以农业为基础，就要为农民提供产销信息，争取改变产业结构，努力争取向订单农业方向发展，使农业增效、农民增收。兴修疏通田间河道，争取排灌畅通。具体项目待深入调查后再定。

为企业发展做好服务工作，鼓励填料推销队伍积极外出推销产品，力争每年销售额达到2000万元。

大力发展多种经营，扩大第三产业推销人员队伍，人员由去年的四十人增加到六十人左右。

二是骨干队伍建设。主要抓好党支部、村委会，及共青团、妇代会等组织的干部队伍建设，发挥各自优势，履行各自职责。

首先要抓好党支部的自身建设，支部成员要为党员做出样子；党员要起模范带头作用，要为村民做出榜样；要培养积极分子，组织他们学习党的方针政策，条件成熟的要及时吸收到党的组织中来。

要大力支持村民委员会依法开展自治工作，在土地管理、计划生育、社会治安等几项难度较大的工作上，更应齐心协力去做。

要充分发挥团支部、妇代会等组织的作用，要根据他们的特点，发挥他们的积极性。鼓励他们在“两个文明”建设中发挥各自的优势。

三是村庄规划和环境建设。以改变村容村貌为目标，治理脏、乱、差，使环境有一个较大的改观。今年具体要完成以下几项任务。

1. 新建村庄内道路 2300 米，拓宽 1700 米。建造村口牌楼一个，以提升村的形象。

2. 消灭路边 10 米内的户厕，新建 6 座公厕。拆除所有未经批准乱搭建的建筑物。

3. 砌好村庄内的河道、石坎，在岸边及村道两边能种树木花卉的都要种上，以美化村庄环境。

四是重视精神文明，抓好社会事业建设。要按文明村的有关条件，积极做好工作，今年要在创文明村方面有所作为，要打好基础，一步一个脚印，争取三年内建设成市级文明村。

要发扬密切联系群众的优良作风，关心弱势群体，扶贫助残，多做雪中送炭的事。要关心老年人，开展拥军优属，做好帮扶工作。

提倡邻里互帮互助、互敬互让、和睦相处。搞好社会综合防治，做好防范工作，努力创造一个安居乐业、社会和谐的环境。

提倡做好人好事，鼓励先进，每年开展评比先进工作者、优秀党员、五好家庭等活动，年终给予公布，给予适当奖励。

新浦镇下洋浦村党支部

二〇〇〇年一月三日

党支部工作职责

一、宣传和执行党的路线、方针、政策，执行上级党组织的决议，发挥党支部的战斗堡垒作用和党员的先锋模范作用。支持村委会、经济合作社工作。

二、组织党员认真学习马列主义、毛泽东思想、邓小平理论。学习党的决议、文化科学及业务知识。

三、对党员进行严格管理，督促党员履行党员义务，同时保障党员权利。

四、对党员干部进行监督，严格党的纪律，加强党风廉政建设，坚决同腐败行为做斗争。

五、加强思想政治工作，强调党员要做群众的贴心人，反映群众意见要求，维护群众利益，帮助群众解决实际困难。

六、对入党积极分子进行培养教育，深入考察，认真做好发展新党员的工作。

七、支持村委会开展工作，帮助共青团、妇代会等组织按各自特点开展活动，帮助解决具体问题。

八、严格要求党员认真履行党员义务，积极完成党组织交给的任务。对不做党的工作、拒不履行义务、群众意见较大的党员，要督促其按期改正。坚持错误拒不改正的不合格党员要劝其退党。

五好家庭条件

一、爱国守法，热心公益好。

二、学习进取，爱岗敬业好。

三、男女平等，尊老爱幼好。

四、少生优育，移风易俗好。

五、艰苦奋斗，勤劳致富好。

五必访制度

在党员和党员家庭发生以下五种情况时，党支部应委派支部成员上门慰问，力所能及地帮助解决困难。

一、党员病重或长期卧床不起。

二、党员家庭成员中与邻里发生纠纷时。

三、党员家中发生天灾人祸等不幸事件时。

四、党员遭遇较大困难，自身无法解决时。

五、党员对支部主要领导或支部决定有意见，思想疙瘩一时解不开时。

（二）关于加强村委会建设的相关制度规定

下洋浦村村规民约[①]

（一九九九年七月十五日通过）

为了更好地发挥村民委员会自我管理、自我教育、自我服务的作用，推进依法治村，促进农村“两个文明”建设。根据《中华人民共和国村民委员会组织法》的规定，特制定下洋浦村村规民约，现经村民代表大会审议通过，自一九九九年九月一日起实施。望广大村民共同遵守，自觉执行。

一、热爱祖国，热爱中国共产党，热爱社会主义，热心于集体事业。做一个有理想、有道德、有文化、守纪律的村民。

二、认真贯彻落实党在农村的各项方针、政策，遵守国家的法律法规，维护国家和集体的利益；自觉履行承包合同，及时完成国家定购任务，主动承担应尽义务；自觉交纳农业税，个私经营税费和统一规定的各种管理费、统筹费、机灌费、水电费等规费。主动参与抢险救灾等活动。

三、服从村党支部和村委会的统一领导，积极参与集体组织的各种活动；支持和监督村委会的工作，有权对村委会提出建议、对村委会干部提出批评。对违法乱纪的行为有权向上级政府检举揭发。

四、坚持改革开放，勇于开拓创新，大力发展多种所有制的农村经济。坚持勤劳致富，走共同富裕的道路，实现强村富民的发展目标，努力为发展壮大村级集体经济贡献力量。

五、遵守社会公德，职业道德和家庭美德。邻里之间、人与人之间和睦相处，互相帮助，团结友爱；维护社会稳定，保护、尊重信教公民的正常宗教活动；警惕境外势力企图利用宗教组织，挑拨我国不同信仰公民间的关系，扰乱社会安定的阴

① 这是第一份村规民约，根据形势发展需要，于2002年和2005年两次对部分条款做了修改，删去了断电等生硬条文，使村规民约更符合人性化管理的原则。

谋;发扬尊老爱幼,扶贫帮困,见义勇为等良好的社会风尚,保护老年人和妇女儿童的合法权益。

六、加强精神文明建设,提倡移风易俗,婚事新办,丧事简办;反对铺张浪费,提倡勤俭持家;学习文化科学知识,反对搞封建迷信活动,积极参与创五好文明户和三星家庭活动。

七、语言行为讲礼貌,做到不恶意伤人,不搬弄是非,不诽谤他人;不造谣、信谣、传谣;不寻衅闹事,不打架斗殴;维护公共场合的整洁美观,不乱堆杂物,不乱涂乱贴,不随地便溺。

八、自觉维护环境卫生。不乱倒垃圾,不从事污染性项目;消灭露天粪缸,推行垃圾袋装化,保持房前屋后清洁卫生;搞好家庭绿化,每人每年植树种花两株以上;门前实行三包。

九、自觉执行计划生育条例,大力提倡晚婚晚育、少生优生;严禁早婚、非法同居及计划外生育;严禁非法领养、非法接生;严禁弃婴溺婴,严禁虐待育龄妇女。

十、加强土地管理,珍惜耕地资源,搞好农田基本建设;不得弃耕抛荒,不准毁田取土;不准买卖土地。违反者按土地管理法规处罚,或取消承包合同。

十一、保护绿化,禁止乱砍滥伐村里集体树木;严禁偷盗竹木;严禁耕地(含自留地)做坟。

十二、个人建房需先申请,经审批。服从村镇建设规划安排,不准未批先建、少批多建。要顾全大局,服从村庄改造规划需要,建房前须按规定上交建房押金。

十三、保护水利、电力、广播、通讯、自来水等公共设施。禁止私拉乱接,与偷电、偷水等不良行为做斗争,对因此造成管道系统、线路设备损坏的,除进行赔偿外,还应按有关规定处罚。

十四、适龄青年必须自觉报名应征,接受体检,履行兵役义务。对逃避服兵役的,按有关条例处罚。

十五、切实贯彻九年制义务教育,家长要注重子女的文化知识学习,保证子女学习时正常的经费需要；家长自己也应多与书籍交朋友，不断提高自身文化素养，要为子女树立榜样，营造良好的学习氛围，提供良好的学习环境。

十六、积极参加社会保险和合作医疗。自觉赡养老人，照顾好生活不能自理的人，开展拥军优属活动。

十七、实行殡葬改革，死后遗体火化，禁止乱葬，丧事不讲排场，防止骨灰入棺。

十八、弘扬正气，反对歪风邪气，严禁赌博活动；检举揭发坏人坏事，协助公安机关和治保组织做好社会治安综合治理工作。

十九、自觉维护社会稳定，配合村治保调解组织做好安全防范工作；出租房主要有出租房许可证，并要做好租住人员的证件登记工作；不能私下出租，防止只收费不问租住人身份的现象，给治安留下隐患；邻里、亲友间发生纠纷时，要及时向干部提出调解申请，把矛盾、纠纷解决在初始阶段；纠纷双方要有心平气和的态度，寻找化解矛盾的最佳办法；防止盛气凌人或以武力相威胁，使矛盾深化，甚至造成严重后果。

二十、村民违反村规民约，村委会有权给予下列处分：

1. 责令停止违规行为。

2. 给予批评教育。

3. 赔礼道歉。

4. 排除妨碍。

5. 恢复原状。

6. 退还原物。

7. 赔偿损失。

8. 对偷电、偷水等行为能查清计量的，按实数补交或加倍处罚；查不清计量的，承担村6个月至1年的水(电)的非正常亏损计量。

9. 在未处理完毕前，可暂时停止享受村有关福利待遇及各种补助；对认错、改错态度极差的，可采取断电等处罚(须经村民代表会议通过)措施。

10. 对不自觉维护河道养殖，用电网捕鱼者，处赔偿1000元，用网具偷鱼者处赔偿费500元，手摸、偷钓者赔偿100元，并没收一切工具。

11. 以上各款视情可单处，也可并处；对检举违规违约者奖励200元。

12. 对超出村委会权限的违规违法行为，由村委会报上级政府或公安、司法部门处理。

村调解委员会的规章制度

人民调解为人民，化解矛盾促稳定。为做好这项工作，使调解工作有规可依，特制定以下几项规定。

一、工作目标

1. 无民间纠纷转化为刑事案件。

2. 无民间纠纷引起非正常死亡。

3. 无民间纠纷引起聚众械斗事件。

4. 民间纠纷发生率控制在占人口总数的10%以下。

5. 民间纠纷调解率在95%以上。调解成功率在90%以上。

二、工作任务

1. 调解民间纠纷，化解民间矛盾。

2. 做好预防工作，减少纠纷发生。

3. 宣传法律法规和规章制度，教育村民遵纪守法，尊重社会公德。

4. 向党支部和上级政府反映民间纠纷和调解工作情况。

5. 开展帮教活动，做好刑满回乡人员思想工作，帮助安置刑满人员工作，慎防重新违法犯罪。

三、工作制度

1. 根据当事人申请，及时调解纠纷；发现可能导致矛盾升级的，没申请也应主动调解。

2. 调解纠纷应当在查明事实、分清是非的基础上，通过充分说理，耐心疏导，清除隔阂，帮助双方当事人达成协议。

3. 易激化的纠纷应及时调解，控制局势，防止事态恶化，个别特殊事件应及时向上级报告。

4. 调解纠纷应当进行登记，作好笔录。根据需要或当事人请求，可制作调解协议书。

5. 人民调解委员会主持下达成的协议，当事人应当履行。

6. 调解委员会对调解过的重点纠纷事件，必要时应进行回访。

四、工作纪律

1. 不得徇私舞弊。

2. 不得对当事人压制，打击报复。

3. 不得侮辱、处罚当事人。

4. 不得泄露当事人的隐私。

5. 不得吃请受礼。

二、抓好干部群众的法律法规知识学习

村民们对法律重要性的认识始于50年代初，1950年5月1日，新中国诞生了第一部法律——《中华人民共和国婚姻法》。当时宣传新婚姻法的力度很大，洋浦乡政府专门召开会议进行宣讲。村农会主任孙张友，妇女代表范仁姑、俞桂花等人参加了会议。尽管这三个人都是文盲，但都记住了婚姻法规定的“男女平等”“婚姻自由”“一夫一妻”等主要条文，他们还知道，若夫妻离婚时，政府(当时政法体系尚

不健全)判决有“利于女方”的规定。

从今天的角度看,这些内容已显得很平常,但在当时人们的反响很强烈,觉得每条法规都是革命性的。婚姻法颁布后,旧的婚姻体系全被推翻了。如当时的大户家庭里一个男子可以同时拥有几个妻子,婚姻法颁布后,一个男人只准留一个女人做妻子,其他女人都要立即离开这个家庭。下洋浦没有这种一夫多妻的家庭,但余姚、逍林等地的老板不少,都这样做了,谁也不敢违法。所以新中国成立初期,人们对法律重要性的认识还是比较深刻的。

进入21世纪后,强调依法办事,法律的重要性又一次突显出来。为使干部群众知法懂法,村党支部和村委会把法律知识的普及工作列入议事日程,每年都要举办三至四次法律知识讲座。涉及的内容比较广泛,有民法通则、村民委员会组织法、民事诉讼法、新的婚姻法、消费者权益保护法、老年人权益保障法等,还有如计划生育政策、土地管理条例、治安管理处罚条例等,在日常生活中经常要用到。

要抓好村干部学习法律知识,使他们依法依规行事、知法懂法。为此多次邀请市人大法制办、市司法局、计生委及镇司法办、土管所的有关领导给村干部讲课。通过学习提高了村干部的法律知识水平,增强了他们依法依规办事的自觉性。

在抓好村干部自身学习的前提下,也注意对村民代表、共产党员及各群团组织骨干人员的法律知识学习。根据不同群体的不同情况,选择不同内容,做到因人制宜,有选择、有针对性地组织学习。

共产党员在学习其他法律知识的同时,还组织学习党的章程,重点是学习党章的总纲部分、“第一章、党员”“第五章、党的基层组织”“第七章、党的纪律”。

村妇代会组织妇女们学习妇女权益保障法,通过学习明确了自己在社会、家庭中的地位,自己所拥有的政治权利、人身权利。在文化教育、社会保障、家庭财产等方面拥有与男人相同的权益。

老人们学习老年人权益保障法后,知道新的保障法增加了许多内容,规定晚辈对老人不但要做到生活上照料、经济上赡养,还要做到精神上慰藉。许多老年人深有感触地说，政府说出了老年人想说的话。

在组织干部群众学习的同时，村党支部村委会还注意对外来务工人员的教育，组织他们学习社会治安保护条例等相关法律知识，向他们介绍本地的乡情民风，受到外来打工者的一致好评。下面摘要记录对外来务工人员的一次培训情况。

培训大会参加人员：在下洋浦村暂住人员（来自11个省市区，共278人，实际到会220人左右）；村三套班子成员。

时间：2004年8月26日晚。

地点：村篮球场。

主讲人：新浦镇综合治理办公室副大队长冯光耀。

讲课内容要点：《社会治安管理条例》。提出了几点要求：注意安全生产，遵纪守法；勤劳致富，正确维护自己的合法权益；新老村民相互沟通，互相尊重不同习俗。

村委会主任根据当时的实际情况作了补充发言，对新村民提出了“三个保证”“三个权利”“三个要求”。

“三个保证”：一是保证人身安全不受侵犯；二是保证工资不拖欠，若暂住人员的工资讨不进，村委会帮助他们；三是保证提供生活方面的服务，如水电等管道系统故障时，水电工随叫随到。

“三个权利”：就是把大家作为下洋浦村的一员，一是对村务的知情权；二是对有关事务的参与权；三是对村干部行为、村有关事务的监督权。为此，在外来人员中选出代表，参加村里的有关会议，征求大家的意见和建议。

“三个要求”：一是努力学点文化知识和有关法律知识，不断地提高自身各方面素质，既要依法行事，又要用法律知识维护自己的权益。二是防止片面狭隘的老乡观念，避免意气用事，更不可聚众闹事。家乡的亲人盼着你们在外面平平安安，不要因一时冲动辜负了他们的期望，造成无法挽回的结果时再懊悔就来不及了。

三是维护公共场地的环境卫生，应尽的义务要履行，按时交纳房租和水电费。

外来人员对这样的课反响很强烈，表示一定要遵纪守法，做个好公民。

据粗略统计，自2000年至2010年的11年中，这样的学习不少于60场次，参加学习的各类人员在1800人次以上，使新老村民的法律知识都得到较大提高，尤其是在新村民中体现更明显。

讲到治安案件的发生，有些人往往有偏见，总以为外地人占的比率大，有个别厂家甚至公开拒绝贵州人当工人。然而在下洋浦情况就不一样，新老村民都是促进社会和谐的主要力量。新村民中也有雷锋式人物，2011年10月28日，在下洋浦务工的江西宜春人杨春秀，在洋浦边拾到十几张银行卡和身份证，她马上交给了外口办，使失主孙海浪及时找到了丢失的钱物。

新村民中一样充满了构建和谐社会的正能量，下面是2008年11月18日晚，下洋浦村第三届和促会换届选举会上，来自贵州的新村民刘兴富的发言：

各位领导，各位代表：晚上好！

我代表新村民讲几句话，我来自贵州安顺，那是当年红军长征强渡大渡河的地方。十年前，我来到下洋浦村，慢慢融入陌生的人际环境、社会环境中。我感到下洋浦是个十分和谐的村庄，人民非常勤劳纯朴，能友善待人、友好相处。村党支部、和谐促进会是我们新村民的坚强后盾。每当我们就业有困难的时候，他们就想方设法向单位推荐，帮助落实；当出现劳资纠纷的时候，也耐心帮我们进行协商沟通；当子女上学接受教育遇到困难时，村委会领导更会及时帮助解决。每当春节到来时，村里向有困难的新村民进行走访慰问，发放食品粮油等物资，使我们感到第二故乡的温暖！为此我非常感谢下洋浦村的领导和老村民！

在今后的生活中，愿我们新老村民携手奋进，为建设和谐社会而努力。在下洋浦建设新农村的征途上，我们也要尽一份力。祝下洋浦的明天更辉煌！

三、办好文化礼堂，注重传统教育

1949年5月新中国成立后，下洋浦的村史翻开了新的一页，人们的精神面貌发生了质的变化，在平安祥和的环境中劳作和生息，物质生活也逐年改善，摆脱了“糠菜半年粮”的状况。尤其是实行改革开放政策后，各项事业发展更加迅速。每过几年回首展望，便会发现面貌改变之大，让人惊喜，村庄前进的速度超出了人们的预料。从村庄规划布局、道路建设，到环境保护，都给人以全新的感觉。全体村民们从上到下精神饱满，立志用智慧和汗水改变昔日贫穷落后的面貌。通过几代人的不懈努力，村里取得了骄人的成就，一次次地走上宁波、慈溪市政府的领奖台，仅2000至2014年间，被评为各类先进集体的有30多次。为表彰先进、激励斗志、弘扬正气，客观地反映这一时段全体村民艰苦奋斗的创业精神，党支部、村委会筹办了一个文化礼堂，把有关事件展示在文化礼堂里，供村民们欣赏，让今天的成年人共同回望和追忆自己走过的脚印，也以此寄希望于下洋浦村的后来者，继承发扬这种精神。

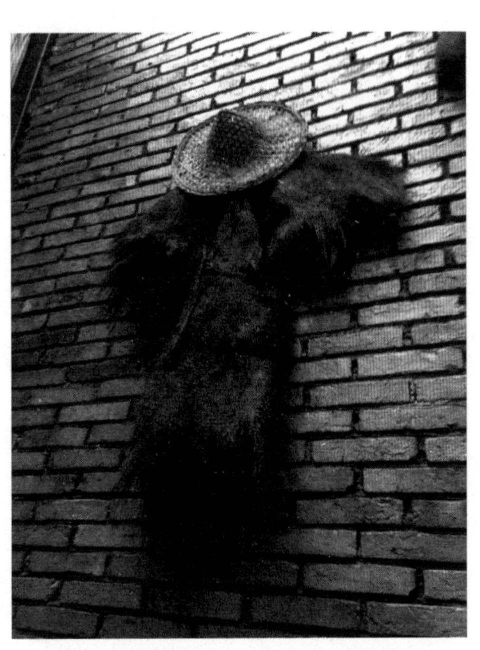
文化礼堂展出的农夫穿的蓑衣

文化礼堂分道德讲堂、荣誉室、实

物展示厅、会议室等。

荣誉室是村民们最引以为豪的展室，这里展出的有浙江省、宁波市、慈溪市等有关部门颁发的奖状、奖品，这些是村民们付出的辛劳获得上级政府和有关部门肯定的证明。

还有一个特别的展室，里面展出了20世纪40～60年代的30多年间，村民们曾经使用过的各种生产工具和生活用品。这些用具现在早已不使用了，多数家庭也不再保存，所以有不少年轻人见都没见过，即使见了也叫不出确切的名字和用途。

这些实物共有49件，分农具、渔具、纺织用具、日常生活用品、厨房设施等五大类。

一是农具类。农具有摇车、水车网兜、掀箈、小簟箩、刀销箈、石磨、硬靴等7种。

摇车是车水用的，长3.5米左右，通常在稻区较普遍，每家每户必备，因为要给稻田灌水，非它不可。下洋浦村是棉区，不需要给棉地灌水。摇车是掘河泥时用的。过去没化肥，只能给棉花施草木灰和人畜粪便等农家肥，此外还有个重要肥源是河泥。进入冬季后，人们把一条条小河沟的水用摇车车干，再把小沟里的污泥掘起来，撒到棉地上。所以摇车对棉农来说不可或缺。

草鞋

摇车也是捕鱼的工具之一。当人们发现某条河或水沟里有较多的鱼时，便选一段河或沟，在河沟的两端打个堰基，把水车干后即可轻易捕鱼了。

水车网兜是摇车的附属设施，车水时把网兜系到摇车的出水处，若有小鱼随水流来时便落入网兜里，这是车水中的副产品，若运气好，晚上下酒的菜常常不用买了。

掀箷和硬靴都是掘河泥时用的，掘河泥多数在三九天的寒冬季节进行，穿上硬靴下河去掘河泥时，就可避免冰水的侵袭。

二是渔具类。渔具有大圈笼、大笼海兜、长渔网；拉钓、涂涕（泥螺）海兜、撬鳗刀、弹跳鱼钩、横网、沙蟹网、蛤蜊钩、蛏子钩；鱼戳、鳖戳、田鸡枪等14种。

这些渔具又可分为三大类，一类是到深水海域捕鱼捉蟹用的，如长渔网、大圈笼、大笼海兜等；其余8种渔具都是在滩涂上用的；最后3种是在陆地河沟用的，所捉到的鱼和鳖是生活在淡水里的。

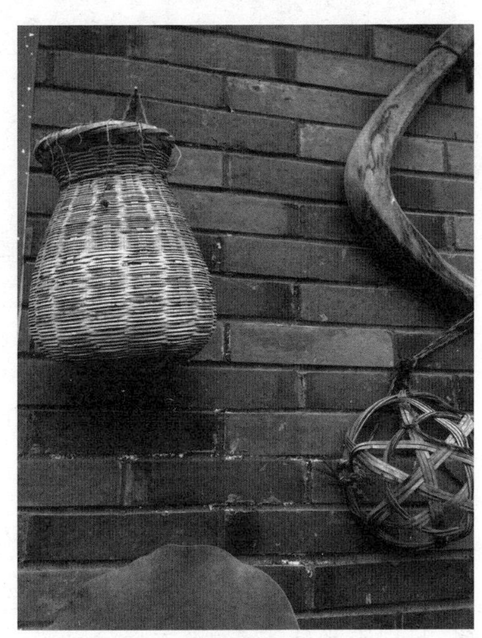

渔具圈笼

以上几种渔具都是村里的人们平时拷海时用的，有的一人备有多种渔具，有个别家庭甚至以上渔具样样俱全。只是实际上拷海的项目还有很多，所需渔具也远比这些多得多。

三是纺织用具。纺织用具有织布机、梭、纺棉絮车、棉纱摇车、纱箷、石棉车、绣花棚等7种。前面5种用具都是纺织用具。把棉絮织成可以做衣服的布匹，中间要经过好几道工序，在这个过程中，以上几种用具是少不了的。首先是通过纺棉絮车把棉絮纺成棉纱线。接着用棉纱摇车把纱团集中缠绕到纱箷上，倒成一圈圈的棉纱后染成各种需要的颜色，经糨糊浆过后晾干待用。织布机是把棉纱织成布的最后一道工序，也是最关键的工序。

织布是很辛苦的，需要健康的身体，手脚要同时并用着力，灵活配合，而且需及时发现断纱、及时接续好，因而视力也要好，因此不是人人都能胜任的。一般由手脚麻利、头脑反应灵敏、视力又好的青壮年妇女承担织布任务。

A2 2015年5月18日 星期一 | 要闻 | 责任编辑/苗旭明 电话/63

下洋浦村文化礼堂“海味”满堂

“乡风文明馆”陈列100多件渔具展品

2015年5月18日《慈溪日报》对下洋浦村文化礼堂的报道

20世纪40年代前全体村民的衣着被褥都是妇女们自己织的土布。五六十年代“洋布”（现代纺织机织成的布）开始传入乡村，它们自然比土布漂亮许多，只因需现钱去买，极大部分村民仍穿土布衣服。在洋布的影响下，妇女们开始把棉纱染成多种不同颜色，通过镶嵌技术把土布织成各种不同的图案，使它们看上去更美观。人们最钟情的是一种叫篾片布的土布，由红黄蓝白绿等多种颜色组成，通过经纬纱线长短不一的线条安排及颜色的变化，让土布也显

织布机

得色彩缤纷。这也算得上是土洋结合的产物，受到村民喜爱，曾风行一时。70年代初开始，土布逐渐减少，到80年代后期，才完全退出历史舞台。

四是厨房常用设施。厨房用具有饭篮、汤罐、面盆架、风箱、灶头桶、五更机（经济炉）、漆桶、油瓶、叶罩簟等9种。在这些设施中，五更机和风箱出现较晚，到50年代末60年代初才出现，其他各种用具三四十年代已普遍在使用。

对以上这些厨房用具，一般人一看就明白，故不必一一说明，这里只简介一种用具——汤罐。

汤罐

汤罐是埋在灶膛里的一种温水罐。一般的灶有两个灶火洞，汤罐夹放在两个灶膛之间的灶洞壁内，人们在做饭炒菜烧火时，顺便把汤罐内的水烧开或烧热，以供洗涮或饮用。只要有一个灶膛在用火，便可使汤罐里的冷水慢慢变热，直至变成开水。既利用了柴火的余热，又方便实用。而且安放汤罐的地方很巧妙，在两只锅圈的弧相交后分叉的三角形空域，不必专门占用别的地域。

汤罐有铜浇、铁铸、陶土烧制三种不同的品质，以铜质的最好，它传热快，罐体又不易生锈。只因陶器传热慢，所以被排在末位。不过，从现代科学理念出发，其实陶土烧制的汤罐里所存储的水，烧开后其质量应该是最好的。这自然是后来的说法，反正现在什么汤罐也不用了，就没有更新观念的必要了。

五是生活用具。主要有摇篮、幢篮、箭子篮；旧时钟、三五牌闹钟；三圈灯、洋油灯；广播喇叭、半导体收音机、老式电话机等共10件4类。

这些生活用具中，有些年代相对较晚，如三五牌闹钟是60年代才面世的。不过，它一面世便被当时的人们另眼相看，因为它可以任意设置闹钟发声的时刻，提醒人们按设置时间起床、办事。这一点对需要经常起早拷海、赶市的人来说特别有用。又因它携带轻便，更适合出海打鱼的船只需要，所以很受青睐，谁家买了它，看到的人会投以羡慕的目光。

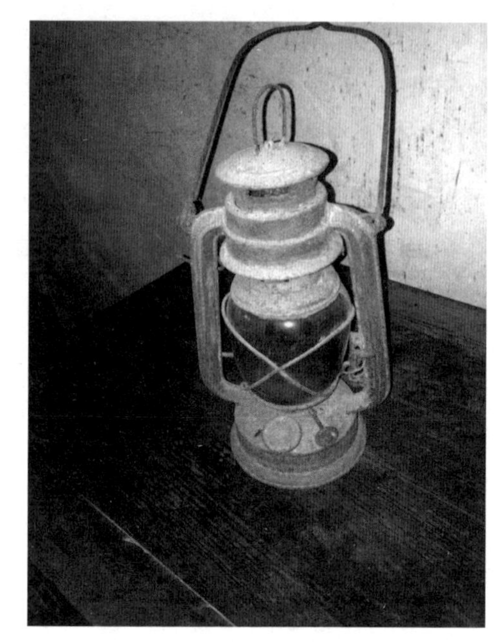
三圈灯

村里开辟这个展室的初衷，是为了让今天的人们不要忘记父辈们当年生活的艰难，现在生活好了，也不要丢掉艰苦奋斗的精神。

然而村二委会的同志没料到，人们对这个展室的反响远远超出了原先的预期。村民们参观后感受很深，普遍反映："我们今天所以能有这么大的变化，过上这么好的生活，是遇上了党的好政策。"老人们看后感受更深，仿佛看到了一个个当年艰苦奋斗的场景，似乎听到了一首首古老的歌谣。社会变化之大，是那时候的人们连做梦都不敢想的。

这个特别展室不但受到村民的青睐，也引起了附近村镇众多人士的注目，他们纷纷组织有关人员前来参观学习。有些村回去后也办起了自己的文化礼堂。宁波市电视台、慈溪电台、《慈溪日报》社的记者都前来采访报道。慈溪市委领导也前来考察，并给予了充分肯定。

四、理论指导实践，抓落实

学习法律法规的目的是为了依法依规行事，下面结合具体操作过程，就如何落实村民代表大会制度、村委会评议制度、村务财务民主管理、构建和谐社会四个议题做一些具体的介绍。

（一）实践村民代表大会制度

村民委员会每三年换届选举一次，村民委员会的选举产生过程，是否符合选举法，关系到是否让村民真正当家做主。村民委员会简称村委会（下同），由村民代表选举产生。

村民代表大会的选举过程比较复杂、仔细，前后需经历一个多月时间。下面是对下洋浦村第七届村委会换届、第八届村委会产生过程的记录，从中可以看出下洋浦村村委会选举已趋于成熟，大致分为三大步。

第一步，准备阶段。

2008 年 3 月 30 日晚，第七届村民代表第十二次会议在村会议室召开。

主持人为冯先焕。

主要议程：

1. 新浦镇党委负责人潘济永作选举动员讲话。

2. 村主任胡尧芳作七届村委会工作报告。

3. 冯先焕宣读第八届村民代表大会选举委员会组成人员建议名单：

主任：冯先焕；副主任：龚建焕；秘书：应仕锦；成员：陈仕华、许爱国、岑恩乔、胡尧芳、冯跃跃。

以上人选需经八届村民代表大会审核。

4. 龚建焕宣读八届代表大会选举办法。

选举办法（摘要）规定：4月29日为选举日，1990年4月28日前出生的本村户籍人员，有选举权和被选举权。

选举步骤安排：

4月3日选民登记，5日公布选民名单；4月6至8日选出第八届村民代表，代表确定44人；4月9至15日推选候选人，实行无记名投票，并进行海推，提出主任人选一名，委员两名，主任票可加在委员票，委员票不加在主任票；4月18至19日召开村民代表大会，通过提名结果；4月24日公布候选人名单，计票、监票人员名单。设流动票箱五个，每个票箱设三个工作人员，固定票箱一个。候选人不得作记、监票及上门求选的工作人员。

5. 陈仕华宣读村民代表授权书。

第二步，海推村委会候选人。

2008年4月12日下午，八届村委会候选人海推结果唱票，海推候选人结果。

主持人为镇党委陈国焕。

全村选民775人，27人在外，下发选票748张，回收747张，其中弃权票10张，废票5张，计有效票742张。

主任候选人17人：胡尧芳467票，陈仕华82票，岑恩乔55票，龚建焕25票，罗志棠23票，许爱国、龚建福、鲁志权、应仕锦等四人各8票。少于8票，不再具体表述得票数。

委员候选人33人：应仕锦333票，岑恩乔237票，龚建焕171票，陈仕华91票，罗志堂89票，徐央萍51票，冯先焕50票，许爱国47票，陈文江43票，杜秀春

34 票，余小冬 29 票，胡尧芳 21 票，沈宝惠 13 票，龚建富 10 票。

第三步，投票选举。

2008 年 4 月 29 日，召开第八届村民代表大会，进行具体投票选举。

主持人为冯先焕。

第八届全体村民代表出席大会，应出席 44 人，实到 43 人。

主席台就座的有潘济永（镇党委）、胡尧芳、应仕锦、岑恩乔、陈仕华、罗志棠。

主任正式候选人：胡尧芳、陈仕华（二选一）。委员正式候选人三人：应仕锦、岑恩乔、罗志棠（三选二）。

选举结果如下：选村主任发出选票 771 张，回收 766 张，其中弃权 6 张，废票 17 张，有效票 749 张。

主任候选人计票结果：胡尧芳得 480 票；陈仕华得 263 票。

选村委会委员发出选票 771 张，回收 769 张，弃权 16 张，废票 4 张，有效票 765 张。

委员候选人计票结果：应仕锦得 625 票；岑恩乔得 481 票；罗志棠得 300 票。

大会选举委员会主任冯先焕宣布：第八届村民委员会由胡尧芳、应仕锦、岑恩乔三位同志组成，胡尧芳任主任。选举结果公布后，胡尧芳代表新一届村委会作了表态发言。

以上是实践村民代表大会选举村委会组成人员的选举过程。

（二）实践村民对村委会评议制度

根据村委会组织法规定，为加强民主建设，需订立工作报告制度，村委会需向村民代表报告工作，一年不得少于一次，并接受村民评议。2004 年 6 月 9 日颁布了《村民对村委会工作评议及村委会主任述职评议制度》。

下面记录一次具体评议经过。

时间：2004年6月29日。

主持人：罗志棠。

参加会议人员：党员代表、村民代表、小组长以上骨干、部分企业负责人等40余人，以及市人大法工委主任董永顺、市农村工作指导员孙明华、镇政府领导龚建聪等。

大会议程：

一、龚建聪作动员讲话，指出评议目的、内容、注意事项等(略)。

二、村主任胡尧芳作述职报告(略)。

三、市下村帮助工作指导员孙明华作调查报告(略)。

四、与会代表对村委会工作及村主任工作进行评议。

下面是几位代表发言。

龚建焕：

1. 成绩是主要的，全年工作有计划、有措施，落实过程中克服了许多中途冒出来的问题。村委会从主任到委员都很尽心尽职。总体上群众是满意的，不多谈了。

2. 存在问题：一是村级各方面的力量尚未调动起来。二是新村规划在征地时显得被动，事先过于乐观，考虑不细。三是村干部上班制度没建立，靠个人自觉。

3. 几点建议：一是民主监督制度不健全，可借鉴外地经验。二是要充分调动包括村委会成员在内的各方积极性，参与公共事务的管理。三是完善工作制度，民主理财增加透明度。

岑恩乔：

对外口公寓规划、新村规划、观附公路连接线等几项工程，宜紧不宜缓，争取早日开工。

陈仕华：

一是关于教育，本村学校撤销后，多种机动车接送，没规范，有安全隐患，最好面包车，会安全些。二是农场的承包地具体情况不少人不清楚，应公布一下。三是账目上，特殊情况可开支多少，要让老百姓知道，免得误解。

王先尧：

村委会近年来对环境整治、道路建设、医疗保险等方面比较关心，并取得了实质性进展，对困难户的救助得到了保证。胡尧芳个人在经济上是吃亏的，前几年不但没工资，还为大家的事填钱，为集体的事去联系，交际费用是自付的，时间长了开支不少。

存在问题：一是班子里议大事时，定好后不能变。二是第二轮土地承包后，留下的土地不多，不利于今后建设。三是集体资金来源不足，在增强造血功能方面动动脑筋。

冯尧根：

尧芳的工作是好的，与他的屋里人也有关系，要是女客不支持，就没办法专心工作，弄不好还会造成夫妻不和。

钟钊宏：

尧芳是非党员，与党支部成员间的关系处理得比较好，这一点很不容易。现在村自来水管子老化，漏水多、浪费大，一定要想办法改造。

沈仁富：

外口公寓建好后，管理工作一定要跟上，两条路都要通。

五、众人对村委会的工作评议后，胡尧芳作了表态发言，对代表们的批评表示接受，对大家的鼓励表示感谢。他表示对大家的意见，能改的立刻改正，一时改不了的会努力创造条件去办。

备注：对这次评议提出的问题和要求，就如何落实，村委会做了认真研究，并做了一些工作。6 月 29 日评议，8 月 18 日召开了村民小组长以上干部会议，对评议中提出的几件事情的办理情况做了汇报。

1. 关于大桥东面道路的开通问题，待外口公寓建好后再建设，现在暂不动工。

2. 海涂的承包地已到期，机动地重新发包，公开招标。

3. 加强了民主理财小组人员，做到账目按期公布。

4. 关于自来水管道系统整网问题，这是一项较大工程，资金投入大，今年没法开工，争取明年开工。

5. 关于小学生接送存在安全隐患问题，已落实好。协调过程是这样的：当时大车司机因学生人数少造成亏损，要求接送费由4500元增加到10000元，而11位家长接受不了，只同意每户补100元，即增加到5600元。另一位驾驶员孙某是愿意接送的，但因车太小怕不安全。后村委会与镇教办罗科技主任联系，以村庄离学校远、学生又较少为由，要求作适当补助。几经商榷，罗主任同意以培训名义下拨下洋浦村2000元补给大车司机，这样他的接送费增加到7600元。现已和汽车司机联系好，9月1日起接送。

（三）村务、财务民主管理座谈会（摘要）

时间：2005年12月9日

主持人：龚建焕

报告人：村主任胡尧芳

参加人员：（略）

龚建焕：

今天请大家来，召开村务、财务公开座谈会，征求大家对村务、财务的意见。请大家抱着对集体负责的精神，敞开发言，批评、建议都可谈，讲错了也不要紧。下面先请胡尧芳主任向大家简要汇报一下村务、财务方面的情况。

村主任：

今天要向大家公开的内容较多，具体有这样几项：土地管理用地征地情况、建房指标户；干部误工；低保户、弱势群体帮扶人员；财务执行情况，债权债务问题；计划生育落实情况；工程招投标、土地青苗补偿情况；农民负担、一事一议情况；房屋出租情况。

这里只摘录其中几项。

一、关于财务及债务问题。今年新建设项目较多，一是建造新的菜市场，二是建造新的办公大楼，三是村康庄路的修建，四是外口公寓二期工程开始建设。这样造成今年的资金开支大了些。到目前为止，村里已负债170万元，预算收入120万元。阴历年底前要付30万元，打算在原学校办公室上动动脑筋，或出卖或出租，以解燃眉之急。请大家发表意见。

二、关于今年对困难户等照顾对象需要做些适当的调整，需要慰问和照顾的人员初步确定21户，他们是：军属3户，困难户2户，低保7户；90岁以上老人3位，三老人员2位，重病患者4位。对以上人员有无不同意见或有什么补充？

三、关于农贸市场出租。农贸市场有10间屋，每间150元，带小屋每间50元，合计每间每月200元。

主持人：接下来请大家提意见。

参加会议人员发言。

冯尧根：如果村干部有不足之处，我们要实事求是反映情况，对建房户的出水沟不弄好，我是有意见的。

陈仕华：关于学校的问题，最好产权属村，长期出租，万不得已时才考虑出卖。

许卫法：我对村务公开和民主管理基本上是满意的。但有些财务开支，发票里的证人要避免由亲戚签字，容易产生误解。

杨永庆：有些村务规定和政策群众不了解，要多做宣传工作，使老百姓信

村民评议“村官”

2004年6月30日《慈溪日报》对下洋浦村民主座谈会的报道

息准确一点。

孙金国：我是如实反映情况，好就是好，不好就不能说好。有的人乱讲也有的。

郑富仁：我对报告总体上没意见，但对困难户要考虑增加一户。周建国妻子是少数民族，公婆长期生病，造成生活困难，应考虑给予适当的照顾。

主持人：

今天大家的发言很好，总的说大家对我们的村务、财务管理工作是满意的，同时也提出了一些意见和建议。这对改进我们的村务、财务工作有建设性意义。我代主任表个态，尽快抽时间开个村委会会议研究一下，能改的马上改，一时落实不了的，在适当的时机会向大家做出回应。

(四) 建立和谐促进会，努力构建和谐社会

通过多年持之以恒的努力，下洋浦村培育出了良好的村风民俗。多年来没出现过群殴闹事现象、没有集体上访事件，出现了众多的好人好事。按市、镇有关领导的话说，这是个让人放心的村庄。村党支部也多次在市镇召开的有关会议上介绍了经验体会。

下面是支部书记冯先焕在慈溪市委召开的支部书记培训班上的发言(此处有删节)。

各位领导，各位同行：

我是新浦镇下洋浦村的支部书记，今天发言的题目是“团结不同群体，共同构建和谐社会”。不当之处希望领导和同志们批评指正。

一、基本情况

下洋浦村是个海边小村，总户数 360 户，总人口 960 人，极大部分是汉族，其中有壮族、布依族等 4 个少数民族，共 122 人。信教群众 187 人。耕地 588 亩，劳动

力711人,8个生产队(村民小组),35家个私企业。年人均收入13077元。几年来,集体可支配收入保持在人均400元以上。有外来暂住人口400人左右,他们来自安徽、江西、广西、四川、云南、贵州等六个省区。

由于文化背景有差异,生活习惯的不同,新老村民之间、外来务工人员之间、企业与员工之间往往会产生一些这样那样的矛盾和纠纷,村里曾发生过外来人员之间要纠集老乡闹事的情况。这类事单纯靠压是不妥的,如果处理不好,不仅仅会影响村里的安定团结,也影响经济建设的正常经营,势必会影响"两个文明"建设。为此,村三套班子进行了认真的研究,并采取了相应措施。经过几年来的探索,在实践中不断改进化解矛盾的方法,取得了较好的效果,达到了预期的目的,找到了适合我村实际的管理模式。

现在干部与村民、党员与群众、新老村民之间的关系融洽,展现出管理民主、乡风文明、环境整洁、人民安居乐业的美好景象。

二、我们做的几项主要工作

对村里存在的问题,我们采取抓组织加强领导、抓学习因势利导、生活上热情关心、管理上坚持人性化等多管齐下的方针。

(一)搭平台建立和谐促进会(简称"和促会")

这项工作抓得较早,于2006年11月开始建立了和促会,至今坚持了9年。现在和促会由政工副书记任会长负责日常具体工作。

和促会成员中有青年团、妇代会、少数民族、企业界、信教群众、外来务工人员等各类不同群体的代表参加。鉴于不安定因素的发生在外来人员中所占的比例较大,我们的侧重点放在做好外来人员的工作上。为加强工作力度,我们选择了一位有威信的外来务工人员任副会长。村委会还把外来人员划分成8个小组,由他们自己推选组长。八个组长与村里的八个村民组长结成对,外来人员中有事需村里解决的,先由小组长与村民组长联系,再由村民组长与村干部反映,村干部酌情处理。这样外来人员中有什么问题,村里能及时了解、及时处理,避免了因沟通渠道不畅造成矛盾升级的被动局面。我们了解到来自湖南绥宁的新村民舒军在外来人员中有一定威信，就将他编入和促会成员。后来他在调解外来人员劳动纠纷、处理工伤事故中，表现积极，起到了我们起不到的作用。2012 年年底，和促会在研究向困难户等弱势对象送温暖的事，他捐出 1000 元钱，也要为帮助困难户尽点力。舒军说："我来下洋浦十多年了，你们待我像一家人，现在我生活好了，这点钱表示我的一点心意。"村民们说："外来人员为当地人捐款送温暖还是第一次听到。"

（二）重普法办好培训班

为提高新老村民的法治意识，首先须知法懂法。为此，我们花精力组织各类人员学习法律知识，每年都要举办几次法律知识讲座，请相关单位的行家人士讲课，用法律知识武装人们的头脑，在学习法律知识的基础上因势利导。在坚持依法依规办事的前提下，解决具体问题时以思想沟通在先、疏导为主，努力把矛盾解决在萌芽状态。这样做比生硬的套用公式，效果会好得多。

去年 1 月，村里修建商都二路。宁波市人大代表飞龙房地产开发公司董事长丁云华先生赞助了 25 万元。道路修建牵涉到三户群众的小房子需拆迁，其中一户反应强烈，提出了过高的条件。我们选择了一个与该户村民有较多共同语言的和促会成员上门做工作，讲明道路是爱心人士出资在建，做公益事业需要大家都来献爱心作奉献，个人利益应服从大局的道理，使这位村民改变了原来的打算。

2012 年 6 月，村庄附近的一段七塘公路出现坍塌凹陷，一信教村民摔了一跤造成骨折住院。家属情绪比较激动，认为是村里办事不力，表示要聚集亲友上访。支部与和促会成员一起上门做思想工作，先使他们的情绪平静下来，然后我们又去医院探望了摔伤的病人，使病人心中得到安慰，避免了一次不必要的上访。接着我们又去市交通部门反映了七塘公路西龙线 30.7 公里处路段附近的路况，要求尽快修复，以防不幸的事件重演。市有关部门接受了我们的意见，不久就采取措施修复了这段路。

（三）转作风做好服务工作

对企业，村每年都召开座谈会，邀请企业的负责人参加，听取他们的意见和建议，了解他们的需求，凡我们可以帮助的会尽最大努力去做。年初企业举办劳动用工洽谈会，村里会安排好场地，并提供后勤服务工作。

我村的少数民族几乎都是通过婚嫁在这里落户的，一般家庭生活不宽余。为此我们在制订村规民约时对少数民族给予了优惠，如少数民族子女考上大学的，可补助2000元。2012年，壮族妇女陆智莲种了20亩葡萄，受台风袭击后损失很大。村里与市有关部门反映，补助她家5000元钱，这不但帮她渡过了风灾造成的困难，也为她家来年发展生产打下了基础。

对外来务工者，真正把他们看作是新来的村民，与老村民一样对待。坚持实行人性化管理，台风来袭前，凡住危房的人员都一一动员他们撤离。2007年春节，参加团拜会的人员，除村三套班子、村民代表外，还邀请了暂住人员的8位组长参加。我们慰问了有困难的外来人员8户，给他们送去了过节物资。

外来人员生大病住院的，我们也一样前去探望。2010年，来自四川的务工人员桂真利遇车祸住院，我们去医院探望他，送上了500元慰问金。这是他事先没想到的事，因为他曾到不少地方打过工，还没听说当地哪个村的干部去医院看望一个打工者的事。由于我们像对长住村民一样对待新村民，许多打工者不想离开下洋浦村，初步统计，在村里已住五年以上的打工者占75%。

（四）抓活动，促进不同群体间的融洽

以和促会名义开展文体活动，自2006年至今，每年春节前后都要举行文艺晚会和篮球比赛。2006年11月第一次举办文艺晚会时，有24人登台演唱，新老村民竞相登台献艺，气氛很融洽。奖品有自行车、电饭煲、饮水机等，考虑到新村民的因素，选这些物品更适合打工者需要。

演出结束后评出一等奖一名，获自行车一辆；二等奖两名，分别获立式饮水机一台；三等奖三名，各获电饭煲一个；其余登台人员获纪念奖，赠台式饮水机一台。

首届晚会演出效果不错，不但极大地调动了参赛者的喜悦情绪，也吸引了几百位观众兴致勃勃地观看。举办文艺演出促进了相互了解，增进了友谊，起到了积极作用，也促进了村里文化生活的发展。从这些年来文艺演出的水平看，确实一年比一年有所提高。

同时，我们还多次组织球类比赛，通过这些文体比赛活动，村民们的精神生活充实了，不但在家自娱自乐的人多了，在公众场合活动的人也多了起来，这样到麻将场的人就少了许多，也促使家庭氛围更加和谐。

尊老爱幼、关心弱势群体是和促会的重要任务之一，每年春节前都要进行全面分析，并安排一定资金进行照顾慰问。以2010年春节期间为例，给60岁以上老人每人送节日费100元，80岁以上老人每人200元；低保户9户，共补助7700元；因病等造成困难的6户，共补助2040元。合计达18340元。

这些支出多数来自和促会积累的账户资金。和促会在开展文艺演出、组织学习、慰问弱势群体、看望病人等活动时需有一定经费。村里有不少乐意奉献的爱心人士，捐款支持和促会开展活动。在成立当年，就有18个企业的厂长经理为和促会捐款达22600元，保证了活动能正常进行。以后每年都有一些爱心人士为和促会捐款，最多时参加捐款人数有28位，捐款数量达33800元。从2006至2010年五年中，有118人次参加捐款活动，共收到捐款114700元。这一方面彰显了爱心人士的高尚风格，另一方面也说明，和促会确实也起到了促进和谐的积极作用。

三、收获与体会

我们通过建立和谐促进会，并充分利用这个平台，开展各种活动，取得了积极的成果。

一是密切了干群之间的关系，通过举办法律知识讲座，不但群众的法制意识增强了，干部们自身的法治水平也得到了提高。干部依法依规办事，群众依法依规行事，逐渐成为主流意识，这样解决日常事务就会顺利得多。

二是增进了新老村民间的交流，通过多次文体比赛等活动，使新老村民间有了相互接触、相互了解的机会。互不相识、见面互不搭理的两群人，在群体活动中熟识了，现在见面后会点个头，说上几句话，这有利于进一步沟通。

三是营造了团结友爱、和谐相处的氛围，不但本村干群之间的关系紧密了，新老村民之间的关系也和谐了。有个来自贵州的新村民叫舒腾忠，误入传销组织，村干部获知后及时把情况报告了有关部门，有关部门帮助他脱离了魔窟。他很感动，送了一面锦旗给村里，感谢村干部把他解救出来。

下洋浦村按照民主法治建设的要求，从抓制度建设入手，通过组织学习，再努力在落实上下功夫，从而取得了明显的成果。村干部依法依规办事，村民的法制意增强了，促进了村风民风的进步，实现了安定团结的局面。

近十年来村干群换了一茬又一茬，但权为民所用、利为民所谋的好传统被传了下来。干部们办了一件件有利民生的实事，这些身边的事群众看得清清楚楚，故即使有些事考虑不周，群众也能体谅。总体上看我们村的干群关系是融洽的，多年来没有发生过群体上访事件。村里一般的民间纷争，都由村调解组织通过调解化解了，调解成功率达百分之百。

被称为“世间第一件难事”的计划生育工作，多年来生育符合率也达百分之百。2007 年下洋浦村被评为宁波市民主法治示范村，至今仍保持着这一荣誉。

当然，我们在构建和谐社会的工作中还存在不少薄弱环节，村干部自身的法律知识掌握得还不全面，需要进一步去努力。谢谢大家！

二〇一三年八月

下洋浦村的干部们把为村民服务、促进社会和谐看作是自己的应尽职责，这成了一个传统。一届接一届，村干部成员在变，但这个传统没有变。谁家婆媳关系不够和谐，他们耐心疏导；哪对小夫妻感情出现裂痕，他们设法进行弥补。村干部坚持公平公正原则办事，因而村民们也能尊重干部们的付出，即使自己认为干部有某些“偏向”，也能体谅。多年来，一般的民间纠纷都能由村干部通过耐心仔细的工作得到解决。多年的实践积累也使村干部们增长了做思想工作的本领，善于因人而异去化解矛盾。发现有些人一时走上弯路，村干部总是积极加以引导。这里仅举一例。

村民阿成(化名)在单亲家庭长大,由于从小缺少母爱,养成了任性、随意的性格,爱喝酒,动不动便与他人争吵,甚至打架。成家后他也缺少对家庭的责任感,与妻子关系紧张,家庭处于破裂的边缘。这个情况引起了村干部的关注,党支部开会分析,认为阿成人还是很聪明的,对长辈也有礼貌,只是走的路不对,支部有责任将他引上正路。

村委会委员、村妇代会主任应仕锦对阿成的妻子较熟悉,支部就委托她与阿成一家交朋友,她便与阿成进行了开诚布公的谈心,要他克服破罐破摔的思想。阿成有具体困难时,应仕锦总是尽最大努力帮助解决。2012 年 2 月,阿成才满月的孩子出现吐血,医生检查后发现肝脏受损严重,医院发出了病危通知书,并告之必须立刻转到大医院去治疗,否则易引发脑瘫。婴儿到上海后,仅住院押金一项资金就接近两万元,这对阿成来说是个很大的数字。由于阿成没有稳定的收入来源,要筹足这笔资金相当困难,为此他一筹莫展。应仕锦把婴儿的情况告诉了村民们,希望众人伸援手救救孩子。党支部等村三套班子同志带头捐款,村民们你三百我五百,凑齐了这笔钱,治好了孩子的病,帮助阿成一家渡过了这个劫难。

阿成很感谢村干部、感谢乡亲们,也感谢应仕锦这位热心的大姐姐。他觉得自己不该再糊糊涂涂地混日子了,决心通过诚实劳动摆脱贫困,用行动来报答乡亲们对自己的关心。他想办个小吃店,因资金缺口大没法开业。应仕锦帮他筹到了所需资金,使他的小店开了起来。后来店里生意不错,他想进一步扩大经营规模,又苦于资金不足没法扩展。前任村党支部书记龚建焕卸职不卸责,知道后多次为他作担保向银行贷款,帮阿成实现了自己的梦想,使他的事业得以进一步向前发展。

由于阿成夫妻俩勤勤恳恳经营,终于使资金周转走上了良性循环。阿成有了积余,把乡亲们当年的捐款、借款一一还上。现在,他不但还清了所有的债务,还买了房子和轿车。

如今,下洋浦的村民们在全面小康的路上正昂首挺胸地前进,阿成一家自然也在其中。

第十一篇　儿女争辉

下洋浦村本是个偏僻落后的海边渔村，是一个交通不便、信息闭塞的地方。为了改变贫穷落后文盲充斥的状况，人们与大自然进行了艰苦卓绝的斗争，想通过双手改变自己的命运。可是现实残酷，在很长一段日子里，任村民们怎么拼搏，总也找不到摆脱苦难的方向。直至 1949 年，他们才见到了曙光，终于找到了前进方向。在以后的日子里，虽也有其他因素的干扰，但人们一次次拨正前进的方向，认准既定目标不动摇。经过 60 多年的努力拼搏，终于使下洋浦村改变了落后面貌。尤其是进入 21 世纪后，经济、社会各项事业飞速发展，人们的文化素质得到明显提高。村里也多次受到省、宁波市、慈溪市等各级党政机关的褒奖和肯定，获省、市颁发的各类奖牌 27 块，现列出 2007 年以来获得的几块奖牌。

2007 年评为宁波市文明村。

2009 年获浙江省卫生村。

2010 年建成宁波市基层党风建设示范村。

2011 年获浙江省万村联网工程新农村示范网站。

2011 年获浙江省人口和计生群众自治示范村。

2011 年被评为宁波市全面小康村。

2012 年被评为慈溪市“美丽乡村、幸福家园”先进村。

2013 年建成宁波市森林村庄。

2014 年获宁波市水环境示范村。

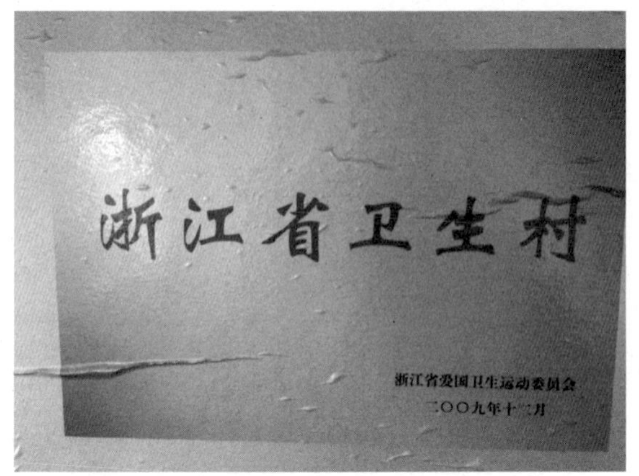
浙江省卫生村
浙江省爱国卫生运动委员会
二〇〇九年十二月

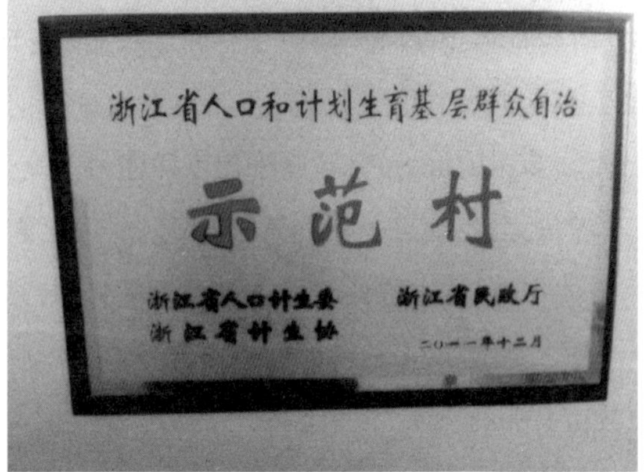
浙江省人口和计划生育基层群众自治
示范村
浙江省人口计生委
浙江省计生协
浙江省民政厅
二〇一一年十二月

全面小康村
中共宁波市委
宁波市人民政府
二〇一一年二月

当人们看到这些骄人荣誉的同时，总忘不了为此而做出种种努力的人们。他们中有打基础指方向的、有用行动作示范的，也有不计较个人得失讲奉献的，还有不畏艰难敢拼搏的。他们从各个不同角度展现着各自的风姿，为下洋浦村的两个文明建设做出了贡献。与此同时，我们也不会忘记，下洋浦村之所以能有这么大的变化，与各级领导、各级政府和职能部门的帮助支持是分不开的。他们深入基层调查研究后，根据村集体经济薄弱的实际，出台了一系列倾斜政策，帮助解决了村里一个个具体问题；与村民一块抗台、修路、植树；走访困难户，送来慰问品，把温暖送到普通群众家中。没有各级政府的全力支持，下洋浦村人虽不至于还像 1949 年前那样孤独奋斗、苦苦挣扎，至少不可能有今天这样人民富有、环境优美、村庄祥和、一片生机勃勃的景象。

一、奉献集

在进行“两个文明”建设过程中，村三套班子借助和促会和一事一议等多种形式，广泛发动村民，有钱出钱、有力出力筹集资金，得到了村民们的积极响应。其中和促会从 2006 年成立至 2010 年共获捐助款达 112100 元；一事一议集资 161400 元；二次水改集资 62000 元。其他各界爱心人士自发捐款 362000 元，还不包括赠送的实物（见表 10－1 至表 10－8）。

表 10 - 1　和促会捐款登记表一

（2006 年 11 月 18 日）

捐款人姓名	捐款金额(元)	备　　注
陈永权	5000	
施水科	500	
黄成汉	500	市人大机关下村指导员
钟宝春	2000	
胡尧芳	1500	
胡建定	2000	
龚建福	2000	
杨云海	1000	
龚建焕	2000	
沈宝惠	2000	
戚旭波	500	
王先尧	500	
冯利冲	1000	
胡忠强	500	
冯先焕	500	
岑恩乔	300	
许爱国	200	
冯忠国	600	
合　计	22600 元	

表 10 - 2　和促会捐款登记表二

（2007 年 10 月 18 日）

捐款人姓名	捐款金额(元)	备　　注
胡建定	3000	
钟宝春	2000	
杨云海	1500	
冯先焕	1000	
钟　义	500	

续 表

捐款人姓名	捐款金额(元)	备　　注
王　毅	500	
陈文江	500	
许爱国	300	
胡忠强	500	
龚建国	300	
杨爱国	500	
沈宝惠	2000	
沈奇峰	500	
应仕锦	200	
冯忠国	300	
冯先康	2000	
胡尧芳	1000	
岑恩乔	500	
王建强	1000	港币
王先尧	100	
陈仕华	200	
陈永权	2000	
龚建福	1000	
合计	21400 元	

表 10－3　和促会捐款登记表三

(2008 年 11 月 18 日)

捐款人姓名	捐款金额(元)	备　　注
钟宝春	2000	
岑恩乔	500	
胡建定	2000	
龚建国	200	
马岳煊	1000	

续 表

捐款人姓名	捐款金额(元)	备　　注
冯先康	1500	
应仕锦	200	
陈永权	1500	
陈立平	2000	
陈仕华	300	
龚建焕	500	
胡尧芳	1000	
许爱国	200	
冯先焕	1000	
沈宝惠	1500	
冯忠国	200	
舒　军	1000	湖南绥阳打工者
陈文江	1000	
杨云海	200	
罗志堂	200	
冯跃跃	200	
杨爱国	1000	
合　计	19200 元	

表 10－4　和促会捐款登记表四

（2009 年 6 月 10 日）

捐款人姓名	捐款金额(元)	备　　注
钟宝春	1000	
冯育才	1000	
张百冲	1000	
陈永权	1000	
沈宝惠	1000	
胡建定	1000	

续　表

捐款人姓名	捐款金额(元)	备　　注
冯先康	1000	
冯先焕	1000	
胡尧芳	1000	
陈立平	1000	
龚建焕	500	
岑恩乔	500	
杨爱国	500	
杨云海	500	
钟　义	300	
沈奇峰	300	
罗志棠	300	
陈文江	500	
应仕锦	200	
许爱国	200	
龚建国	200	
冯建军	200	
冯跃跃	200	
陈仕华	200	
沈婉尔	100	
王先尧	200	
陈永才	100	
周军达	100	
合　计	15100 元	

表 10－5　一事一议与和促会捐款登记表

（2010 年 1 月 17 日）

捐款人姓名	捐款金额(元)	备　　注
沈宝惠	5000	
冯长岳	8000	
胡尧芳	5000	
施水龙	5000	
冯先康	5000	
张百冲	3000	
塑泡厂	6000	由龚建焕、张百冲、陈国权三人联合办厂
龚建福	5000	
龚建国	3000	
王　强	1000	
郑仁忠	1000	
杨爱国	1500	
王先明	1000	
何乾园	2000	
龚水富	2000	
徐维权	1000	
陈立平	2000	
钟宝春	2000	
胡建定	2000	
冯才育	2000	
钟　义	1000	
岑建飞	800	
杨云海	500	
陈忠权	500	
沈奇峰	1000	
陈文江	1000	
陈永权	1000	
合计	68300 元，其中和促会：33800 元；一事一议：34500 元。	

表 10－6　一事一议资金筹集登记表

（2007 年 12 月 30 日）

集资交款名单	交款金额（元）	备　　注
胡建定	5000	电费基金收取（下同）
陈文江	3000	
冯长岳	8500	
胡尧芳	5000	
冯先焕	5000	
龚建焕	5000	
龚水富	2000	
马岳煊	1000	
杨云海	1000	
岑恩乔	1000	
岑建飞	1000	
陈永权	3000	
龚建福	5000	
陈忠权	1000	
杨云国	1000	
郑加达	2000	
钟钊宏	500	
陈建忠	500	
钟建飞	1000	
胡芳春	1000	
施水龙	5000	
杨爱国	2000	
供电所	7100	
合　计	66600 元	

表 10－7　2008 年一事一议资金筹集登记表

（2008 年年底）

集资交款名单	交款金额(元)	备　注
冯长岳	7500	自变电部分
胡尧芳	5000	
施水龙、陈国浪	5000	
沈宝惠	5000	
冯先康	5000	
龚建福	3000	
陈永权	2000	
龚水富	1000	
龚建富	500	
陈立平	2000	
张百冲、陈国权、龚建焕	5000	
合　计	41000	
杨爱国	2000	用电及厂长赞助
陈文江	1000	
郑仁忠	1000	
钟　义	1000	
钟建飞	1000	
施水科	2000	
沈奇峰	1000	
王坚强	1000	
郑加达	1000	
龚国正	500	
陈建忠	500	
冯才育	2000	
王先明	2000	
合　计	17800	
总　计	58800 元	

表 10－8　二次改水赞助人员名单

（2007 年 1 月 21 日）

赞助人姓名	赞助金额(元)	备　　注
胡建定	10000	
胡尧芳	5000	
冯先康	5000	
张百冲	7000	
郑加达	3000	
王先尧	2000	
龚建福	3000	
冯忠国	2000	
沈奇峰	2000	
陈永权	3000	
冯利冲	1000	
钟宝春	3000	
龚建国	2000	
龚水富	3000	
陈国郎	5000	
沈宝惠	4000	
杨云海	2000	
合　计	62000 元	

从 2006 至 2010 年的五年里，用于村举办公益事业的集资款达 335500 元，有 187 人次参加了捐款集资的善举。

此外，村委会还经常收到个体企业的厂长经理自发送来的善款，用于对村里各类弱势群体的照顾和慰问。据不完全统计，从 2001 至 2010 年，村委会收到个人现金有 36.7 万元之多，还有不少实物。现将情况摘录如下：

2001 年 1 月 6 日，冯先康捐助 10000 元，由村党支部、村委会安排用于公益事业。

2003年6月3日，下洋浦村向慈溪市慈善会捐款2000元。五位捐助人为：罗志棠500元、胡尧芳500元、龚建焕500元、冯先焕300元、岑恩乔200元。

2004年春节前，冯长岳捐资20000元，慰问全村的老人、困难户等弱势群体。

2005年宁波市人大代表宋伯春、叶建荣捐资各50000元，汤卫良捐资30000元；市丝瓜洛协会会长龚国万捐资50000元支援下洋浦村搞建设。

2005年12月31日，在附海办厂（正洋公司）的陈仕正，送来现金20000元，其中10000元用来慰问弱势群体，10000元用于党员帮扶基金；同时送来取暖器180台，由村委会安排分发给需要的村民。

2007年12月30日，沈宝惠捐出现金16000元，由村委会用于对老年人、老党员等群体的关爱照应。

2008年5月16日，为汶川地震救灾，全村103户村民参与捐款捐物，募集救灾资金24029元，衣服、被褥等物资9包；共产党员为救灾而交特殊党费5180元；沈宝善单独汇出5000元。共计34209元。

2010年2月4日，冯长岳赞助20000元，其中一部分用于慰问60岁以上老人，每人100元，80岁以上老人每人200元。

2011年12月20日，在附海镇新城经营超市的何乾圆，向村中70岁以上老人赠送过年物资，给每人发了30斤一袋的大米，每袋60余元；一壶油，每壶50余元。粗略估计共10000多元。

2012年1月9日，余小冬捐款1000元，赞助给老年活动室。

2012年1月，胡尧芳捐款3000元用于村老年活动室，并从2012年2月份开始，每个月都资助老年活动室600至800元，至今已坚持了四年多。

2013年2月5日，张百冲赞助10000元，沈奇峰赞助800元，龚建国赞助1000元，冯先康赞助2000元。

2015年第四季度，沈宝惠赞助128000元，建了一条从七塘小桥到洋浦江的水泥路，长624米，宽3～3.5米，取名惠民路。

支援我村各项事业建设的除本村村民外，还有慈溪市的社会各界人士，他们是：宁波市人大代表、恒康食品有限公司董事长宋佰春，赞助50000万元；宁波市人大代表、沁园环保科技有限公司董事长叶建索，赞助50000元；宁波市人大代表、中环动力有限公司总经理汤学良，赞助10000元；慈溪市人大代表、宁波申成沐浴用品有限公司、市丝瓜络协会会长龚国万，赞助50000元；宁波市人大代表、商都集团董事长丁云华，赞助村道路建设资金250000元。

2004年10月27日，人称“好人励顺良”的励顺良先生，在第十七个老人节之际，来到下洋浦村，拜访了村里70岁以上的老人。他不是下洋浦人，却为下洋浦的老年朋友送来了节日慰问品。也是这个励顺良，在2005年7月，当得知村民胡卫章的住宅因遭台风破坏没法住下去，又因胡平时身体有病、家底薄，正为缺建房资金而发愁时，伸出援助之手，不但提供了胡卫章建房所需资金，还把水泥、横梁等所需建材送到了下洋浦村，帮胡卫章造了两间新屋。当人们问他为此共花了多少钱时，他淡淡一笑道：“还没统计好。”其实这类事他做了很多很多。不仅在下洋浦村，其他不少村镇都接受过他的善行。他究竟做过多少次好事，没有人知道，因为他“还没统计好”！

对以上这些爱心人士的无私奉献精神，下洋浦的村民们深受感动，在此深表敬意！

写到这里，编者被爱心人士的义举所感动的同时也有些疑惑，为什么有些单位公益捐助者寥寥，而下洋浦村捐助者如潮涌？细细思之发现，这里的村干部们抓住了两点：一是资金的来龙去脉账目清晰；二是每一元钱均用在村公共设施、公益事业建设上。

二、闪光集

1949年后，一代一代的下洋浦人为了改变贫穷落后的面貌，进行了不屈不挠的奋斗，终于摆脱了贫困、实现了夙愿，生活水平提前进入小康社会。

在这个过程中涌现出很多值得记述的人与事。他们中有老党员、老干部，也有普通村民；有敢作敢为敢担当的男子汉，也有不屈不挠不服输的女强人；有诲人不倦的教师，也有孜孜求学的学子。下面仅介绍几位代表人物。

（一）他见过毛主席

罗德万是见过毛泽东主席的人，这不仅仅是他个人的光荣，也是全体村民的荣誉。他虽不是在下洋浦出生的人，却与下洋浦人结下了不解之缘。他是下洋浦村第一任党支部书记，于1954年被调到下洋浦海防队。在做民兵工作的同时，他在村里培养和发展了五名共产党员。他所取得的成绩受到了人们的称赞，也得到各级领导的肯定，直至去北京出席民兵代表大会，受到毛泽东主席的接见！

罗德万

罗德万于1929年农历十一月廿二日出生于一个贫苦农民家庭。他7岁时母亲病故，11岁时父亲也撒手人寰。成了孤儿的他只得靠割野柴、拷海、替别人做工度日。在他的记忆中，年幼时没过过一天舒心的日子。他原是胜山罗家路(四灶)人,15 岁那年到新浦何家舍头为他人做了八年长工。

1950 年,他分到了属于自己的土地,激动极了,决心种好庄稼,用双手去创造财富,过上好日子。

可是当时浙江沿海一带的一江山岛、大陈岛等岛屿还没解放,敌人破坏活动频繁,隐藏在三北沿海的反革命分子不时地在背地放冷枪、传谣言、杀害进步人士,破坏社会秩序。

有道是"春江水暖鸭先知",从冰天雪地走过来的罗德万深知春光来之不易。他热爱新的社会,拥护新的政府,他要以行动来支持属于翻身农民自己的政府,因而积极参加了民兵组织,每到夜幕降临,便在村庄内外义务巡逻,维护社会治安。

为防止敌对势力的破坏,县政府决定在下洋浦村成立一支海防队,1954 年,罗德万被任命为海防队队长。他带着 30 个民兵,亦农亦武,白天种地,晚上站岗巡逻。在工作生产中,他总是身体力行、率先示范,出色地完成了值勤任务。海防队种的 70 亩地棉花,产量也年年大丰收。

罗德万出席民兵代表会时发的纪念册

1953 年他加入了中国共产党,于是又增加了一项新的任务:在下洋浦村做党的组织发展工作。他精心培养的第一批优秀农民入了党,建立了党支部。

1960 年,下洋浦海防队被评为县里的先进海防队,罗德万也被评为慈溪县民兵工作先进工作者。1961 年 4 月上旬,罗德万出席了省军区召开的民兵工作先进单位和先进工作者表彰大会,受到浙江省委书记江华、省长周建人等领导的亲切接见。

表彰会议进行到后期，要选出部分先进单位、先进个人的代表，出席全国民兵代表大会。罗德万一手拿枪、一手拿锄，白天搞生产，晚上站岗巡逻防止敌特破坏，在亦武亦农的同时，又积极做群众工作的事迹，获得与会代表的普遍赞同，他被推选为浙江省出席全国民兵代表大会的代表之一。

4 月中旬，浙江代表团由省军区司令员带队到了北京。在京期间他们先后参观了清华大学、十三陵水库、北京飞机场及历史博物馆等首都十大建筑。因正逢五一劳动节，他们还有幸参与了首都五一劳动节的庆祝活动，参观了工人文化宫，并参加了五一游园晚会。

令罗德万终生难忘的是，在 4 月下旬召开的民兵代表大会期间，毛泽东主席在大会堂接见了出席会议的全体代表。当时在大会主席台就座的，还有朱德、林彪、邓小平等党和国家领导人。

当会议结束时，毛主席、朱总司令等领导人与全体代表合影留念。说到这张合影照片，至今已 86 岁、思维仍很清晰的罗德万老人，充满遗憾地回忆道："照相合影有七尺长，需自己掏钱，每张 10 元，需要的同志事先要登记。当时我们的经济条件不像现在，觉得赚一元钱也不容易，到海里拾一斤泥螺才卖三分钱，思考再三后没有登记。今天想想呀，真是悔也悔煞哉！"

不过令罗德万感到自豪的是，大会结束时，奖给他一支半自动步枪，这在当时是一件很先进的轻武器，一次能连射十发子弹。县人武部副部长郭德胜对他说："如果遇到与敌人单兵对峙时，千万别一下子把十发子弹全打完，这样对方趁你换弹夹时会冲上来，要吃亏的，所以一次只能打三四发，使敌人摸不准你何时再换弹夹。"

这支枪一直陪伴着他过了十多年，后随着年龄增长他不再适合做摸、爬、滚、打的民兵工作了，便把这支半自动步枪交给了县人武部统一保存。

(二) 张钊友二三事

张钊友出身于一个农民家庭，16 岁参加民兵，后加入海防队，白天搞生产，夜间站岗巡逻。他是下洋浦村单独建立党支部后的第一任党支部书记。1956年1月30日,他被选为新浦乡九大委员会委员。他从1958至1968年担任了10年村党支部书记,1989至1995年又担任了6年村支部书记。

张钊友

他1969至1972年参加了县委组织的社会主义教育(四清)工作队,1972至1985年担任公社畜牧场负责人。从50年代到90年代,他担任基层第一把手达30多年,中间也经历了"文革"等多次政治运动的冲击,受过一些委屈,但他胸怀坦荡,从无怨言,不管客观环境如何变化,从没忘记为人民服务的宗旨,坚持密切联系群众的作风也从没改变。张钊友在村民中的口碑很好,他当村书记时,人们说他是位好干部;退下来后,人们说他是位好党员,该尽的义务从不推卸,几乎年年被评为先进党员。

1. 力为民所尽

20世纪70年代,人们的物质生活虽已不像三年困难时期那样艰难,但社会上物资供应尚不丰富,特别是猪肉、鸡蛋等副食品的供应远不能满足人们生活的需要。为解决这个问题,公社领导采取了两条具体措施:一是把养猪任务摊派到各大队,并出台奖励政策,如母猪生一胎奖10元,养一只公猪每年奖励20元;二是决定公社集体办一个畜牧场。但几年下来,因管理混乱畜牧场亏损严重,换了几任场长均无起色。

只因上级领导强调要多养猪羊,说猪多肥就多,肥多粮就多,因此还不能解散畜牧场,只能一再加强领导。公社领导考虑再三后,决定调张钊友去担任畜牧场场长。

其实张钊友也没养过猪或羊,没有这方面的经验,但他有一颗强烈的事业心。他上任后与大家一起挑水、喂猪、煮饲料、清扫猪圈,边劳动边与饲养员交谈,征求他们对如何搞好畜牧场工作的意见和建议。他向饲养员了解造成亏损的原因,有人认为棉区养猪亏本是难免的，因为饲养场是以米糠、麸皮为饲料喂猪，而棉区不种水稻，需用现钱到稻区去买饲料，成本比稻区高出一大截。他听后觉得有道理，就苦苦思索降低养猪成本的对策，萌生了一个念头：以青饲料为主喂猪，在青饲料中渗进少量米糠、麦麸，以减少养猪成本。他带一位饲养员一同去野外割了十几种不同的杂草，回来逐一试着喂猪，最后选择了六七种猪最爱吃的作饲料。

为防青饲料来源枯竭断档，他又在牧场附近转了一圈，发现场地四周有些不通航的河道，便发动员工把几条不通航的河道稍加整治，种上了水葫芦。这种水生植物不但生长周期短、繁殖快，而且猪也很爱吃。

他平时吃住都在畜牧场，全身心地投入到了工作中，很少回家。有一次他家里三个孩子都出了痘子，爱人很担心，让人带信叫他回家看看，但因场里忙，他还是没回家。由于他的勤奋劳作，且措施得当，半年以后畜牧场终于停止了亏损，第二年实现了扭亏为盈。

2. 权为民所用

1967 年的一天，时任村支部书记的张钊友接到公社领导打来的电话，告诉他社办厂打算招一些职工，但数量不多，朝阳大队只有一个名额，叫他安排一下。

这可是个好消息，他的儿子听到这个消息后，心头一热，心想跳出龙门万丈高，这可是跳龙(农)门的好机会，于是满怀信心地对父亲说："让我去吧，我一定会干好的。"张钊友对他说："你先别忙，让我考虑考虑。"儿子嘴上不说，心里却在想，这还有什么好考虑的！

令儿子没想到的是，第二天做书记的爸爸告诉他："关于去社办厂的事，你不用等了，我已决定让其他人去了。"年轻的儿子自然接受不了这样的结果。张钊友对儿子说："你不要不高兴，你也知道那人家确实很困难，他家有三个儿子，如果有一个人进了厂，他们就有了固定收入来补充家用，就能让他一家人走出困境。"

3. 心为民所系

后来，由于年龄的关系，张钊友从村干部的位子退了下来。人们常说，船到码头车到站，舒舒服服度晚年。已在第一线奋斗了40多年的他，按理可以清闲清闲、享受生活了。可他却认为，虽然不当干部了，但自己还是个党员，党员的义务不能因自己退职而忘记。因而每当村里号召搞清扫卫生等义务劳动时，现场总少不了他的身影。

联系群众是党员的义务之一，退下后不久，他上门去拜访了一位年逾九旬的老人。老人腿脚已有点僵硬，双眼视力只有0.1，整天躺在床上。

张钊友到了老人的房前，为防惊了老人，他先咳嗽了两下。老人一听便问道："阿钊，你找阿根有事？""婶婶，您耳朵真灵，我不找他，是来望望您。""阿唷唷，阿钊哎阿钊唷，你介忙格人，还特地来望望我，我罪也罪过煞哉。""婶婶，我现在不当干部了，年轻人接上班了，现在有空了，所以来望望您。婶婶，看来您的脸色还不错。""阿钊呀，我是老早好走格人了，大概这阎罗大王老酒吃饱了，把我给忘记了。""婶婶，阎罗大王老酒没吃饱，这是您自己修来的福气。您前世做了许多好事，阎罗大王要奖励您，叫您活到一百多岁！""哈哈哈，阿钊呀，你也相信有因果报应啦？"……

一个是已难行使投票权的老婆婆，一个是不再需要用选票支撑的已退下的村干部，交谈如此遂心，笑声如此爽朗。这对某些为拉票而作秀的干部来说，是难于理解的。

（三）辛勤耕耘的好园丁

谢德尧于1919年生，卒于1964年。他是新浦西街人，1952年来下洋浦小学教书，这是一位责任心极强的老师，对工作一丝不苟。他讲课时，班级纪律很好，课堂里掉根针都能听得见。他在下洋浦教了十多年书，一直到1964年在岗位上病逝，可以说，是把自己半生的精力都献给了下洋浦的孩子们。

平时在课堂上他对学生要求很严，下课后却是另一副面孔，很和蔼，师生间也总有说不完的话，因而每天晚上，当他批改作业时，总有不少同学围在他的身边，叽叽喳喳地没完没了，显得很热闹。他虽不是在下洋浦出生的人，但村民们都把他当作自己人，直至50年后的今天，仍有不少村民怀念他。

谢德尧

下面是他的两位学生王先尧、王志国追忆的有关谢老师的一些事。

1. 从一则谣传看师生情

这是发生在1959年暑假的事，有个消传来：“谢老师被关起来了！”这可急坏了许多学生和家长。这么好的人怎么会被关起来呢？他们要弄个明白。于是六七位妈妈带着六七个孩子，在俞桂花大妈的带领下，向老师的家里走去。

队伍中还有位年过半百的岑姓老妈妈特别引人注目，她不仅年纪大，一双小脚走起路来还总是摇摇晃晃的。人们对小脚女人有个专用名词叫三寸金莲。不过这位老妈妈只能说是四寸金莲，因为年幼时缠了几年脚后，有幸遇到了辛亥革命，老妈妈的裹脚布终于扔掉了，可是她的五个趾头已叠在一起，再也掰不开了。她的脚虽比三寸金莲略大了点，但比正常人的脚还是要小许多，走起路来比一般人要吃力。她不但脚小，而且双眼白内障严重，已没法做针线活了，所以自己儿子穿的鞋破了也没给换双新的。谢师母听说爱人的一个学生露着脚趾头，便挤时间做了一双鞋给了岑妈妈的儿子。只因视力不好，走路又不方便，岑妈妈平时已很少出远门，而老师的家离下洋浦村有17里路，对她来说这已经是很远的路程了，同去的姐妹们再三劝她留下，可是她非去不可，估计也是为了谢师母送鞋子的事。

大约三个小时后，十多个人赶到了谢老师的家。师母见一下子来了这么多人，不明白是干什么来的，更让她感到疑惑的是，这些人一个个愁容满面，连孩子们的脸上也失去了天真，一个个肃穆无语。

正当师母疑惑之际，俞桂花妈妈问道：“谢师母，谢老师呢？”“他不在家。”“到哪里去了？”“到浒山开会学习去了。”听到这里，岑妈妈转过脸竟呜呜地哽咽起来，其他几位妈妈也一个个泪流满面。

谢师母感到莫名其妙，不过她猜想这几位家长肯定听到了什么传言，于是问：“阿姨，你们这是怎么了，你们听到什么消息啦？”

“师母，你不用瞒阿拉了，阿拉早晓得老师被抓起来了。”说着哽咽声更大了。

师母赶紧道：“啊唷唷，没有的事，你们一定听错了！”

“师母，你不要宽阿拉的心了！”

“真的，他爸真的在开会。做老师的每年暑假都要开会学习的，今年也一样。”

“真的？”

“老师真的没有抲起来？”

“没有，真的一点事也没有，要真的被抓起来了，我还能不着急吗，你们放心！”

几位妈妈见师母语气很坚定，又一副从容淡定的样子，知道她讲的是真话，心里的一块石头才落了地。

正如师母所言，教育部门每年暑假都要组织老师开会学习。不过这一年比以往多了些日子，因为团中央有个报告，指出对学生教育不能硬搬工农业生产的某些形式和做法，不要搞不适当的评比、竞赛活动。6 月 17 日，中共中央批转了这个报告。老师们就是利用暑假在学习这个报告的精神，故时间比往年长了点。

至于为什么会传出老师被抓起来的消息，恐怕与当时社会的政治空气有关。当时社会上出现了一个反右倾的高潮，有些干部头一天还在大会上做报告，第二天就莫名其妙地被送到学习班学习去了。那时的人们往往把去这类学习班学习等同于被抓走，所以老师半个月还没回来，传出被抓的消息也就不奇怪了。

（文：王先尧）

2. 忆谢德尧老师

谢老师已离开我们整整 50 年了，但村里上了年纪的人还在惦记着他。他是 1952 年来村里教书的，到 1964 年因病谢世，在村里教了十多年书。去世前几天，他咳嗽时发现痰中带有血丝，却还坚持教书，把最后一份精力都献给了下洋浦村的孩子们。

平时他把学校当成了自己的家。他是西街村人，西街村离下洋浦村有 17 里路，来回不方便，星期天也不常回家。后来他有了辆旧自行车，回西街村才方便了些。但碰上雨天他也不少受罪，有时头一天天气好好的，可第二天却大雨滂沱，每当这种情况，谢老师都会提前从家里出发，冒雨赶到学校给我们上课。一次我见他不但衣服全淋湿了，右臂、背部、屁股上还有很多泥，不用问，一定是路滑摔了跤。其实这样的跌跤又何止一次两次。

当时学校总共才 20 多个学生，从一年级到四年级分成四个班，每个年级平均有六七个同学，但只有谢老师一个人教书。在同一个课时里，一个老师要教四个不同年级的学生，这种模式叫复式班。这种复式教书的难度是可以想象的，但谢老师有办法：每个课时里，安排一个年级学新课文；一个年级布置做算术题；一个年级做语文作业或作文、造句等；最后那个年级学画画或到操场上做儿童游戏，如老鹰捉小鸡、踢毽子、跳绳、转圈猜手帕等。

这样的教育方式自然比单纯的教一个班要困难很多，除了得多备课，批作业也会辛苦很多。他把批改作业、备课都安排在晚饭后，常常一个人忙到深夜，付出的辛劳比一般学校的老师要多出很多，但他总是默默地工作，从无怨言。

老师的这种付出终于在学生身上得到了体现。当时村校只读四年，称作初小，若学生接下去读高小，需去乡中心小学。但中心小学的五六年级也各只有一个班，人数很有限，因此，升高小也要经考试合格才能择优录取，故录取率是很低的。

全乡有十多所村校，下洋浦小学是最偏远的一所，校舍很简陋，连带老师的宿舍兼办公室，总共只有四间小草舍，下雨时教室里常因漏水被迫中断正常学习。这里又是复式班教学，因此应该说教育质量很难与别的村校相提并论，若有一名学生被乡中心小学录取，村民就该放鞭炮了。

可在我考高小那年，四个去参加考试的同学竟然全被录取了！而且三个人进了前十名，分别是第一、第五、第七名！

这个结果太出人意料，乡中心小学的校长罗志传老师拍了拍谢老师的肩膀，握着谢老师的手向他祝贺！

这天下午，不但我们四个同学都很兴奋，谢老师也高兴得不得了。之前，我几乎没见他这么欢快过。他满脸红光，人似乎也年轻了许多。在回村的路上，老师与我们有说有笑，一路上欢声笑语不断。

我们回到家把情况告诉了各自的父母，家长们也一个个喜笑颜开。连邻居大妈也高兴地说："草舍翁里大人家，荒草地里白棉花，这话真说对了。"①

可是没过几天，四位家长脸上的笑容慢慢消失了，他们担忧，乡中心小学离我们村有15里路，且全是泥土路，大部分路段又有这么多的河沟相随，连大人走路都要摔跤呢，孩子毕竟还小，遇下雨天路滑怎么办，多危险呀。因此家长们的脸上一个个愁云密布，这学是上还是不上？

正当家长们发愁之际，谢老师来了，他告诉大家："孩子们的住宿问题我已安排好了，郑香琴同学与我女儿住一处，男同学住在我隔壁的邻居家，床铺也都准备好了。"

几位家长听了都睁大眼睛望着谢老师，简直不敢相信自己的耳朵，激动得不知道说什么好，脸上又一次露出了笑容。

原来，谢老师先前在家访时已经了解到同学们在乡中心学校附近并无亲友可借宿，因隔壁邻居孙妈妈家住房较宽敞，他便请师母与孙妈妈联系，希望邻居帮帮忙。这回热心肠遇到了菩提心，孙家妈妈二话不说，马上清扫房间整理器物，腾出半间屋给我们男同学住。

谢老师就是这么一个人，总是时时处处在为学生的事操心。

除正常教书外，他还经常到学生家里家访，与家长交流孩子的学习情况，了解

---

① "草舍翁"即用茅草或稻草盖顶的房子，"大人家"指经济条件较好的大户人家，"白棉花"指质量较好可以作种子的棉花。全句的意思是，有些人和事表面看起来很普通平常，实际上不一般。

学生平时在家的表现，当发现有些家长因家庭困难等原因不打算让孩子继续上学时，他总是一次次地去动员："眼光放远些，要立足于孩子的未来。"从而使一些孩子重新背上了书包。

这方面我的体会是最深刻的了。1955年我读了四年书，算是初小毕业了，因家庭经济困难就放下书包，跟着大人参加农业生产合作社的劳动。可参加了一段时间的生产劳动后，父母又叫我去读书，当时我很高兴，却不知道父母为什么会突然改变主意。后来才知道，原来是谢老师一次又一次地上门对我父母说，无论眼前多困难，宁可自己再艰苦点，勒紧裤腰带也要让孩子去读书。父母被老师的精神所感动，才决定叫我继续去上学。后来我初中毕业当了兵，也有了去军校学习的机会，从而改变了我一生的命运。每当回想起这件往事，我总感到自己真的很幸运，竟然遇到了这么一位好老师。

恩师仙逝多年，师恩永难忘怀。

诗人臧克家说："有些人活着，他已经死了；有些人死了，他还活着。"谢老师离开已有51年了，至今仍有许多下洋浦村的人们记得他，我想，老师在天之灵若有知，一定会感到欣慰的。

（文：王志国）

（四）带群众致富的领头雁

冯长春生于1940年，卒于1988年。他于1968至1983年任下洋浦村党支部书记，期间为发展集体经济做出了卓越的贡献。

他任书记后，一直在考虑如何带领村民致富的问题。开始村里办渔业队、养蜂场、泥螺加工场等集体企业，不过并不顺利，以上三个企业都以亏本而解体。但挫折并没有使他灰心，他爱看《西游记》，从唐僧取经的故事中获得了启发，坚信只要不停地探索，总可以找到一条致富路。1976年年初，大队又办了第四个企业——废花厂，这回企业终于有了回报，不但集体有了积累，还解决了全大队妇女劳力的就业问题，几乎家家户户都有纺车在转动。接着村里又办了个塑料厂，主要是为化工厂生产填料，这次又获得成功，业务很兴旺。

冯长春

他吸取前三次因用人不当、管理不严导致亏损的教训，改进了管理方法，把外勤人员分成若干小组，并划分联系的地域，如闽赣、成渝、苏皖、豫鲁、秦晋等不同片区，不准一个片区的外勤人员到别人的区域去串联，以防相互压低价格，造成经济效益下降。由于管理到位，塑料厂的经济效益连续几年保持了上升态势。

他对厂内的用人方针是既看才，更要重德，两者缺一不可。当时农村中的农民主要有四种不同分工：在外养蜂的人员、社办厂员工、队办厂人员和直接参加农业生产的农民。在不同的行业里，辛劳程度自然不一样。于是有人编了个顺口溜：一等农民养蜂场，二等农民社办厂，三等农民队办厂，四等农民晒太阳。

冯长春的弟弟也想把自己的等级向上提一提，就跟他说要到队办厂里来。本以为是十拿九稳的事，只要自家哥哥点一下头即可，哪知冯长春没有同意："全厂一线职工也就30多人，现要求进厂的人至少也在300人以上，我如果能把这么多人都安排进去，你当然也可以；如果只安排你一个，我怎么做那些人的工作？"

由于兄弟众多，冯长春家境不宽裕，只上了四年学便参加农业生产了。别看他文化水平不高，做思想工作却有一套定规，既严肃认真又善于把握分寸。当发现下属做错了事，他会毫不留情地给指出来，末了他又会说"你不要气"，说着便递上一支烟，意思是"我对事不对人"。对方若接受了他的烟，就表示接受了书记对自己的批评；如果没接烟扭头走了，冯长春就知道自己的火力猛了点，吃完晚饭，他会主动上门，向对方当面道歉："今天我的态度不太好，你别放心上！"从而获得对方的谅解。

由于集体经济有了积累，村里办了几项集体福利事业：给 60 岁以上的老年人发放生活补助(男 10 元，女 8 元)；1978 年大队造了一所有 11 间教室、350 多平方米的村校，其中两间办公室是两层楼房，这是全村第一座楼房，也是四周村庄见到的第一座“洋房”；买了发电机，在主要道路装上了路灯。当时在全县范围内，下洋浦是第一个达到这种生活水平的大队。由于多数家庭都有可观的收入，生活水平普遍得到提高，这一时期掀起了一个撤掉草舍建瓦房的高潮。

下洋浦村能有这样的成就，与冯长春这个领头人是密不可分的。只是很可惜，他的体质很不好，常犯胃痛，当时医疗条件差，没能治愈。1988 年，才 48 岁的他便去世了。

(五) 她比桂花更芬芳

俞桂花，1909 年出生，1996 年走完了人生的最后一段路程。

俞桂花

俞桂花年轻时生活很艰辛，常过着饥肠辘辘的日子。1940 年她生第二个孩子时，头天刚生下孩子，第二天便到海涂里挖黄蛤、拾泥螺去了。这并不是她愚昧到不懂得坐月子的重要性，而是生活迫使她不得不这样做。

当时日本侵略者已霸占了半个中国，连上海、南京、武汉、太原等大城市都被日本人占去了。半个神州大地处处冒狼烟，真是“抬头见岗楼，无村不戴孝”。在敌寇“三光政策”的驱迫下，难民如潮，米价飞涨，民不聊生。下洋浦村的多数家庭处在家无隔夜粮的境地，一天不去拷海，一家人的吃食就没有了。

艰难的生活也磨炼了俞桂花的意志，使她养成了从不向困难低头的倔强性格。

1949 年新中国成立后，她发现“天变了”，重新对生活充满了希望，也对新社会充满了感激之情，无论政府号召什么，她总是二话不说带头响应。1953 年，政府号召农民组织起来走互助合作的道路。她说服丈夫办起了村里第一个互助组，由丈夫任组长，她是骨干。当年互助组的棉花产量比单干农民的高出一成多，为单干农民走互助合作之路树立了榜样。

人们常用“巾帼不让须眉”一词来赞扬有作为的女性，这句话用在俞桂花身上恰如其分。掘河泥本是项体力活，还得有一定技巧：上家递过来的河泥块你接慢了，人家会感到累；送到下家去时，若不到位，人家也有意见。要做到左右逢源，需有一定的技巧和体力来支撑，才能自如应对，所以只有男人才能干下来。可是她非要打破这种“垄断”，也像男人那样拿起掀篰站在掘河泥的队伍中，且什么位置都担当得了。1953 年她被评为劳动模范，出席了县先进代表大会。下洋浦到余姚县城有 60 多里路，为去余姚开劳模会，她背着被包半夜就步行出发了，结果比家住县城的代表还早到。

她在参加集体生产时，不管在什么场合，都能自觉地尽力去做，一心想的是如何把庄稼种好、如何把农活早点完成，从不考虑自己的苦与累，人多人少一个样，领导有否在场也一个样。1978 年她带领妇女搞试验地，棉花亩产显著高出大田的产量，被评为县三八红旗手。1979 年她出席了省先进工作者表彰大会。

她 1956 年加入中国共产党，是村里的第一位女共产党员，也是村里第一位登上省级表彰会领奖台的女性。从 50 年代到 90 年代的 40 多年里，她像一面高擎的旗帜，总是飘扬在村劳动队伍的最前面。

八月桂花香满园，美中不足的是桂花的香仅仅几个月，而俞桂花却比桂花更芬芳，因为她的“香”一直飘了四十多年！

（六）余晓冬小记

余晓冬出生于 1962 年 9 月 4 日。1998 年 12 月她担任了下洋浦村支部书记，这是村历史上第一位主持全面工作的女当家人。

她办事认真，脚踏实地。村里进行各项建设，凡工程量较大的项目，她总要仔细盘算，事先有规划，落实有措施，事后有总结。在她任职的四年里，办了一件件实事，且这些事是在村集体经济比较薄弱的情况下办成的。

余晓冬

一是集资修路。她上任伊始便决定从村中心路沿七塘横河往西，连接新建设中的七塘公路，修筑一条长500米的沙石路，为农民提供方便，促进农业增效。当时村集体经济已亏空，无钱可支付。她除了带头捐资3000元，还发动厂长、能人捐款修路，共获得捐款17000元，解决了修路需要的资金。后来又多次采取集资的办法，先后建造了七条村内水泥路。

二是大力开展环境整治，推行生活垃圾袋装化。她落实了村内道路保洁制度，拆除了37处有碍村容村貌的建筑物，全部拆除全村216座简易厕所，砸掉了所有露天粪缸，动员村民们在粪缸基上种上了花木。下洋浦村脏、乱、差的局面初步得到改变，为创建文明村打下了第一块奠基石。

三是1999年7月中旬至8月下旬，率先完成了第二轮土地承包这一牵涉面广、工作量很大的任务，且使群众满意，没留尾巴，受到上级政府好评。

四是开展农田基本建设，拓宽机耕路，把多条路从2米拓至4米，并对七塘江、洋浦江进行清淤，蓄水养鱼，积极做好为农服务工作。

五是重视精神文明建设，完成了市委宣传部提出的“六个一”工程，即一个广播室、一个图书室、一个室内活动室、一块黑板报、一个宣传窗、一个室外活动场地。与此同时，她还注重弘扬正气，促进民风，对好人好事及时给予表扬，每年都要评比“五好”家庭、先进党员、先进村民。

2002年10月，余小冬完成第二届任期后卸任。

这一年下洋浦村被评为“宁波市园林式村庄”。

(七) 下洋浦的秋海棠

陈秋芬，1953年12月5日出生。有人说陈秋芬是村里的一枝秋海棠。被人比喻成花，那本是姑娘们的专利。而陈秋芬60多岁了，即使当年再天生丽质，如今与花也难以结缘。然而论人品，海棠花也逊她三分色。

陈秋芬

其实陈秋芬也没有做过什么大事，但就是那些平常小事却赢得了人们的啧啧称赞声。她出生在海塘边，只是个普通的农妇，却像秋海棠一样引人注目。

她没上过学，自然没读过“老吾老”“幼吾幼”[①]的古训，却是“老吾老”“幼吾幼”的最好践行者。这是因为她的血液中流淌着中华民族的优秀品质。

1993年，她的婆婆不幸得了中风，行动不便。陈秋芬就帮着婆婆穿衣、洗脸、喂饭、接屎、翻身、洗澡，无所不为。为便于照顾婆婆，她晚上还把婆婆的床移到自己房间内。老人夜间常讲梦话，陈秋芬多次被惊醒。每当此时，她总会起床看看婆婆，帮着盖上被子。在她的悉心照料下，婆婆又活了20年，直至2012年才安详地闭上了眼睛，这一年她已93岁高龄。人们常说“久病床前无孝子”，而作为儿媳妇的陈秋芬能任劳任怨地服侍婆婆20年，用什么褒义词来赞美她都不会过分。

陈秋芬自己也是个做婆婆的人了，当时她婆婆还躺在病床上，她自己的两个孙

---

① “老吾老……幼吾幼……”全句是“老吾老以及人之老，幼吾幼以及人之幼”，这是孟子的经典论述之一，第一个“老”字是赡养、孝敬的意思，第二个“老”是指长辈；第一个“幼”字是抚养、教育的意思，第二个“幼”是儿女、小辈。全句的意思是要孝敬、赡养自己的老人，进而还要扩大到尊敬、关心别的老人；要抚养、教育自己的孩子，进而还要关心、爱护别人的孩子。

女先后出生，实现了四世同堂的夙愿！这自然是件大喜事，却也给一家人带来了丝丝愁绪。如果由儿媳自己照料自己的孩子，自然是最理想的，但一家人的经济来源却要缩水很多。为了让年轻人集中精力投入到工作中去，她就把孙女抱了过来，这样又多了很多喂奶粉、洗尿布、哄孩子等事务活，可她依然一个人挑起了“老吾老”“幼吾幼”两副担子。

然而屋漏偏逢连夜雨，2009 年她家里又发生了一件雪上加霜的事：丈夫胡芳林突然也患了中风，双脚不能自行走动了。不公平的命运曾让她难以承受，她也曾一个人偷偷地流过泪，但她知道流泪并不能解决问题，自己也没有哭泣的时间，就悄悄擦去泪痕，继续去做该做的事。

当时婆婆躺在床上，丈夫坐在轮椅里，小孙女尚分不清鸡屎与香糕呢，她就一会为婆婆翻身，一会为孙女喂食，一会又帮丈夫上卫生间。等忙完一圈，她再抓紧时间洗衣服、做饭菜，一个人做三个保姆的事。她像一台机器整天连轴转，常常累得腰痛背酸、胳臂发硬。至今她的胳膊上，都明显留有积劳成疾的症状。

村上的人告诉她“报纸上登了你的事，在表扬你”，她淡淡地说：“这有什么好夸的，自己家的老人、自己家的小孩，我不照料推给啥人！”

现在，陈秋芬已进入花甲之年，有道是种瓜得瓜、种豆得豆，令她感到欣慰的是，儿子、儿媳对她也很孝顺，两个孙女一见面总是“阿婆、阿婆”的叫，嘴很甜。

这正是：

婆婆卧床二十年，儿媳撑起一片天。
慈孝精神感天地，以德润家代代传。

(八) 芦苇荡飞出金凤凰

她叫金菊婉，1971 年 2 月出生在一个普通的农民家庭，曾在下洋浦小学上学；

金菊婉

1988 年慈溪中学毕业后，她考入南京林业大学材料科学系，于 1992 年获学士学位，进而攻读研究生，于 1997 年获博士学位。后来，她在南京农业大学边工作边钻研，现在已是南京林业大学材料科学与工程学院的教授、博士生导师。

下洋浦出了个女教授，芦柴棣里飞出了一只金凤凰！村民们交口称赞着，为她高兴，也为她骄傲！人们有理由这样来表达喜悦的心情，只因这个小村庄的文化底子实在太薄了，1949 年以前，村里没有一个识字的女性村民，现在一个女孩竟成了博士生导师，这怎能不让乡亲们感到惊喜！

金菊婉的家庭与书香门第这四个字是绝缘的，她祖上世代都是一字不晓得横划的庄稼汉，到了她的父母这一代，才算是摘掉了文盲的帽子，但也仅此而已。金菊婉是幸运的，因为她遇上了好时代。金菊婉是好样的，登上了最高学阶，海娃子华丽转身化成了金凤凰，完成了一次质的飞跃，这自然是她发奋努力的结果。

这不仅仅是她一个人的荣耀。她不但为世世代代"脸朝黄土，背朝天"的祖上争了光，也为祖祖辈辈"脚后跟朝南、脚趾头朝北"的拷海里人长了脸。

后辈儿孙有出息，先人在天泪如泉。

(九) 一个农民儿子的赤子之心

胡尧芳，1948 年 7 月出生，1984 年起兴办慈溪东方填料厂，该厂曾被列入全国个体企业五百强。1990 年 5 月，他参加了共青团中央委员会组织的工商税法学习；1993 至 2008 年当选为慈溪市第十二、第十三、第十四届人大代表；他是慈溪市第十二届、第十三届人大常委会委员；2003 至 2012 年他当选为宁波市第十二届、第十三届人大代表；1997至2011年他当选为下洋浦村第五、第六、第七、第八届村民委员会主任。

胡尧芳(右三)与慈溪市、宁波市领导合影

任村主任期间，胡尧芳尽心尽职为改变村里的面貌做出了积极贡献，村集体经济收入由2000年的不足2万元，到2011年达到33万元。

胡尧芳为人谦和，能正确处理与村党支部、经济合作社等三套班子成员之间的关系，共同为建设美好家园尽力。他先后与四任支部书记融洽相处，工作中也配合默契，他被称为“最佳二传手”。虽为非党内人士的村主任，他忠诚践行共产党人为人民服务的宗旨，心里思考的是责任，以及如何为村民谋利益，他用行动证明了自己是一位忠实的“党外布尔什维克”。

2005年9月，宁波市委组织部、宁波市民政局联合组织两百多位新当选的村委会主任进行示范培训，特邀胡尧芳发言。下面是他的发言稿(摘要)。

我是怎样当村委会主任的

——在宁波市村委会主任培训班上的讲话

各位领导、各位主任：

今天我向领导和同志们汇报我当村民委员会主任以来的一些体会，讲讲我是怎样当主任的。

首先我认为要当好村主任需摆正位置。摆正村党支部与村委会、支部书记与村委会主任的关系。

为此我努力走好三步棋。

第一步棋：正确处理好村党支部与村委会、书记与主任间领导与被领导的关系。作为一名村委会主任，就要正确摆正自己的位置，在办理属于村民委员会范围内的事情时，要主动向书记汇报工作，征求三套班子成员的意见，听取大家建议。当时自己是宁波市人大代表，慈溪市人大常委会委员，年纪也比书记大，更不可摆资格。我在村民会议、党员大会上表明，自己会尽全力做好工作，不会辜负大家对我的信任；同时再三表明要在党支部领导下工作，在开展各项工作中积极做好参谋，但参谋不带长。实践中，村书记把我当作参谋。我与书记相互支持、相互配合，协作得很好。由于健康等种种原因，几年下来书记换了几任，我与每位书记协作得都不错，共同谋划经济发展大业，商讨村庄建设的最佳方案。

第二步棋：努力把党员村民代表和村三套班子成员的心连起来，拧成一股绳。我向支部书记建议：把村民代表会和党员大会两个会议凡能合起来开的就放在一起开，一是拉近党员、干部与村民相互间的距离。二是在开展村委会大的决策时，我也可以直接听到党员的心声，避免了作为非党同志的我，不易听到党员意见的缺陷。党支部认真分析后接受了我的建议，这使我加快了办事效率，积极负责处理属于村民自治范围内的事情。

第三步棋：密切联系群众，以行动获得群众的理解和支持。因为我有60年代时当过村干部这段经历，在极“左”路线指导下做过一些事，有时损害过少数人的具体利益，伤害了个别人的心。我就主动与有关人员坦诚交心，求得他们的理解和原谅。在此基础上，调查摸底，给符合条件的低保户办理了低保手续，我多次往返于市、镇民政部门，对一些残疾人和几户生活特殊困难家庭，给予了必要的帮助。在这个过程中，别说是没有工资的义务劳动，就连交通费、香烟等交际支出也只能在妻子那儿“报销”。群众见我确实在为大家的事奔忙，渐渐增强了对我的信任度。在以后的具体工作中，在落实村庄建设规划时，往往会与村民的具体利益发生冲突，通过做当事人的工作，坦诚交心，总可得到对方谅解，使对方即使思想还不太通，也能服从大局。

在摆正位置后，村主任要带领村委会大胆工作，坚持依法依规办事，认真开展村民自治。为此我主要抓了以下几点。

1. 建章立制。1999 年制订《村民自治章程》《村规民约》。章程民约订好后就要按章程办事，以法行事，以规导人，不能打折扣，更不能有章不依。这里有个例子，章程民约通过以后不久出了件事。村民 M 被查出偷电。按村规民约都应罚款和赔偿各 300 元。M 找到我，要求减轻处罚。我对他说：“你是第一个违反村规民约的人，是我第一次处理处罚事件，全村的人都看着我，如果我第一个事件在处理时就违反章程，失去大家对我的信任是另一回事，更重要的是村规民约就形同虚设，这对全村的制度建设会造成无法弥补的损失……”还没等我把话讲完，M 说：“阿伯，你回村当干部是来为村民办事的，我会吸取教训的。”当天就把钱交到我的家。由于我们一开始严格按村规民约办事，使村规民约发挥了很有力的作用，村民办某件事前，先会对照一下是否符合村规民约；村干部处理具体事务时也有了衡量的尺寸。以后根据情况的变化，我们于 2000 年、2005 年两次对村规民约进行修改，使之更符合实际。经村民代表会议讨论审议后共订立制度 34 项，做出重大决议 17 项。有了规章制度，我们各项工作的开展就有章可依。把它贯彻落实好，工作效益就会高得多，像计划生育、土地管理等难度较大的工作，历年被评为先进单位。

2. 发扬联系群众的作风。我要求自己尽可能地多与群众接触，哪怕是在路上邂逅时聊聊天也会有收获。村委会要做出的重要议题，先是征求三套班子成员的意见，在此基础上再召开村民代表和党员同志座谈会，听取大家的意见。这样做虽然费时费精力，但贯彻落实时就会少走弯路，会顺利许多。

3. 开展环境整治和村庄基础设施建设。当时正值全市在抓环境整治年工作，我们借此东风着重抓了以下几个方面。

一是治理河道。全村依洋浦江(1200 米)、七塘江(500 米)建房居住。由于近几十年缺乏管理，以至在村庄范围内的一段河成了垃圾仓、臭水沟。不把洋浦江治好，环境整治是句空话。我与书记汇报自己的打算后，书记很支持，成立了整治领导小组和治理河道的具体规定。接着支部与村委会召开了由 20 多位个体厂长、经理参加的会议，动员大家捐款治河。得到龚建福等 40 多位厂长经理的大力支持；同时住在沿河的 98 位村民按村委会规定，也纷纷出资。这样先后共集资达 26 万元，使河道整治有了资金保证。我们把洋浦江里的淤泥打干净，两边砌好石坎，沿河岸上也种上花木。再蓄水养鱼，并制订保洁制度，派专人负责监督护理。这段河道蓄水达 3 万余立方米，全村人均 30 多立方米清洁水。在清理河道时主要靠村民做义务工，最初有 20 多个人参加，后增加到 120 多个。村里有 6 辆拖拉机，全部参加了义务清运垃圾。当时现场气氛很热烈，彩旗飘飘，歌声阵阵，一派热气腾腾又喜气洋洋的壮观场面。

二是治理村内环境的脏、乱、差，美化村庄。通过调查，影响村容村貌的有三大问题：路边厕所、乱搭建、绿化率低。我们拆除路边厕所和 30 多处的乱搭建，然后在房前屋后、路边河旁种植树木花草。全村绿化覆盖率达到 32.2%，人均绿地 30 余平方米。建成新村大道、固本路、强基路、康庄公路、商都路等水泥路，建筑面积达 7400 平方米，入户率达 96%，人均 7.7 平方米。

三是调整农业产业结构，加强农田基础设施建设，为农业增效、农民增收服务。

村民选我当主任，我既接受了这项工作，就应想方设法多为村民办点实事。

调整产业结构时，提出“减棉、缩粮、扩蔬”的六字方针。通过调查，我认为本村的土质适合种植丝瓜，就与市龙头企业——申成沐洁有限公司联系，与他们成功结对，全村560亩土地全部为该企业的丝瓜络生产基地。制作6000元广告牌，新种植户每亩补助150元材料费。举办七期丝瓜络绿证培训，86位农民获得绿证。当年亩产值由原来的1000元上下提增到2500元左右，亩产增加150%。全村增收80余万元，人均增收800余元。

在调整产业结构的同时，认真搞好农田基本建设。我深入田间地头对土地现状进行调查，弄清全村有大小土地共计127块，小河沟累计达27000余米，2777米排灌渠道。我们通过努力，设法筹资6万元，开了长1700米的排灌总渠，建了一座小型泵站，三座节制闸，使全村农田排灌系统面貌大为改观，旱能灌，涝能排，为旱涝保丰收打下基础。

农田排灌设施建好后不久，正遇一场大雨，我到田头去察看排水情况，碰到正在地里查看的退伍军人陈某某，他激动地说：“这片土地我已承包了10多年，也淹了10多年，今天总算在你的手里解决了！”这是对我最好的褒奖，我认为当村主任就要多为村民着想，多办实事。只要脚踏实地为村民办事，不谋私利，即使你批评过他，他也一样会拥护你。我从三次参选村主任的事实中看到这一点。三次都是海推，第一次是1999年，得票350多票；第二次是2002年，得383票，多了30多票；2005年有667人参加投票，我得票458票，比第一次多了100多票，说明群众对我的努力是肯定的。

4. 构建和谐社会，做好社会治安综合治理，保一方平安。随着经济的持续发展，外来务工人员越来越多。本村外来人员有300多人，占村常住人口的三分之一。

这些情况都需要我们认真思考，如何处理好新老村民间的关系，做到和谐相处，这是关系到保一方平安、共同奔小康的问题。为此我们从三方面入手来改变了现状，使新老村民和谐相处，使社会秩序进入良性循环。

一是抓管理。对外来人员进行登记，没有身份证等证件的要限日补齐，由房东协助负责，逾期不补的不能租住。有暂住证和租房登记的人员分成八个小组，与村里八个村民小组结对联系，暂住人员有什么具体问题和要求，先向村民小组长提出，小组长及时给村委会汇报。村委会据情尽力给予解决。

二是抓教育。召开全体暂驻人大会，每人发一支笔、一本记录本、一份村规民约。接着我在大会上给他们讲"三个权利""三个保证""三条要求"。[①] 条条体现了人性化管理的精神，得到与会人员一次次的热烈掌声。我们还多次组织他们学习治安管理条例、民法通则等法律法规，帮助他们了解法律知识，增强法制意识。

三是搭平台。成立新老村民组成的和谐促进会，由一位新村民担任副会长。成立当年有 20 多位厂长为和促会捐活动基金 2 万多元，为和促会开展活动提供了资金保障。年底临近时搞文艺演唱联欢会，奖金分一、二、三等及纪念奖。许多新老村民勇跃参加，有些新村民一样获得了奖品。通过以上几项工作，促进了新老村民间的关系，社会治安明显好转。从 2000 年至今，没有发生住在本村的外来人员违反治安管理条例的行为。他们与本村村民和睦相处，成为共同护一方平安的力量。

5. 努力发展集体经济。1999 年我当主任时，年收入不足 2 万元。我和书记等几位干部决定集资，得到大家响应，我和书记带头各捐 3000 元，支委王先尧和罗志棠各捐 2000 元，得到住在市区的两位厂长响应：冯先康捐款 5000 元，楼国华捐款 2000 元，共计 17000 元。在此基础上，我们发动村民以义务劳动参加环境整治，使环境有了明显改变，被评为先进村，获得了万元奖金。为改变经济薄弱的局面，我们决定建造农贸市场和占地 3600 米的暂住人口综合楼两项工程。我们通过召开

① 三个保证：人身安全不受侵犯；工资不拖欠；生活服务、水电工随叫随到上门服务。三个权利：对村务的知情权、参与权，对村干部的行为监督权。三个要求：多学习文化及法律法规知识；要有是非观，防止片面老乡观念；维护公共环境卫生，及时交纳水电等费。

厂长经理座谈会，向他们汇报村里的打算，因得到大家支持解决了工程资金。两项工程竣工后，每年可收入管理费和出租费在24万元左右，摆脱了集体经济过于薄弱的被动局面。

各位领导，各位主任同行，以上是我当村委会主任后的一些做法和体会，很不成熟，与领导和村民们的要求还有相当大的差距，与各兄弟单位相比，差距更大。我要再接再厉，坚持脚踏实地的作风，多办实事、办好事，做一个下洋浦人民的忠实儿子。

谢谢大家！

三、雨露集

下洋浦村在建设社会主义新农村的征程中，得到了各级政府及许多领导同志的关心和支持。他们不仅从财力、物力上支援，还在政策上扶助、精神上鼓励，一条条措施像春风化雨，滋润了村民们的心田，激发了村民们的斗志，加快了下洋浦村前进的步伐。

由于地域偏僻、交通不便等原因，从80年代中期开始，下洋浦村各项事业的发展跟不上周围兄弟村庄的步伐，渐渐地演变为集体经济相对较薄弱的村，严重制约了各项事业的开展。

如何改变这种落后面貌，扭转被动局面呢？村民们在期盼，村干部在摸索，上级政府也在认真思考。为帮助经济薄弱村摆脱困境，从2003年起，慈溪市人大把下洋浦村确定为自己的联系村。领导到基层了解情况，与村干部一起商讨对策，探索脱贫的具体办法，想方设法帮助下洋浦村走出困境，最后决定投入一定资金，兴办实业，使村里每年有稳定的收入。具体项目有三项：一是建标准厂房后收出租费，二是建农贸市场收取摊位费，三是建外口公寓收取房租费。同时还采取政策上扶助、生活上关心、财力上资助、精神上鼓励等各种措施，帮村民们小康道上稳步前进。

（一）政策上扶助

无论建农贸市场、外口公寓，还是建标准厂房、造桥筑路，并不是想建就可以立刻开工建设的。先不说建设资金有没有到位，建设用地就很难落实，这需要有关部门审批。以外口公寓为例，需要用地的建设面积达 3602 平方米。所需土地首先要在市政府当年立项之中，还要经过国土资源局、市外口办、市发展规划局、贸易粮食局、市城乡规划局、市联批中心、土地测绘局等众多机构审批。若一个部门一个部门地审批，即使关关顺利，至少也得几个月的时间，若中间遇到点疑问，什么时候能批下来就不好确定了。

市人大领导为了让下洋浦村早日改变经济薄弱的现状，根据“对集体经济相对薄弱村实行优惠政策”的精神，与市政府相关机构进行及时沟通，把下洋浦村的外口公寓建设作为当年立项工程之一，要求各有关部门来个“特事特办”。村委会于 6 月 9 日把建外口公寓的报告送了上去，6 月 20 日，市人大办召集国土资源局等七个机构到下洋浦村实地考察、现场办公，一次性办齐了相关手续，前后只用了 11 天时间，大大加快了建设速度。

进入 21 世纪后，在中央“三农”政策的指引下，各级政府出台了多项惠民政策和具体措施，给村民们带来了很多实惠。以医保为例，宁波市、慈溪市及镇财政投入医保的资金每年都在大幅度增加，而个人投入资金却在不断减少。从 2011 年起，农民一年只需交 120 元保险费，其中 60 岁以上老人只需交 30 元，并且在镇医院看病、市人民医院住院，产生的医药、治疗、住院等费用，可报销 70%。同时实行大病救治措施，最高报销金额可达15万元。2012年又规定，五保户、低保户、重点优抚对象、三老人员、残疾人等群体，个人不需交费，由市、镇两级财政承担。

近几年农作物也被加入了保险，提高了农民抵御自然灾害的能力。以种植丝瓜络参保为例，2007年丝瓜络种植户参加保险，规定种植户每亩丝瓜络交保险费33元，其中市、镇两级政府负担60%，个人只需40%，即每亩13.20元。而一旦遇到台风等灾害，造成了损失的，每亩可赔585元。结果2007年7月下旬，台风经过这里时，造成部分丝瓜棚倒塌，赏纪惠等五户村民共有11.4亩丝瓜棚倒掉，每亩获赔585元，赔付金额达6669元。

（二）生活上关心

市人大领导对下洋浦村的情况很熟悉，有多少困难户、五保户，多少家庭住危房，多少老干部、老党员身体不太好，他们心中都有数，经常上门问候。2006年，市人大联村领导了解到下洋浦村尚有12户住房困难户，就把具体情况报告给市政府。市政府财政拨款237000余元，帮助住房困难户解决困难。2007年7月17日，市慈善会也送来5万元，进行支援，于是12户村民都建起了新房。

每年的春节前夕，市、镇等各级领导都要下村入户进行慰问，给大家送过节物资，这是个传统习惯。物资虽不多，但总让人心里暖洋洋的。

以2011年春节期间为例。春节前市人大由孙根德副主任、驻村指导员密潭两人对已故志愿军战士的家属应钊仙等10人进行上门慰问。慈溪市慈善会慰问了18户弱势群体村民，其中两人是新村民。市侨办对张钊友等5个老村干部进行慰问，每人送一条毛毯、600元现金。同时镇、村联手对特困户、困难党员等21户家庭进行了慰问。粗略估计，全部慰问金在4万元上下。

春节年年有，对下洋浦人来说，印象最深的要数2008年春节。这年2月7日是春节，可2月1日起就下起了漫天大雪，这场雪特别大，第二天田野一片白茫茫，豆麦等短矮作物连个影子也见不着了，许多树枝被压断了。老人们说，这是近30

年来最大的一场雪。全村有 18 户村民的电线被压断造成停电，20 多块水表被冻结、破裂，4 户民棚屋倒塌，面积达 1050 平方米。路上积雪厚达二三十厘米，汽车没法通行，摩托车卡住了。路上的行人都是靠两只脚一步一个脚印地艰难前行。

雪灾发生前后，救灾工作一刻也没停止。根据气象预报提供的信息，下雪前村干部动员和组织村民做了各种准备，如将孤寡老人临时转移到亲友家，干部晚上加强了值班。第二天村干部分成几个小组，分头去了解具体情况，重点是问候五保户等弱势群体。最忙的是负责水、电的员工，为了让断水断电的村民尽快通水通电，他们已没法计较上班时间，从睁开眼开始，一直干到天黑看不见才停止。

次日，宁波市人大、慈溪市政府办、镇党委、镇政府领导对抗雪灾做出具体指示。春节前市人大常委会主任黄建钧亲临下洋浦村慰问走访了 12 户群众，包括 2 户打工的新村民。

2 月 3 日，宁波勘探器材公司来电告知捐助 2 万元给下洋浦村抗灾。宁波市委组织办的党员同志在过组织生活时，捐款 3000 元，慰问下洋浦村 50 年代入党的老党员。由于上下共同努力，把雪灾带来的损失降到了最低限度。

（三）精神上鼓励

2002 年村里被评为“宁波市民主法治示范村”“宁波市级园林式村庄”，宁波市、慈溪市及新浦镇各有关部门对村里进行了表扬奖励，共发奖金 7 万元。粗略统计，至 2012 年，村里获得的各种先进单位的资金奖励，约有 60 万元之多，从而鼓舞全体村民不断向新的高度攀登。

对村里的各项变化和取得的成绩，《慈溪日报》、慈溪电视台等新闻媒体都及时进行了报道，连《宁波日报》、宁波电台也做过多次报道，从而使村民增强了自豪感和自信心，增强了集体荣誉感。这也从一个侧面促使村民们继续前进。各级领导经常下村看望村民，处处体现出以人为本的理念。尤其在出现台风等自然灾害时，村里总能见到市镇领导的身影，他们与村民共同出现在抗灾现场。以 2005 年为例，这年有两次台风登陆慈溪，8月5日的9号台风来袭时，镇党委高锋书记带了六位机关同志到村里，与村干部一起研究防台事宜，7日，慈溪市市长下村视察灾情；9月11日15号台风登陆前，市委副书记黄建钧率机关同志及镇人大主席高锋等人，视察村防台情况，针对当时实际提出三条具体措施：一是尽快通知拷海人员全部返家。二是对危房要加固好，有可能造成倒塌的，人员劝离住宅。三是租住危房的外地人要转至安全地带。对以上措施落实到人，干部分工专门负责通知到人、到户。由于措施到位，这次台风没造成人员伤亡。

（四）财力上支援

下洋浦这些年变化很大，各项建设事业飞速发展，自然是全体村民努力奋斗的结果。同时，也与各级政府机关及社会贤达的大力支持分不开。村里在造桥修路等各项建设事业中，经常会得到上级各有关部门的财力支持，下面记录的仅是21世纪开始以后的几件具体事。

2001年10月，建造村落文化宫，市工商局支持5万元。

2003年2月，建进村水泥路，新浦镇补助5万元，工商局也补助5万元。

2004年5月，建设洋浦江路，由市人大胡永先主任与市交通局长徐鹤鸣联系，交通局支持资金10万元。

2004年12月，村决定建农贸市场，市长批准拨款10万元。

2005年5月，村造一条22米长、6.5米宽的出村道路，需投资十余万元，经胡立明副市长与交通局局长联系后，由市交通局再次支付10万元。

2005年7月7日，胡永先主任带队到下洋浦村现场办公，决定整治从七塘公路至八塘的洋浦江，由水利局拨款25万元。

2006年，自来水整网，共支出33.99万元，而村民每户负担200元，共357户，合计71400元。镇补助9万元，市财政每户补500元，合计17.85万元。全体村民个人负担仅仅占工程总额的21%。

2008 年建群众文化活动中心，市财政拨款 15 万元支持建设。

2011 年建商都二路，市领导牵线，丁云华董事长资助 15 万元。

慈溪市委书记卞吉安来下洋浦视察

2012 年建村落文化宫，总投资 120 万元，市政府拨款 60 万元，新浦镇拨款 30 万元。

市人大常委会主任黄建钧视察下洋浦村

除以上几笔大的下拨资金外，村里进行较大的建设项目，如朝阳江路造水泥路，七塘江、八塘江河的砌坎工程、建综合办公楼，等等，均得到了上级政府及各职能部门的大力支持。

据粗略统计，从 2001 年起到 2011 年的十年中，由市长、副市长批准下拨的财政资金有 40 万元左右。市委副书记黄建钧（后任市人大常委会主任）通过多种渠道，拨到村里的资金高达 40 万元。市人大主任胡永先与交通局、水利局、环保局、工商局等多个部门联系，先后拨给下洋浦村的建设资金达上百万元。这些资金有力地推动了村里各项事业的快速发展。

显然，没有上级领导及各职能部门的大力支持，下洋浦村各项事业的发展是不可能这么顺利的。

四、传统集

新中国成立前，下洋浦的村民们长期以来被不合理的社会制度压得透不过气来，有道是哪里有压迫哪里就有反抗。于是，有些人走上了推翻旧制度、反抗帝国主义侵略的革命道路，穿上了军装，有些人积极参加支持革命斗争的各种活动。新中国成立后，为保卫新政权，村民们纷纷走上保卫祖国的岗位，把国家的事当作是自己的事，把为国尽忠看作是自己的责任和应尽的义务。这个传统传了一代又一代，下面讲的是其中几个代表人物。

（一）赏纪田[①]

1923 年 8 月出生在下洋浦。1943 年 4 月，才 20 岁的他决定到四明山投奔浙东游击纵队。临走时，他恳求大哥夏田代自己照顾好娘亲，随后一步一回头与母亲惜别。走出十几米后，他见母亲双目盈泪，一脸茫然若失的样子，突然跑了回来，到母亲面前双膝跪地，含着泪磕了个头，接着起身径直向海晏庙方向走去。这行前一

① 赏纪田，也有人误作“商纪田”，1923 年 8 月出生在下洋浦村，于 1943 年 4 月参加浙东游击纵队，是抗日战争时期的新四军战士。

跪的意思是：妈，儿子对不起您，暂时不能尽孝了，您多保重。谁知这一跪竟成了永别。

当时，赏纪田与上舍人郁银强、郁银才，附海人厉宏标，胜山人同标（姓氏不明），还有太平闸来的共16位青年约好在海晏庙集中，由三五支队派人带他们去四明山革命根据地。

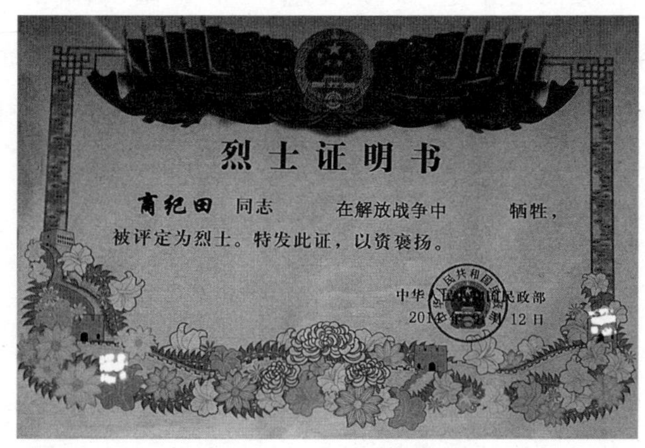

赏纪田的烈士证明书

人们习惯上简称这支抗日部队叫“三五支队”[①]。它是由三支队、五支队两个支队组成的，到1945年已发展到一万多人。赏纪田是五支队的战士，他本是在苦水中泡大的人，平时不管多辛苦，从不叫苦叫累。他在站岗值勤中认真负责、行军打仗中英勇向前，受到了同伴们的好评。1946年6月，他参加了海盐县澉浦乡的战斗，不幸中弹倒下，经抢救无效后光荣牺牲。

（二）沈爱凤

沈爱凤，女，1934年6月8日生。她是抗战时期的交通员。她娘家在匡堰山

① 三五支队在1943年12月22日前称“浙东抗日人民武装部队”，12月22日后改成“新四军浙东游击纵队”。

区，还在十一二岁做小姑娘时，她便成为三五支队的交通员。她常常手提竹篮，以挖野菜、采山货作掩护，把上家交通员送来的情报转送到游击纵队。

（三）孙张康

孙张康，1933年2月20出生于下洋浦村。他是解放战争时期的通信员。三五支队北撤后，仍有少量的人留了下来，开展地下工作。有个姓周的指导员发现孙张康年纪很小，人却很机灵，就让他跟在身边当通信员。因为他还是个孩子，送情报不易引起敌人注意，故每次都能完成任务。新中国成立后，他在道林区中队继续当通信员。

（四）孙张朝

孙张朝，1931年2月16日出生于下洋浦村。在政府发出抗美援朝、保家卫国的号召后，他于1951年参加了中国人民志愿军。当时形势很紧张，国民党飞机在上海等地扔炸弹，一时谣传四起，弄得老百姓人心惶惶。在这个时刻去当兵，谁心里都明白充满着风险，但他还是毅然决然地穿上绿军装，走上了保家卫国的光荣道路。到部队后，他发扬一不怕苦二不怕死的精神，受到首长和战友们的一致好评。他在隆隆的炮火声中填写了入党志愿书，被吸收为中国共产党党员。这是下洋浦村的第一位共产党员。

自古军旅多艰险，从来为武少安全。下洋浦的年轻人真是好样的，尽管都是些“平头百姓”，但位卑未敢忘忧国，他们心中时时关注着国家的安危大事。在1958年金门、厦门对峙，国共两党用隆隆炮火交谈的时刻；在1962年蒋介石企图反攻大陆，我百万雄师云集东南沿海的日子里；在1967年援越抗美情势危急，生死决战的号角吹响的时候；在1969年珍宝岛上空硝烟弥漫的紧要关头……每当国内外风云突变，需要青年人担当的时候，他们都会义无反顾地去冲锋陷阵。

下洋浦的青年们总是积极报名应征入伍，奔向保卫祖国的疆场，以至于一个不足千人的村庄，常常在同一时段就有四五名青年穿起戎装，手持钢枪，去守卫共和国的大门。他们中有的人积劳成疾，有的因公负伤。村里有两位残疾军人，其中，1956年入伍的陈岳昌因长期打坑道，日后形成硅肺病，被定为五级残疾军人。

1973年7月，下洋浦村五位现役军人

改革开放后，人们的注意力转移到经济建设上来了，但保卫祖国的责任没有被遗忘。许多适龄青年积极申请应征入伍，并在军营认真执勤站岗，努力学习保卫祖国的本领，受到了领导与战友的好评。其中赏力波于1999年立三等功一次，陈科杰连续三年被评为优秀士兵。

行文至最后，再将下洋浦村自1945年以来的历任干部汇总如下(见表11－1)。

表 11-1　下洋浦村历任干部任职概况

(一)

姓名	性别	文化程度	职务	任职日期	备　注
孙张友	男	文盲	农会主任	1949 年—1950 年	主持村全面工作
沈炳渭	男	文盲	农会主任	1950 年—1953 年	主持村全面工作
罗德万	男	初识字	党支部书记	1953 年—1956 年 2 月	几个村联合支部
余如敖	男	初识字	支部书记	1956 年 3 月—1957 年 3 月	洋龙人,联合支部
张钊友	男	初识字	支部书记	1957 年 3 月—1968 年 6 月	下洋浦单独建党支部
冯长春	男	初中	支部书记	1968 年 7 月—1983 年 5 月	
王先尧	男	初中	支部书记	1983 年 6 月—1987 年 4 月	
张利员	男	初中	支部书记	1987 年 5 月—1989 年 4 月	
张钊友	男	初识字	支部书记	1989 年 5 月—1995 年 9 月	
楼国相	男	初中	支部书记	1995 年 10 月—1998 年 10 月	
王先尧	男	初中	副书记	1997 年 6 月—1998 年 9 月	因楼国香健康欠佳，主持全面工作
余小冬	女	初中	支部书记	1998 年 10 月—2002 年 10 月	
罗志堂	男	初中	支部书记	2002 年—2004 年 10 月	
龚建焕	男	初中	支部书记	2004 年 10 月—2007 年 10 月	
冯先焕	男	初中	支部书记	2007 年 10 月至今	
岑恩乔	男	高中	副书记	2010 年 10 月至今	

(二)

姓名	性别	文化程度	担任职务	任职日期	备　注
周长云	男	文盲	村主任	1950 年 10 月—1953 年	
龚生学	男	文盲	村主任	1954 年—1955 年	
钟钊友	男	初识字	八社社长	1955 年 3—1956 年 3 月	初级社
郑杏堂	男	文盲	副社长	同上	
沈炳渭	男	文盲	九社社长	同上	初级社
龚生学	男	文盲	副社长	同上	
陈志尧	男	文盲	社长	1956 年 3—1958 年 9 月	高级社
陈志尧		文盲	大队长	1958 年 10 月—1966 年 6 月	人民公社

续　表

姓名	性别	文化程度	担任职务	任职日期	备　　注
沈仁富	男	文盲	大队长	1966 年 6 月—1983 年 5 月	人民公社
沈仁富		文盲	社长	1983 年 5 月—1989 年 4 月	经济合作社
冯永金	男	初中	副社长	同上	经济合作社
冯永金		高小	村主任	1989 年 5 月—1998 年 10 月	村民委员会
胡尧芳	男	初中	村主任	1998 年 10 月—2010 年 10 月	
冯先焕	男	初中	村主任	2010 年 10 月—2013 年 12 月	兼
沈宝惠	男	初中	村主任	2013 年 12 月至今	

（三）

姓名	性别	文化程度	担任职务	任职日期	备　　注
范仁姑	女	文盲	妇女主任	1950 年至 1957 年	
俞桂花	女	文盲	妇女主任	1957 年 4 月—1966 年 8 月	
施菊英 余晓冬	女 女	小学 初中	妇女主任	1966 年 8 月—1995 年 1996 年 1998 年	
胡冲珍	女	初中	妇女主任	1998 年 10 月—1904 年 10 月	兼文书
应仕锦	女	初中	妇女主任	2004 年 10 至今	中共慈溪市党代表
王先尧	男	初中	副书记	1966 年 8 月—1983 年 5 月	
陈永瑞	男	高小	副书记	1983 年 6 月—1989 年 4 月	
罗志堂	男	初中	副书记	1998 年 10 月—1902 年 10 月	
龚建焕	男	初中	副书记	1902 年 10 月—1904 年 10 月	
陈岳尚	男	小学	治保主任	1966 年 8 月—1983 年 5 月	
张利员	男	初中	治保主任	1983 年 6 月—1987 年 4 月	
陈岳尚		高小	治保主任	1987 年 5 月—1995 年 9 月	
龚建富		初	治保主任	1995 年	
罗志堂		初中	治保主任	1996 年—1998 年 10 月	
龚建焕		高中	治保主任	1998 年 10 月—1902 年 10 月	
冯先焕		初中	治保主任	1902 年 10 月—1907 年 10 月	
陈仕华		高中	治保主任	1907 年 10 月—1913 年 12 月	

续　表

姓名	性别	文化程度	担任职务	任职日期	备　　注
沈奇峰	男	初中	治保主任	2013 年至今	
冯夫波	男	大专	村委成员	2013 年至今	

（四）

姓名	性别	文化程度	担任职务	任职日期	备　　注
钟钊宏	男	初中	会计	1957 年 4 月—1966 年 6 月	
徐品华	男	小学	会计	1966 年 6 月—1968 年 6 月	
冯银根	男	小学	会计	1966 年 8 月—2002 年 10 月	
陈仕华	男	初中	支部委员	1995 年 10 月—1998 年 10 月	
王先尧		初中	支委	1998 年 10 月—1902 年 10 月	
施孟炯	男	初中	支委	1998 年 10 月—1902 年 10 月	
陈仕华		高中	支委	1904 年 10 月—1907 年 10 月	
龚建焕		高中	支委	1907 年 10 月—1910 年 10 月	
冯跃跃	男	大学本科	支委	2013 年 12 月至今	

（五）

姓名	性别	文化程度	担任职务	任职日期	备　　注
钟钊友	男	初识字	第一任团支部书记	1956 年	
何元宏	男	不识字	第一任民兵连长	1950 年？	

1949 年以前，下洋浦村另有几位保长，分别为：钟永林：男，1907 年 12 月 27 日出生，不识字，任职时间为 1932 至 1936 年；陈坤林：男，1910 年 9 月 6 日出生，不识字，任职时间为 1936 至 1945 年；陈岳灿：男，1923 年 11 月 7 日出生，初识字，任职时间为 1946 年至 1948 年 10 月；冯永林：男，不识字，1927 年 4 月 14 日出生，不识字，任职时间为 1948 年 10 月至 1949 年 4 月。至于钟永林之前的保长是谁，已无从查证了。

参考文献

[1] 马齐彬.中国共产党执政四十年：1949—1989.北京：中共党史资料出版社,1989.

[2] 中共慈溪市委组织部、中共慈溪市委党史委员会、慈溪市档案馆合编.中国共产党浙江省慈溪市组织史资料：1926—1990.北京：新华出版社出版,1993.

[3] 慈溪县地名委员会编.慈溪县地名志.杭州：浙江人民出版社,1998.

[4] 慈溪地方志编纂委员会编.慈溪县志.杭州：浙江人民出版社,1992.

[5] 慈溪县农业区划办公室.浙江省慈溪县农业自然资源调查和农业区划(合订本),内部资料.

[6] 戚建江.百年新浦.北京：新华出版社,2007.

[7] 汪志铭.甬上风物.宁波：宁波出版社,2008.

[8] 慈溪市新四军研究会.浙东潮,2015(4).

[9] 中共慈溪市党史办.慈溪革命前辈名录.宁波：宁波出版社,2014.

后　记

去年春节后，下洋浦村的书记冯先焕与副书记岑恩乔两同志要我写个村史。我感到压力很大，我虽是喝洋浦水长大的，只因自1961年应征入伍便离开了村庄，转业后也一直在其他乡镇工作，直至退休。离开村庄已五十多年了，故对村里的情况并不很了解，觉得困难不少。经再三思考后，我还是未敢推托，原因有三。

首先我认为村干部们决定写村史的举动说明，这是一个很有历史责任感的班子。我了解到现任这套班子是由一些热心为村民办实事的同志组成的坚强集体。

书记冯先焕自2007年任职以来，对工作认真负责，要求别人做到的自己先做到，处处以身作则，六次被评为市优秀党员。

村主任沈宝惠是热心公益事业、助人为乐的典范，村里开展河道清淤、修建道路、地震救灾、尊老敬老、慰问贫困户等公益事业，他都会慷慨解囊。每次捐款活动，总少不了他的身影。

副书记岑恩乔工作踏实，被评为市优秀党务工作者。兼任和促会主任后，他深入了解情况，提出了通过和谐促进会这个平台，创建和谐社会的构想，调动和促进了新老村民间的团结。

自2007到2015年的八年中，下洋浦的村容村貌有了很大改变，村民的生活水平也大幅提高，被评为宁波市全面小康村。

我感到很激动，然而自己作为下洋浦村的儿子，没有为此添过一块砖、一片瓦，没做过一点实事，有点愧对父老乡亲，愧对生我养我的这方土地，觉得在有生之年理当尽点绵薄之力。

其次我还认为，写村史与写别的文章不同。从时间节点说，这是件很紧迫的事，越早动手越主动。有许多具体事件，今天不注意记录，再过几年或几月，就会白白流失掉，造成无法弥补的损失。对村里昨天或前天发生的许多故事，我们这一代人应该有个概要的资料留给后来人，即使叙述粗糙些也比没有要好，如果我们不作为，让后来的人们再去写，困难会更大。

最后我觉得，现在写村史还存在一些有利条件。一是本人时间充裕，可以静下心来写。二是自己脑筋退化还不算很严重，思维虽已迟钝了许多，但尚能慢慢地回忆起来。特别是孩童时代爷爷阿婆们讲的许多故事还储藏在脑际中，20世纪五六十年代发生的不少事件仍历历在目。三是村里还有不少年长的老干部及多位我的叔叔婶婶辈的寿星健在，不少人记忆力仍很好，他们可以给我提供许多信息。

考虑到这些有利因素，我便有了几分信心。

在书写过程中，我得到了许多同志和朋友的热情支持和大力帮助。

岑恩乔经认真调查，整理出村里20世纪50年代初至2015年的组织史资料。

应仕锦提供了20世纪六七十年代下洋浦村的部分原始档案资料，及最近十几年村党支部、村委会、经济合作社的有关统计数据，资料重量逾10斤之多。

胡尧芳提供了1997至2011年任村委会主任期间的会议记录、工作纪事，资料重达16斤半。

以上这些材料，使村史后半部分的写作可以有大量的史实作支撑。

村史初稿形成后，王先尧、胡尧芳两人多次进行审阅、修改、润色。王先尧曾长期任下洋浦小学的校长，20世纪60年代、80年代、90年代又多次任村党支部书记或副书记等要职，任职年限跨度达40年之久。胡尧芳60年代就任民兵指导员、队办厂会计，进入21世纪后连任12年村主任。故两人对村里的情况很熟悉，有了他俩的审阅把关，使村史中的谬误成分减少了许多。

在村史勾勒过程中，《百年新浦》的副主编、新浦镇《海地》的主编杜松根先生提出了许多有益的建议。

20世纪50年代前的村史书写，没有只言片语的文字资料可参考，也缺少实物，主要是根据一些老年人的回忆。这些回忆是通过走访村里的老人，包括由于婚嫁等原因已在外乡镇工作与生活多时的几位老人获得的。

接受采访并提供宝贵信息的有下列人员。

91岁以上：丁杏珠　王忠泗　沈仁富　章杏梅

80～90岁：冯琴聪　华香菊　许荣华　罗德万　钟钊友　钟彩英　郁金灿　郁乾堂　高亚良　蔡桂花

79岁以下：王志根　杜仁尧　何长贵　范绒娥　钟钊宏　金钊根　郑尧法　胡方幼　胡芳林　徐云华　施秋芳　凌张安　龚钊来　谢招芬

由此可见，这部村史实际上是集大家的智慧，由众人出力共同写就的。对以上各位女士们、先生们提供的种种信息和大力帮助，在此一并表示衷心的感谢！

另外，还有位叫陈香凤的老婆婆，编者叫她“周家姆妈”。她于1904年出生在下洋浦村，她的爷爷陈明学一家是来下洋浦落脚的第二户家庭。编者于1983年她79岁时，有幸采访过她，她讲述了下洋浦村村庄形成初始阶段的许多事件。令人没想到的是，这位平时少言寡语，从未与邻居红过脸的宽厚老人，讲起往事来思路却是那样的清晰，娓娓道来，如数家珍。要不是她的记忆力特别好，村史的前几篇就没办法写得这么具体，真该谢谢这位已在天堂安息多年的周家姆妈。

由于村里缺少20世纪40年代前的文献资料可做参考，也因为本人水平有限，本书存在许多不足，甚至有不少错误，诚请大家批评指正。

2015年12月30日